Gramatyka
języka
angielskiego

Mojej nauczycielce angielskiego,
pani Józefie Wołyniuk

Leon Leszek Szkutnik

Gramatyka języka angielskiego

WIEDZA POWSZECHNA

Warszawa

Okładka i karty tytułowe
EWA NOWAKOWSKA

Redaktorzy
PIOTR LAZAR, ANNA KOZDÓJ

Redaktor techniczny
MARIA KUCHARSKA

Korekta
BOŻENA MALISZEWSKA

Skład i łamanie
MASTER, Łódź

Wydawnictwo prowadzi sprzedaż wysyłkową książek za zaliczeniem pocztowym.

PW „Wiedza Powszechna"
ul. Jasna 26, 00-054 Warszawa
tel. (0-22) 827 07 99, fax w. 131
e-mail: info@wiedza.pl
www.wiedza.pl

Wydanie II   2005 r.

Druk i oprawa
ALKOR, tel./fax (0-22) 783 38 14

ISBN 83-214-1266-1

SŁOWO WSTĘPNE

Gramatyka języka angielskiego – przeznaczona do nauki na poziomie elementarnym i średnim – ma na celu ułatwienie zrozumienia podstawowych struktur języka angielskiego i tego, co mogą one wyrażać. Niniejszy podręcznik – w swych objaśnieniach i komentarzach, w doborze przykładów i w stopniowaniu trudności – odwołuje się do języka polskiego, co różni go od wszelkiego rodzaju adaptacji podręczników zagranicznych, które siłą rzeczy nie były opracowywane z myślą o polskim odbiorcy. Dla uściślenia pojęć obok terminów polskich podano w wielu miejscach terminy angielskie.

Gramatykę języka angielskiego można polecić:
– młodzieży uczącej się języka angielskiego w szkole, na kursach i lektoratach, jeżeli w ramach tych zajęć nie zawsze możliwe jest uporządkowanie wiadomości dotyczących systemu języka,
– osobom przygotowującym się do różnego rodzaju egzaminów językowych,
– osobom uczącym się bez pomocy nauczyciela albo korzystającym z ograniczonej jego pomocy, np. na studiach zaocznych,
– tym, którzy posługują się dość płynnie niezbyt poprawną angielszczyzną i mają świadomość, że nie jest to sytuacja najkorzystniejsza,
– tym wszystkim, którzy, np. w ramach obowiązków zawodowych, mają od czasu do czasu kontakt z językiem angielskim,
– i wreszcie nauczycielom i lektorom języka angielskiego, doceniającym zarówno korzyści płynące z dwujęzycznej prezentacji materiału, jak i znaczenie refleksji językowej.

Jak wiadomo, czytanie tekstów obcojęzycznych ze zwracaniem uwagi na gramatykę należy do najskuteczniejszych metod nauki języka. Podręcznik ten, odsłaniając nowe pola znaczeń i skojarzeń, stanowi przygotowanie do takiej lektury w dalszej samodzielnej fazie nauki.

Publikacja zawiera oprócz gramatyki (część **A**) spis czasowników nieregularnych (część **B**) oraz ćwiczenia (część **C**), w których określono typowe sytuacje, wskazując możliwości ich optymalnego rozegrania z wykorzystaniem każdorazowo podanych środków językowych. Dodajmy, że samodzielną pracę usprawni klucz do ćwiczeń, a szczegółowy indeks zagadnień gramatycznych pomoże w szybkim dotarciu do konkretnej informacji.

Opracowywaniu *Gramatyki języka angielskiego* towarzyszyło przekonanie, że lepsze zrozumienie gramatyki języka obcego może wzbogacić nasz sposób postrzegania świata.

Autor

SPIS TREŚCI

17 TRYB ROZKAZUJĄCY – THE IMPERATIVE MOOD KONSTRUKCJE Z let; be to FUNKCJA EMFATYCZNA do, does, did

18 STRONA BIERNA (I) – THE PASSIVE VOICE

19 CZASOWNIKI WIELOWYRAZOWE (I) – MULTIWORD VERBS

56 LICZEBNIKI – **NUMERALS**

OBJAŚNIENIA ZNAKÓW TRANSKRYPCJI FONETYCZNEJ

Symbol fonetyczny	Przykład	Najbardziej zbliżona głoska polska	Najważniejsze cechy głoski angielskiej różniące ją od najbardziej zbliżonej głoski polskiej, inne uwagi

SAMOGŁOSKI

[i:]	keep	i	długie, bardziej otwarte
[ɪ]	sit	y	między polskim 'y' a 'i'
[e]	set	e	wargi bardziej płaskie
[æ]	cat	a	między polskim 'a' a 'e'
[ɑ:]	past	a	długie, tylne (jak 'aaa' przy zaglądaniu do gardła)
[ɒ]	pot	o	krótkie, tylne, bardziej otwarte
[ɔ:]	port	o	długie, bardziej przymknięte, tylne, wargi zaokrąglone
[ʊ]	put	u	krótkie, bardziej otwarte, wargi bardziej zaokrąglone
[u:]	food	u	długie, wargi silnie zaokrąglone
[ʌ]	but	a	krótkie, bardziej przymknięte
[ɜ:]	bird	e	długie, wargi neutralne, między polskim 'e', 'a', 'o'
[ə]	better	e	jak [ɜ:], ale niezwykle krótkie, występuje wyłącznie w pozycjach nieakcentowanych

DWUGŁOSKI

Uwaga: Dwugłoski (dyftongi) nie są zwykłymi zestawieniami dwóch oddzielnie wymawianych głosek, ale tworzą całość wymawianą bez pauzy.

[eɪ]	may	ej	
[əʊ]	so	ou	między polskim 'ou' a 'eu'
[aɪ]	my	aj	
[aʊ]	how	au	
[ɔɪ]	boy	oj	
[ɪə]	here	ie	dłuższe, głośniejsze [ɪ] + krótkie, ciche, nieakcentowane [ə]; wymawiane bez pauzy
[eə]	hair	ee	dłuższe, głośniejsze [e] + krótkie, ciche, nieakcentowane [ə]; wymawiane bez pauzy
[ʊə]	sure	ue	dłuższe, głośniejsze [ʊ] + krótkie, ciche, nieakcentowane [ə]; wymawiane bez pauzy

SPÓŁGŁOSKI

[p]	pen	p	wymawiane z przydechem na początku akcentowanej sylaby, bezpośrednio przed samogłoską
[b]	bit	b	
[t]	ten	t	dziąsłowe (koniuszek języka zwiera się z górnym dziąsłem); wymawiane z przydechem na początku akcentowanej sylaby, bezpośrednio przed samogłoską
[d]	done	d	dziąsłowe
[k]	kit, cotton	k	wymawiane z przydechem na początku akcentowanej sylaby, bezpośrednio przed samogłoską
[g]	go	g	
[f]	fly	f	
[v]	vote	w	
[θ]	thin	-	bezdźwięczne, ćwiczyć jako polskie 'f' z koniuszkiem języka między zębami
[ð]	this	-	dźwięczne, ćwiczyć jako polskie 'w' z koniuszkiem języka między zębami
[s]	sit	s	dziąsłowe
[z]	zoo	z	dziąsłowe
[ʃ]	ship	sz	zmiękczone, między 'sz' a 'ś'
[ʒ]	measure	ż	zmiękczone, między 'ż' a 'ź'
[tʃ]	church	cz	zmiękczone, między 'cz' a 'ć'
[dʒ]	jaw	dż	zmiękczone, między 'dż' a 'dź'
[h]	hip	h	
[m]	man	m	
[n]	nut	n	dziąsłowe
[ŋ]	sing	'n' przed 'k' lub 'g'	jak 'n' w wyrazach 'Anglia' i 'bank'
[r]	red	r	przód języka uderza o podniebienie tylko raz; bez wibracji, podobne do 'ż' (z palcem między zębami)
[l]	list	l	
[w]	water	ł	'ł' w polszczyźnie potocznej (nieaktorskie i niekresowe)
[j]	yes	j	

Uwaga: ['] oznacza akcent główny, który pada na następną sylabę, np. akcent na pierwszej sylabie **busy** ['bɪzɪ], akcent na drugiej sylabie **about** [əˈbaʊt]. [ˌ] oznacza akcent poboczny (słabszy).

ZAIMKI OSOBOWE W FUNKCJI PODMIOTU
SUBJECT PERSONAL PRONOUNS

PRESENT SIMPLE (I)
CZAS TERAŹNIEJSZY PROSTY CZASOWNIKA **be** *być*

1.1 Zaimki osobowe w funkcji podmiotu

Wyrazy **I** *ja*, **you** *ty*, **he** *on*, **she** *ona*, **it** *ono*, **we** *my*, **you** *wy*, **they** *oni/one* są zaimkami osobowymi w funkcji podmiotu (odpowiadają na pytanie: kto? co?). W języku angielskim z reguły podmiotu nie można opuścić: nie powiemy **am**, ale **I am** (*ja*) *jestem*, nie **are**, ale **you are** (*ty*) *jesteś* etc.

Zaimki osobowe zastępują rzeczowniki.

1.2 Czasownik **be** *być* w czasie PRESENT SIMPLE

Wyrazy **am**, **are** i **is** to formy osobowe (**finite forms**) czasownika **be** *być* w czasie teraźniejszym prostym (PRESENT SIMPLE). Formy osobowe odnoszą się do osób.

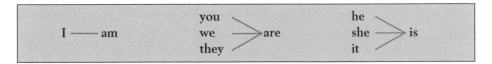

1.2.1 Zdania twierdzące; mocne i słabe formy wymowy

Poniżej przedstawiamy zastosowania prezentowanych zaimków i form czasownikowych w zdaniach.

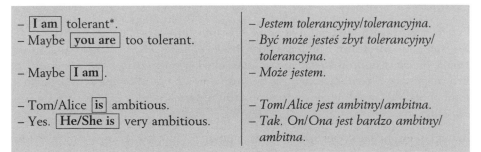

– I am tolerant*.
– Maybe you are too tolerant.

– Maybe I am .

– Tom/Alice is ambitious.
– Yes. He/She is very ambitious.

– *Jestem tolerancyjny/tolerancyjna.*
– *Być może jesteś zbyt tolerancyjny/tolerancyjna.*
– *Może jestem.*

– *Tom/Alice jest ambitny/ambitna.*
– *Tak. On/Ona jest bardzo ambitny/ambitna.*

* Przymiotniki mają taką samą formę bez względu na rodzaj.

– Life is complicated. – Yes. It is very complicated.	– *Życie jest skomplikowane.* – *Tak. (Ono) jest bardzo skomplikowane.*
– Tom and I are sceptical. Maybe we are cynical. – No. You are only sensible.	– *Tom i ja jesteśmy sceptyczni. Być może jesteśmy cyniczni.* – *Nie. Jesteście tylko rozsądni.*
– Jim and Ann are aggressive. – Maybe they are frustrated.	– *Jim i Ann są agresywni.* – *Być może (oni) są sfrustrowani.*

Formy skrócone:

am → 'm
are → 're
is → 's

Formy skrócone występują przede wszystkim w zapisie graficznym języka mówionego, m.in. na oznaczenie form słabych: **I'm, you're, he's** etc.

Niewielka liczba wyrazów angielskich ma więcej niż jedną formę wymowy. Tę, która występuje wyłącznie w pozycjach nieakcentowanych, nazywamy **formą słabą**, zaś formę występującą w pozycji akcentowanej nazywamy **formą mocną**.

Porównajmy (forma mocna podana jest na pierwszym miejscu):

am [æm – əm – m]
are [ɑː – ə]
is [ɪz – s – z] (☞ **2.1, 3.2, 15**)

Druga osoba liczby pojedynczej *ty* i mnogiej *wy* ma taką samą formę **you**. W liczbie pojedynczej **you** znaczy również *pan/pani* (w nawiązaniu do rozmówcy). Natomiast w liczbie mnogiej **you** znaczy również *panowie/panie/państwo* (w nawiązaniu do rozmówców).

Przed nazwiskami występują wyrazy **Mr** ['mɪstə], **Mrs** ['mɪsɪz], **Miss** [mɪs], **Ms** [mɪz], np. **Mr Brown** *pan Brown*, **Mrs Brown** *pani Brown* (mężatka), **Miss Brown** *panna Brown*, **Ms Brown** *pani Brown* (stan cywilny niezaznaczony), **Mr and Mrs Brown** *państwo Brown*. Zwracając się bezpośrednio do pana Browna i chcąc uniknąć tonu poufałości, możemy powiedzieć np. **You're very kind, Mr Brown**. *Jest pan bardzo miły.*

Zaimek **they** *oni/one* odpowiada (w liczbie mnogiej) formom liczby pojedynczej **he** *on*, **she** *ona*, **it** *ono*. Zaimek osobowy **it** *ono* zastępuje rzeczowniki, które nie odnoszą się ani do kobiet, ani do mężczyzn (kategoria rodzaju ☞ **26**).

📖 I, Claudius (Robert Graves – tytuł książki)
Ja, Klaudiusz

📖 I'm fat, but I'm thin inside. (George Orwell)
Jestem gruby, ale (jestem) szczupły wewnątrz.

1.2.2 Zdania przeczące

W zdaniach przeczących bezpośrednio po formie osobowej **am/are/is** występuje wyraz **not** *nie*.

Formy osobowe **are** i **is** tworzą z **not** formy skrócone:

> **are + not → aren't**
> **is + not → isn't**

Formy skrócone są charakterystyczne dla języka mówionego. Wyraz **am** nie łączy się z **not**.

Uwaga

> Wyraz **no** *nie* jest przeciwieństwem **yes** *tak* i odnosi się do całego zdania. Natomiast **not** *nie* odnosi się do pojedynczego elementu w zdaniu, np. do formy osobowej czasownika.

– You aren't interested.	– *Nie jesteś zainteresowany.*
– No, I'm not.	– *Nie, nie jestem.*
– He/She isn't sure.	– *On/Ona nie jest pewien/pewna.*
– I'm not surprised.	– *Nie jestem (tym) zdziwiony.*
– It isn't possible.	– *To nie jest możliwe.*
– It is possible but not very probable.	– *Jest możliwe, ale nie bardzo prawdopodobne.*
– It's a pity you aren't interested.	– *Szkoda, że nie jesteście zainteresowani.*
– But we are. We're very interested.	– *Ależ jesteśmy. Jesteśmy bardzo zainteresowani.*

Zamiast **aren't** możemy użyć formy skróconej **'re not**, a zamiast **isn't** – **'s not**. W takich dwuwyrazowych układach akcent pada na **not** i przeczenie jest silniejsze:

> **He's not interested.** (silniejsze przeczenie)
> **He isn't interested.** (słabsze przeczenie)

1.2.3 Zdania pytające bez przeczenia

Pytania ogólne (wymagające odpowiedzi *tak/nie*)

W pytaniach ogólnych forma osobowa **am/are/is** występuje przed podmiotem. Odwrócenie szyku (tj. umieszczenie formy osobowej czasownika przed podmiotem) nazywamy **inwersją**. Spełnia ona rolę podobną do tej, jaką w języku polskim spełnia wyraz gramatyczny *czy* (sygnalizuje pytanie). Wyrazy gramatyczne sygnalizują relacje gramatyczne i są często nieprzekładalne bezpośrednio na inny język. Również wyraz *się* jest przykładem wyrazu gramatycznego w języku polskim.

Zwróćmy uwagę na krótkie odpowiedzi na pytania ogólne.

– Am I late?	– *Czy jestem spóźniony?*
– Yes, you are.	– *Tak, jesteś (spóźniony).*
– I'm sorry.	– *Przykro mi (= Przepraszam).*
– Are we late?	– *Czy jesteśmy spóźnieni?*
– No, you aren't.	– *Nie, nie jesteście (spóźnieni).*
– Oh good!	– *O, (jak) to dobrze!*
– Are you sure?	– *Czy jesteś pewien?*
– Yes, I am. ‖ No, I'm not.	– *Tak, jestem (pewien). ‖ Nie, nie jestem (pewien).*
– Is he/she interested?	– *Czy on/ona jest zainteresowany/-a?*
– Yes, he/she is. ‖ No, he/she isn't.	– *Tak, jest. ‖ Nie, nie jest.*
– Is it important?	– *Czy to jest ważne?*
– Yes, it is. ‖ No, it isn't.	– *Tak, jest (ważne). ‖ Nie, nie jest (ważne).*
– Are they busy today?	– *Czy oni są zajęci dzisiaj?*
– Yes, they are. ‖ No, they aren't.	– *Tak, są. ‖ Nie, nie są.*

Pytania szczegółowe (wymagające szczegółowej odpowiedzi)

W pytaniach szczegółowych po wyrazie pytającym występuje inwersja (osobowa forma czasownika znajduje się przed podmiotem).

– Where is he?	– *Gdzie on jest?*
– He's probably at home.	– *Jest prawdopodobnie w domu.*

– How are you ?* – I'm fine, thank you.	– *Jak się czujesz?* – *Świetnie, dziękuję.*
– Where am I ? – You are in hospital.	– *Gdzie ja jestem?* – *Jest pan w szpitalu.*
– Why is she so optimistic? – Probably because she's naive.	– *Dlaczego ona jest tak optymistycznie nastawiona* (dosł. *tak(a) optymistyczna)?* – *Prawdopodobnie dlatego, że jest naiwna.*
– Who is absent? – Tom is.	– *Kto jest nieobecny?* – *Tom (jest nieobecny).*

* **How are you?** to również forma pozdrowienia.

W ostatnim przykładzie wyraz pytający **who** występuje w funkcji podmiotu. Funkcję podmiotu może spełniać również inny wyraz pytający, np. **what**. W takich przypadkach szyk pytania szczegółowego jest taki sam jak szyk odpowiedniego zdania twierdzącego.

Porównajmy:

– Who is absent? – Tom is absent.	– *Kto jest nieobecny?* – *Tom jest nieobecny.*
– It's wonderful. – What's wonderful? – Grammar is wonderful.	– *To jest cudowne.* – *Co jest cudowne?* – *Gramatyka jest cudowna.*

📖 Who's Afraid of Virginia Woolf? (Edward Albee – tytuł sztuki)
Kto się boi Virginii Woolf?

1.2.4 Zdania pytające z przeczeniem

Pytania ogólne (wymagające odpowiedzi *tak/nie*)

– Aren't you sure? – No, I'm not.	– *Czy nie jesteś pewien?* – *Nie, nie jestem (pewien).*
– Isn't he satisfied? – No, he isn't.	– *Czy on nie jest zadowolony?* – *Nie, nie jest (zadowolony).*

– Isn't she interested? – Yes, she is. She's very interested.	– *Czy ona nie jest zainteresowana?* – *Tak, jest. Jest bardzo zainteresowana.*
– Isn't it necessary? – No, it isn't. It's quite unnecessary.	– *Czy to nie jest konieczne?* – *Nie, nie jest. Jest zupełnie niepotrzebne.*

Forma osobowa **am** nie tworzy jednego wyrazu z **not**. Dlatego, jeśli chcemy użyć formy skróconej, w pytaniach z przeczeniem używamy formy **aren't I**.

– Aren't I late? – Yes, you are.	– *Czy nie jestem spóźniony?* – *Tak, jesteś (spóźniony).*

Pytania szczegółowe (wymagające szczegółowej odpowiedzi)

– Why isn't he at work? – Because he's on holiday.	– *Dlaczego nie ma go w pracy?* – *Ponieważ jest na urlopie.*
– Why aren't you satisfied? – Because we're underpaid.	– *Dlaczego nie jesteście zadowoleni?* – *Ponieważ jesteśmy za nisko opłacani.*

1.3 Spójnik **that** [ðət] *że*

I'm convinced (that) she's innocent.	*Jestem przekonany, że ona jest niewinna.*
I'm sure (that) you're right.	*Jestem pewna, że masz rację.*
I'm not sure (that) he's right.	*Nie jestem pewien, czy on ma rację.*

Spójnik **that** jest bardzo często opuszczany. Zauważmy też, że przed **that** nie występuje przecinek.

PAST SIMPLE (1)
CZAS PRZESZŁY PROSTY CZASOWNIKA **be** *być*

2.1 Czasownik **be** *być* w czasie PAST SIMPLE

Wyrazy **was** [wɒz – wəz] i **were** [wɜ: – wə] są formami osobowymi czasownika **be** *być* w czasie przeszłym prostym (PAST SIMPLE) (formy osobowe ☞ **1.2**; formy słabe wymowy ☞ **1.2.1**).

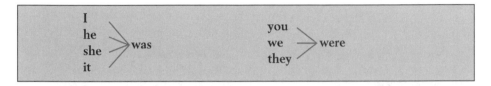

2.1.1 Zdania twierdzące

– \[I was\] sure.	– Byłam pewna.
– \[You were\] fantastic. – Thank you. You're very kind.	– Była pani fantastyczna. – Dziękuję. Jest pan bardzo miły.
– \[He/She was\] impressed. – I'm not surprised.	– On/Ona był/a pod wrażeniem. – Nie dziwię się.
– \[He/She was\] right*.	– On/Ona miał/a rację.
– \[It was\] interesting. – Yes, you're right.	– Ono/To było interesujące. – Tak, masz rację.
– \[We were\] busy yesterday. – You're always busy.	– Byliśmy zajęci wczoraj. – Jesteście zawsze zajęci.
– \[You were\] absent last week. – Yes. \[We were\] in Scotland.	– Byliście nieobecni w zeszłym tygodniu. – Tak. Byliśmy w Szkocji.
– \[They were\] disappointed. – I'm sorry.	– Oni byli rozczarowani. – Przykro mi.

* **be right** *mieć rację*

2

📖 My library was dukedom large enough. (William Shakespeare)
Moja biblioteka była księstwem dostatecznie dużym.

2.1.2 Zdania przeczące

W zdaniach przeczących bezpośrednio po formie osobowej **was/were** występuje wyraz **not** *nie*, który odnosi się do tej formy.

Formy skrócone z **not**:

> **was not** → **wasn't**
> **were not** → **weren't**

– ☐ I wasn't ☐ interested. – Why not? – Because ☐ it wasn't ☐ original.	– *Nie byłem zainteresowany.* – *Dlaczego nie?* – *Ponieważ to nie było oryginalne.*
– ☐ You weren't ☐ at home yesterday. – No, ☐ I wasn't ☐. I was away on business.	– *Nie byłeś wczoraj w domu.* – *Nie, nie byłem. Byłem w podróży służbowej.*
– ☐ He/She wasn't ☐ particularly impressed. – He/She is spoilt.	– *On/Ona nie był/a pod szczególnym wrażeniem. – On/Ona jest zepsuty/-a.*
– ☐ He/She wasn't ☐ well prepared. – I'm surprised.	– *On/Ona nie był/a dobrze przygotowany/-a. – Jestem zdziwiony.*
– ☐ It wasn't ☐ necessary. – In my opinion it was.	– *To nie było konieczne.* – *Moim zdaniem było.*
– ☐ We weren't ☐ invited. – Very strange.	– *Nie byliśmy zaproszeni.* – *Bardzo dziwne.*
– It's a pity* ☐ you weren't ☐ interested. – But we were.	– *Szkoda, że nie byliście zainteresowani.* – *Ależ byliśmy.*
– ☐ They weren't ☐ informed. – Oh yes, they were.	– *Oni nie byli poinformowani.* – *Właśnie, że byli.*

* **it's a pity** *szkoda* należy traktować jako zwrot

2.1.3 Zdania pytające bez przeczenia

Pytania ogólne (wymagające odpowiedzi *tak/nie*)

Przypominamy, że na pytania ogólne najczęściej udzielamy odpowiedzi krótkich.

– [Was I] mistaken? – Yes, you were.	– *Czy byłem w błędzie?* – *Tak, byłeś (w błędzie).*
– [Were you] busy yesterday? – No, I wasn't.	– *Czy byłeś wczoraj zajęty?* – *Nie, nie byłem (zajęty).*
– [Was he/she] satisfied? – Yes, he/she was. ‖ No, he/she wasn't.	– *Czy on/ona był/a zadowolony/-a?* – *Tak, był/a. ‖ Nie, nie był/a.*
– [Was it] interesting? – No, it wasn't.	– *Czy to było interesujące?* – *Nie, nie było (interesujące).*
– [Were we] mistaken? – Yes, we were.	– *Czy byliśmy w błędzie?* – *Tak, byliśmy (w błędzie).*
– [Were they] interested? – No, they weren't.	– *Czy one były zainteresowane?* – *Nie, nie były.*

Pytania szczegółowe (wymagające szczegółowej odpowiedzi)

– Why [were you] absent? – Because I wasn't well.	– *Dlaczego byłaś nieobecna?* – *Ponieważ nie czułam się dobrze.*
– Why [was she] angry? – Because Tom was absent.	– *Dlaczego ona była zła (= rozgniewana)?* – *Ponieważ Tom był nieobecny.*
– Where [were you] born? – I was born in Oxford.	– *Gdzie się urodziłeś?* – *Urodziłem się w Oksfordzie.*
– When [was she] born? – She was born in 1990 (= nineteen ninety).	– *Kiedy ona się urodziła?* – *Urodziła się w 1990.*
– [Who was] absent? – Ann (was).	– *Kto był nieobecny?* – *Ann (była nieobecna).*

2

W ostatnim przykładzie wyraz pytający **who** jest podmiotem zdania. W takiej sytuacji szyk pytania jest taki sam jak szyk odpowiedniego zdania twierdzącego:

| Who | was absent?
| Ann | was absent.

2.1.4 Zdania pytające z przeczeniem

Pytania ogólne (wymagające odpowiedzi *tak/nie*)

–	Wasn't I	right? – Yes, you were.	– *Czy nie miałem racji?* – *Tak, miałeś (rację).*

– | Wasn't I | right?
– Yes, you were.

– *Czy nie miałem racji?*
– *Tak, miałeś (rację).*

– | Weren't you | satisfied?
– No, I wasn't.

– *Czy nie byłeś zadowolony?*
– *Nie, nie byłem (zadowolony).*

– | Wasn't he | sure?
– Yes, he was. He was quite sure.

– *Czy on nie był pewien? – Tak, był (pewien). Był całkiem pewien.*

– | Wasn't she | interested?
– No, she wasn't.

– *Czy ona nie była zainteresowana?*
– *Nie, nie była (zainteresowana).*

– | Wasn't it | interesting?
– Yes, it was. It was very interesting.

– *Czy to nie było interesujące?*
– *Tak, było (interesujące). Było bardzo interesujące.*

– | Weren't we | right?
– No, you weren't.

– *Czy nie mieliśmy racji?*
– *Nie, nie mieliście (racji).*

– | Weren't they | surprised?
– Yes, they were. They were very surprised.

– *Czy oni nie byli zdziwieni?*
– *Tak, byli (zdziwieni). Byli bardzo zdziwieni.*

Pytania szczegółowe (wymagające szczegółowej odpowiedzi)

– Why | weren't you | at work last week?
– Because I was on holiday.

– *Dlaczego nie byłeś w pracy w zeszłym tygodniu?*
– *Ponieważ byłem na urlopie.*

– Why **wasn't he** at home?	– Dlaczego nie było go w domu?
– Because he was at work.	– Ponieważ był w pracy.
– Why **weren't they** satisfied?	– Dlaczego oni nie byli zadowoleni?
– Because they were underpaid.	– Ponieważ byli za nisko opłacani.

Work is much more fun than fun. (N. Coward)
Praca jest dużo większą zabawą niż zabawa.

PRESENT SIMPLE (II)
CZAS TERAŹNIEJSZY PROSTY CZASOWNIKA like

ZAIMKI OSOBOWE W FUNKCJI DOPEŁNIENIA
OBJECT PERSONAL PRONOUNS

3.1 Forma twierdząca czasownika like

Formy osobowe czasownika **like** w czasie PRESENT SIMPLE są zbieżne z jego formą bazową (☞ **3.3**, **16.1**) dla wszystkich osób, oprócz 3. osoby liczby pojedynczej, która przyjmuje końcówkę **-s** lub **-es**.

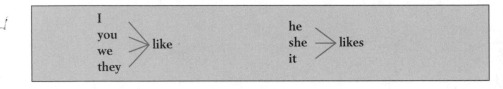

Wymowa końcówki -(e)s:

[s] – jeżeli spółgłoska poprzedzająca końcówkę jest bezdźwięczna, niesycząca: **like** + s = **likes** [laɪks]; [k] jest głoską bezdźwięczną i niesyczącą;

[z] – jeżeli głoska poprzedzająca końcówkę jest spółgłoską dźwięczną, niesyczącą lub samogłoską: **live** + s = **lives** [lɪvz], **carry** + es = **carries** ['kærɪz]; [v] jest głoską dźwięczną i niesyczącą, [ɪ] jest samogłoską; zmiana **-y** na **-ie-** dotyczy tylko ortografii (☞ **23.1.1**);

[ɪz] – jeżeli spółgłoska poprzedzająca końcówkę jest sycząca: **watch** + es = **watches** ['wɒtʃɪz]; [tʃ] jest głoską syczącą; głoski syczące: [s], [z], [ʃ], [ʒ], [tʃ], [dʒ].

Uwaga

    Czasownik **like** znaczy *lubić*, a także *podobać się*.
    I like her. *Ja ją lubię.* lub *Ona mi się podoba.*
    He likes me. *On mnie lubi.* lub *Ja mu się podobam.*

3.2 Zaimki osobowe w funkcji podmiotu i dopełnienia

Podmiot (kto? co?)	Dopełnienie (kogo? co?; komu? czemu? etc.)	
I	me	[mi: – mɪ]*
you	you	[ju: – jʊ]
he	him	[hɪm – ɪm]
she	her	[hɜ: – hə]
it	it	[ɪt]
we	us	[ʌs – əs]
you	you	[ju: – jʊ]
they	them	[ðem – ðəm – əm]

* formy mocne i słabe ☞ **1.2.1**

Poniżej przedstawiamy zastosowania prezentowanych zaimków i form czasownikowych w zdaniach.

I ⌐like¬ them.	*Lubię ich.*
You ⌐like¬ him.	*Lubisz/Lubicie go.*
He ⌐likes¬ her.	*On ją lubi.*
She ⌐likes¬ me.	*Ona mnie lubi.*
It ⌐likes¬ us.	*Ono nas lubi.*
We ⌐like¬ you.	*Lubimy ciebie/was.*
They ⌐like¬ it.	*Oni/One to lubią.*

Zaimki osobowe w funkcji dopełnienia są różnie tłumaczone, w zależności od ich pozycji w zdaniu i/lub poprzedzającego je przyimka.

3

Przykłady:

I like him.	*Lubię go.*
I'm grateful to him.	*Jestem mu/jemu wdzięczny.*
I was unhappy without him.	*Byłam nieszczęśliwa bez niego.*
She was happy with him.	*Ona była z nim szczęśliwa.*

3.3 Forma przecząca czasownika like; czasownik główny i posiłkowy; forma bazowa

I don't like them.	*Nie lubię ich.*
You don't like me.	*Nie lubisz mnie.*
He doesn't like you.	*On ciebie nie lubi.*
She doesn't like us.	*Ona nas nie lubi.*
It doesn't like him.	*Ono go nie lubi.*
We don't like her.	*Nie lubimy jej.*
You don't like it.	*Nie lubicie tego.*
They don't like me.	*Oni/One mnie nie lubią.*

Wyrazy **don't** i **doesn't** są zaprzeczonymi formami osobowymi czasownika posiłkowego **do**. Występują one z formą bazową czasownika głównego (np. **like**). Posiłkowe **doesn't** występuje z trzecią osobą liczby pojedynczej (**he/she/it**). Zauważmy analogię: **he/she likes, he/she doesn't like** – element **s** pojawia się zawsze tylko raz (albo w **likes**, albo w **doesn't**).

Czasownik posiłkowy (**auxiliary verb**) jest szczególnym wyrazem gramatycznym (☞ **8.3.3**). Formy osobowe czasownika posiłkowego **do** służą m.in. do tworzenia zdań pytających i przeczących (**do/don't, does/doesn't** – czas PRESENT SIMPLE; **did/didn't** – czas PAST SIMPLE) i mogą wystąpić z wszystkimi czasownikami oprócz cza-

sownika **be** *być* i kilku czasowników modalnych (☞ **15, 43**). Formy osobowe czasownika posiłkowego **do** traktowane oddzielnie są nieprzetłumaczalne na język polski.

Posiłkowe formy osobowe **do(n't)**, **does(n't)**, **did(n't)** występują zawsze z formą bazową czasownika głównego (**main verb**).

Forma bazowa (**base form**) jest „surową" formą czasownika, pozbawioną wszelkich
końcówek i innych oznaczeń relacji gramatycznych. Jest to forma, która występuje
na początku hasła słownikowego (☞ **16.1**).

Czasownik główny w odróżnieniu od czasownika posiłkowego (i modalnego) zawiera treści pozagramatyczne (odniesienia do świata zewnętrznego) i może samodzielnie funkcjonować jako orzeczenie zdania (przykłady z **like** ☞ **3.1**).

3.4 Pytania ogólne

3.4.1 Pytania ogólne z przeczeniem

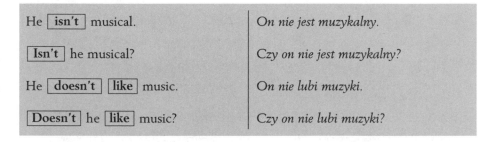

He [**isn't**] musical.	*On nie jest muzykalny.*
[**Isn't**] he musical?	*Czy on nie jest muzykalny?*
He [**doesn't**] [**like**] music.	*On nie lubi muzyki.*
[**Doesn't**] he [**like**] music?	*Czy on nie lubi muzyki?*

Inwersja (odwrócenie szyku) ☞ **1.2.3**:

> you don't → don't you?
> he doesn't → doesn't he? etc.

Porównajmy:

– Don't you like modern music?	*– Czy nie lubisz muzyki nowoczesnej?*
– Yes, I do. Very much.	*– Tak, lubię. Bardzo.*
– Doesn't she like modern art?	*– Czy ona nie lubi sztuki nowoczesnej?*
– No, she doesn't.	*– Nie, nie lubi.*
– Don't they like skiing?	*– Czy oni nie lubią jazdy na nartach?*
– Yes, they do. Very much.	*– Tak, lubią. Bardzo.*

3

– Doesn't he like grammar?	– *Czy on nie lubi gramatyki?*
– Yes, he does. Very much.	– *Tak, lubi. Bardzo.*

W odpowiedziach krótkich **do** i **does** zastępują formy czasownika głównego (np. **like** i **likes**).

Formy **don't** i **doesn't** są formami skróconymi:

    do not → don't
    does not → doesn't

3.4.2 Pytania ogólne bez przeczenia

Posiłkowe formy osobowe **do** i **does** w pytaniach ogólnych bez przeczenia funkcjonują analogicznie do **don't** i **doesn't** w pytaniach ogólnych z przeczeniem. Nie zawierają jednak w sobie elementu przeczenia (**not**).

– ⎣ **Do I like** ⎦ music? Yes, I do. Very much.	– *Czy lubię muzykę? Tak, lubię. Bardzo.*
– ⎣ **Does he like** ⎦ beer? – No, he doesn't.	– *Czy on lubi piwo?* – *Nie, nie lubi.*
– ⎣ **Do they like** ⎦ mathematics? – Yes, they do. Very much.	– *Czy one lubią matematykę?* – *Tak, lubią. Bardzo.*
– ⎣ **Does she like** ⎦ Coke? – No, she doesn't.	– *Czy ona lubi (coca-)colę?* – *Nie, nie lubi.*
– ⎣ **Do you like** ⎦ English? – Yes, I do.	– *Czy lubisz angielski?* – *Tak, lubię.*

3.5 Pytania szczegółowe bez przeczenia i z przeczeniem

– What kind of* music do you like best? – I like classical music best.	– *Jaki rodzaj muzyki lubisz najbardziej?* – *Najbardziej lubię muzykę klasyczną.*

* of ☞ **24.2**, **24.3**

– Why doesn't he like me?	– *Dlaczego on mnie nie lubi?*
– But he does. He likes you very much.	– *Ależ lubi. On cię bardzo lubi.*
– Why don't you like boxing?	– *Dlaczego nie lubisz boksu?*
– Because it's brutal.	– *Ponieważ jest brutalny.*
– Who likes hard work?	– *Kto lubi ciężką pracę?*
– Professor Green does.	– *Profesor Green (lubi).*

Podsumujmy:

> **do/don't** (dla **I, you, we, they**) + forma bazowa czasownika głównego
> **does/doesn't** (dla **he, she, it**) + forma bazowa czasownika głównego
> forma osobowa **like** (dla **I, you, we, they**)
> forma osobowa **likes** (dla **he, she, it**)

3.6 Inne czasowniki wyrażające stan w czasie PRESENT SIMPLE

Czasowniki występujące w poniższych przykładach wyrażają stan (np. **live**), stan umysłu (np. **know, understand**) albo stan uczuć (np. **love, hate**) i odmieniają się tak samo jak czasownik **like** (☞ **3.1, 3.2**). Inne tego typu czasowniki to: **prefer** *woleć*, **intend** *zamierzać*, **want** *chcieć*, **hope** *mieć nadzieję*, **think** *uważać* oraz wyrażenie **be sure ...** *być pewnym ...* .

– You don't understand me.	– *Pan mnie nie rozumie. – Ależ tak.*
– But I do. I understand you very well.	*Rozumiem panią bardzo dobrze.*
– Don't you understand?	– *Czy nie rozumiesz?*
– No, I don't.	– *Nie, nie rozumiem.*
– What does she want?	– *Czego ona chce?*
– She wants money.	– *Chce pieniędzy.*
– Where does he live?	– *Gdzie on mieszka?*
– He lives in London.	– *On mieszka w Londynie.*

📖 Who wants to be a millionaire? I don't. (Cole Porter – fragment piosenki)
Kto chce być milionerem? Ja nie.

– Do you know them?	– *Czy ich znasz?*
– Yes, I do. I know them very well.	– *Tak, znam. Znam ich bardzo dobrze.*
– Why doesn't she like him?	– *Dlaczego ona go nie lubi?*
– But she does. She loves him.	– *Ależ lubi. Ona go kocha.*
– Do you like classical music?	– *Czy lubisz muzykę klasyczną?*
– Yes, I do, but I prefer spaghetti.	– *Tak, lubię, ale wolę spaghetti.*
– Do you intend to emigrate?	– *Czy masz zamiar wyemigrować?*
– No, I don't.	– *Nie (nie mam takiego zamiaru).*
– Doesn't he like philosophy?	– *Czy on nie lubi filozofii?*
– He hates it.	– *On jej nienawidzi.*
I'm not sure he is right.	*Nie jestem pewien, czy on ma rację.*
I hope she is wrong.	*Mam nadzieję, że ona się myli.*
Do you think she is right?	*Czy uważasz, że ona ma rację?*

We feel and know that we are eternal. (Benedict Spinoza)
Czujemy i wiemy, że jesteśmy wieczni.

PAST SIMPLE (II)
CZAS PRZESZŁY PROSTY CZASOWNIKÓW REGULARNYCH
I NIEREGULARNYCH

4.1 Czasownik (regularny) **like** w czasie PAST SIMPLE

W czasie przeszłym prostym (PAST SIMPLE) forma osobowa czasowników regularnych (które w języku angielskim stanowią ogromną większość i do których należy czasownik **like**) ma zakończenie **-ed** (jeśli forma bazowa czasownika kończy się na samogłoskę **-e**, to w czasie PAST SIMPLE tej samogłoski nie podwajamy, dodajemy jedynie samo **-d**). Forma osobowa czasownika w czasie PAST SIMPLE jest taka sama dla wszystkich osób. Wyjątek stanowi czasownik **be** *być*, który ma w tym czasie gramatycznym dwie formy: **was** i **were** (☞ **2**).

I |liked| the* concert.	*Podobał mi się (ten) koncert.*
He |liked| the concert.	*Jemu podobał się koncert.*
They |liked| the concert.	*Im podobał się koncert.*

* the ☞ **22.2**

Wymowa końcówki **-(e)d**:

[ɪd] – jeżeli głoska poprzedzająca końcówkę to [t] lub [d]: **visit + ed = visited** ['vɪzɪtɪd];

[t] – jeżeli głoska poprzedzająca końcówkę jest bezdźwięczna (z wyjątkiem [t]): **like + d = liked** [laɪkt];

[d] – jeżeli głoska poprzedzająca końcówkę jest dźwięczna (z wyjątkiem [d]): **play + ed = played** [pleɪd].

Teraz porównajmy poznane już formy czasownika **like** w czasie PRESENT SIMPLE (☞ **3**) z jego formami w czasie PAST SIMPLE.

You |like| music.	*Lubisz muzykę.*
You |liked| the concert.	*Podobał ci się ten koncert.*
|Do| you |like| music?	*Czy lubisz muzykę?*
|Did| you |like| the concert?	*Czy podobał ci się koncert?*

He [likes] music.	*On lubi muzykę.*
He [liked] the concert.	*Jemu podobał się koncert.*
[Does] he [like] music?	*Czy on lubi muzykę?*
[Did] he [like] the concert?	*Czy podobał mu się koncert?*

Wyraz **did** jest formą osobową czasownika posiłkowego **do** w czasie PAST SIMPLE i odpowiada formom osobowym **do**, **does** (czas PRESENT SIMPLE). W przeczeniach **did** łączy się z **not**, tworząc formę skróconą **didn't** (☞ **3.3**).

– Did you like the lecture?	– *Czy podobał ci się wykład?*
– Yes, I did. Very much.	– *Tak. (Podobał mi się). Bardzo.*
– I didn't like the film.	– *Nie podobał mi się ten film.*
– Why not?	– *Dlaczego nie?*
– Because it was boring.	– *Ponieważ był nudny.*
– She didn't like the concert.	– *Nie podobał jej się koncert.*
– Why not? – I don't know.	– *Dlaczego nie? – Nie wiem.*
– Didn't he like the play?	– *Czy nie podobała mu się ta sztuka?*
– Yes, he did. He liked it very much.	– *Tak. Bardzo mu się podobała.*
– Why didn't you like the lecture?	– *Dlaczego nie podobał ci się wykład?*
– Because it was banal.	– *Ponieważ był banalny.*
– What did you like about the film?	– *Co ci się podobało w tym filmie?*
– I liked the music.	– *Podobała mi się muzyka.*

4.2   Czasowniki nieregularne w czasie PAST SIMPLE

Czasowniki, których formy osobowe w czasie PAST SIMPLE nie mają zakończenia **-ed**, zaliczamy do czasowników nieregularnych (☞ część **B**).

I [knew]* him well.	*Znałem go dobrze.*

* know, knew

| He understood * the lecture. | On zrozumiał wykład. |

* understand, understood

W pytaniach i przeczeniach występuje forma osobowa czasownika posiłkowego **do** (**did** lub **didn't**), natomiast czasownik główny wraca do formy bazowej.

I knew him, but I didn't know her.	Znałem jego, ale nie znałem jej.
He understood her, but she didn't understand him.	On ją rozumiał, ale ona go nie rozumiała.
– Did you know them? – Yes, I did. I knew them very well.	– Czy ich znałeś? – Tak, znałem. Znałem ich bardzo dobrze.
I knew (that) he liked* modern music.	Wiedziałem, że (on) lubi muzykę współczesną.
I didn't know (that) she was* interested.	Nie wiedziałem, że jest zainteresowana.

* następstwo czasów ☞ **9.2.3**

5.1 It jako podmiot pusty

W języku angielskim podmiotu zdania z reguły nie można opuścić: forma osobowa czasownika nie występuje sama. Można powiedzieć, że potrzebuje ona czegoś w rodzaju „podpórki". Taka „podpórka" może sama w sobie coś znaczyć, ale może być elementem znaczeniowo pustym, jedynie „podtrzymującym" formę osobową czasownika.

He is often busy.	*On jest często zajęty.*

Podmiot **he**, oprócz tego, że „podpiera" formę osobową **is**, sam w sobie coś znaczy – odnosi się do konkretnej osoby.

Cambridge is a beautiful place.	*Cambridge jest pięknym miejscem.*
It is very beautiful.	*Ono jest bardzo piękne.*

Cambridge i **it** są odpowiednio podmiotami dwóch zdań. Zaimek osobowy **it** *ono* występuje zamiast **Cambridge**. Obydwa podmioty przekazują informację gramatyczną, a także odnoszą się do świata zewnętrznego – konkretnie do określonej miejscowości. Mają zatem podwójną funkcję.

Przyjrzyjmy się kolejnym przykładom:

It is cold today.	*Dzisiaj jest zimno.*
It is late.	*Jest późno.*
It's five o'clock.	*Jest godzina piąta.*
It's time to go* home.	*Czas iść do domu.*

* to go – bezokolicznik ☞ **16.1**

W powyższych zdaniach **it** nie jest zaimkiem osobowym *ono*, tzn. nie zastępuje żadnego rzeczownika. Pełni tylko i wyłącznie gramatyczną funkcję „podpórki" dla formy osobowej **is**. Nie posiada też w języku polskim swojego odpowiednika i dlatego nie da się go oddzielnie przetłumaczyć. W tej funkcji **it** występuje jako wyraz gramatyczny i można go nazwać podmiotem pustym.

Porównajmy dalej:

To learn Japanese is difficult.	*Nauczyć się japońskiego jest trudno.*
It is difficult to learn Japanese.	*Trudno jest nauczyć się japońskiego.*

Pierwsze zdanie jest poprawne, ale ten typ konstrukcji występuje rzadko i nie jest zbyt udany stylistycznie. Chodzi o to, że element znaczeniowo ważny, niosący nową informację (**to learn Japanese**), na początku zdania może nie być odpowiednio zrozumiany, a nawet usłyszany. Natomiast kiedy jest na końcu zdania, jego pojawienie się jest niejako przygotowane przez początek zdania.

W drugim zdaniu wyraz **it** jest tylko „podpórką" dla **is difficult** i dlatego można go nazwać podmiotem pustym. Jego funkcją jest przygotowanie pojawienia się rzeczywistego podmiotu (**to learn Japanese**) na końcu zdania.

It jako podmiotu pustego nie należy mylić z zaimkiem osobowym **it** *ono, to.*

Porównajmy również:

Is it possible to get there by car?	*Czy można tam dojechać samochodem?*
Is it necessary to do it today?	*Czy koniecznym jest zrobienie tego dzisiaj?*
What time **is it**?	*Która (jest) godzina?*
It was nice to meet you.	*Miło było panią poznać.*
– **It's** a pity (that)* you aren't interested. – I'm sorry.	– *Szkoda, że pani nie jest zainteresowana.* – *Przykro mi.*
– **Is it** true (that) you intend to emigrate? – No, **it isn't**.	– *Czy to prawda, że zamierza pan wyemigrować?* – *Nie, to nie jest prawda.*

* opuszczanie spójnika **that** *że* ☞ **1.3**

We wszystkich sześciu przykładach wyraz gramatyczny **it** wystąpił w funkcji podmiotu pustego.

It's unwise to be born; it's unwise to be married;
it's unwise to live; and it's unwise to die. (G.B. Shaw)
*Niemądrym jest urodzić się; niemądrym jest być poślubionym; niemądrym jest
żyć; i niemądrym jest umrzeć.*

5.2 There jako podmiot pusty

Rozróżniamy dwa wyrazy **there**:

there [ðeə] *tam*
there [ðə] (wyraz gramatyczny)

Porównajmy:

I intend to go* there next week.	*Mam zamiar pojechać tam w przyszłym tygodniu.*
There's a** concert on Friday.	*Jest koncert w piątek.*

* to go – bezokolicznik ☞ **16.1**
** przedimek nieokreślony a ☞ **22.1**

W pierwszym zdaniu **there** *tam* jest określeniem miejsca. W drugim zdaniu **there** jest wyrazem gramatycznym (podmiotem pustym ☞ **5.1**), który wprowadza formę osobową **is**. Tak wprowadzone **is** staje się elementem znaczeniowo ważnym. Ważne jest mianowicie to, że coś jest, że coś istnieje. Istnienie czegoś jest w tym kontekście (według osoby formułującej wypowiedź) nową informacją (*nie wiem, czy wiesz, że ...*). Zamiast **is** po **there** może wystąpić **are**, **was**, **were**.

Porównajmy dalej:

There's a letter for you.	*Jest list dla ciebie.*
There were problems* with money.	*Były problemy z pieniędzmi.*
There are always problems with money.	*Z pieniędzmi zawsze są problemy .*

* problems – liczba mnoga rzeczowników ☞ **23.1**

There are some* letters for you.	*Są dla ciebie jakieś listy.*
– **Was there** a concert yesterday?	– *Czy wczoraj był koncert?*
– Yes, **there was**.	– *Tak, był.*
– **Was there** a party last Saturday?	– *Czy było (jakieś) przyjęcie w zeszłą*
– No, **there wasn't**.	*sobotę? – Nie, nie było.*
– **Are there** any* letters for me?	– *Czy są dla mnie jakieś listy?*
– No, **there aren't** (any).	– *Nie, nie ma (żadnych).*

* some, any ☞ **32.1**

Podmiot pusty **there** może również wprowadzać formy osobowe czasowników modalnych (☞ **15**) i czasownika **seem**.

There **must be** an explanation.	*Musi być (jakieś) wyjaśnienie.*
There **can be** no doubt.	*Nie może być (żadnych) wątpliwości.*
There **seems to be** no way out.	*Wydaje się, że nie ma wyjścia.*

📖 ... there is method in it. (William Shakespeare)
... *jest w tym [= w tym szaleństwie] metoda.*

PRESENT CONTINUOUS
CZAS TERAŹNIEJSZY W ASPEKCIE CIĄGŁYM

6.1 Forma

W czasie PRESENT CONTINUOUS występują formy osobowe czasownika posiłkowego **be** (**am**, **are**, **is**) łącznie z formą **-ing** czasownika głównego.

Formę **-ing** tworzymy przez dodanie do formy bazowej końcówki **-ing**, np. **study** + **-ing** = **studying** (forma **-ing** ☞ **16.2**).

W pytaniach i przeczeniach formy osobowe czasownika posiłkowego **be** zachowują się tak samo jak formy czasownika głównego **be** (☞ **1.2**).

Formy osobowe czasownika posiłkowego **be** (**am**, **are**, **is**) nie posiadają w języku polskim swoich odpowiedników i dlatego nie da się ich oddzielnie przetłumaczyć. Możemy je tłumaczyć tylko łącznie z formą **-ing** czasownika głównego.

Porównajmy:

Tom is* in London.	*Tom jest w Londynie.*
Tom is** studying in London.	*Tom studiuje w Londynie.*
– Is he in London? – Yes, he is.	*– Czy on jest w Londynie?* *– Tak, jest (w Londynie).*
– Is he studying in London? – Yes, he is.	*– Czy on studiuje w Londynie?* *– Tak, studiuje (w Londynie).*
Ann isn't in London.	*Ann nie ma* (dosł. *Ann nie jest*) *w Londynie.*
Ann isn't studying in London.	*Ann nie studiuje w Londynie.*
– Where's she? – She's in Oxford.	*– Gdzie ona jest? – Jest w Oksfordzie.*
– Where's she studying? – She's studying at Oxford University.	*– Gdzie ona studiuje? – Studiuje na* *Uniwersytecie Oksfordzkim.*

* **is** – forma osobowa czasownika głównego (☞ **8.3.3**)
** **is** – forma osobowa czasownika posiłkowego (☞ **8.3.3**)

6.2 Zastosowania

Czas PRESENT CONTINUOUS opisuje czynności i procesy (nie stany!), które właśnie się odbywają. Kiedyś się rozpoczęły (zwykle niedawno temu), swoim trwaniem obejmują chwilę obecną i dobiegną końca w (zwykle nieodległej) przyszłości. Ich początek i koniec nie są wyraźnie zaznaczone, pozostają w cieniu.

6.2.1 Opisywanie czynności (procesów), które odbywają się w chwili, gdy o nich mówimy

Poniższe przykłady opisują czynności, które trwają w chwili, gdy o nich mowa i wiadomo, że przeminą lub niebawem się skończą.

Jim is talking to Ann at the* moment.	*Jim rozmawia w tej chwili z Ann.*
– Are you waiting for someone**?	*– Czy na kogoś czekasz?*
– No, I'm not.	• domyślam się, że tak *– Nie, nie czekam (na nikogo).*
He's reading a* book.	*On czyta (jakąś) książkę.*
She isn't reading. She's watching television.	*Ona nie czyta. Ogląda telewizję.*
– Is it*** raining?	*– Czy pada (deszcz)?*
– Yes, it is. It's pouring down with rain.	*– Tak, pada. Leje (deszcz).*
– Aren't they listening to music?	*– Czy oni nie słuchają muzyki?*
– No, they aren't. They're meditating.	*– Nie, nie słuchają. Medytują.*

* przedimki ☞ **22**
** someone ☞ **32.3**
*** it jako podmiot pusty ☞ **5.1**

Każda z opisywanych czynności ma swój początek, przebieg i koniec, odbywa się w czasie (nieprzerwanie zajmuje jakiś czas), może być w każdej chwili przerwana i podjęta na nowo. Jej początek i koniec nie są wyraźnie określone. Każda czynność jest rozumiana szeroko: może to być oglądanie telewizji, czytanie książki lub padanie deszczu, inaczej mówiąc, pewien proces.

Porównajmy:

| They're listening to the radio. | *Słuchają radia.*
• w tej chwili – czynność ograniczona czasem |
| They listen to the radio every day. | *Słuchają radia codziennie.*
• czynność powtarzająca się, niezwiązana z chwilą obecną |

W pierwszym zdaniu orzeczenie występuje w czasie PRESENT CONTINUOUS – opisywana czynność odbywa się właśnie w tej chwili. Chodzi o tę jedną, konkretną czynność.

W drugim zdaniu orzeczenie występuje w czasie PRESENT SIMPLE – opisywana czynność powtarza się i przez to jest w pewnym sensie poza czasem (☞ **7**).

📖 Big Brother is watching you. (George Orwell)
Wielki Brat cię/was obserwuje.

6.2.2 Opisywanie czynności teraźniejszych, które swym trwaniem obejmują punkt „teraz", mimo że nie muszą odbywać się dokładnie w tej chwili

Przykłady:

I'm writing a play now.	*Piszę teraz sztukę.*
We're working on a new project.	*Pracujemy nad nowym projektem.*
– Are you staying at a* hotel? – No, we aren't. We're staying with friends**.	– *Czy mieszkacie w hotelu?* – *Nie. Mieszkamy u przyjaciół.* • stan tymczasowy
– What are you reading now? – I'm reading a book on genetics.	– *Co teraz czytasz?* – *Czytam książkę na temat genetyki.* • Osoba pytana najprawdopodobniej nie siedzi w tej chwili nad książką.

* przedimki ☞ **22**
** liczba mnoga rzeczowników ☞ **23.1**

– Jim is a student. – What's he studying? – He's studying physics.	– *Jim jest studentem.* – *Co studiuje?* – *Studiuje fizykę.* • Osoba, studiując, nie musi akurat w tej chwili być na uniwersytecie i np. słuchać wykładu.

📖 I'm dreaming of a white Christmas. (Irving Berlin – fragment piosenki)
Marzę o białym Bożym Narodzeniu.

6.2.3 Opisywanie jednorazowych, uprzednio zaplanowanych czynności przyszłych

Przykłady:

I'm driving Ann to the* station tomorrow.	*Odwożę jutro Ann na stację.* • ona o tym wie
I'm going to a* concert on Tuesday.	*Idę we wtorek na koncert.*
I go to concerts regularly.	*Chodzę na koncerty regularnie.* • PRESENT SIMPLE – czynność powtarzająca się
– What are you doing this evening? – I'm working.	– *Co robisz dzisiaj wieczorem?* – *Pracuję.*
– Are you working tomorrow? – No, I'm not. I'm relaxing.	– *Czy jutro pracujesz?* – *Nie, nie pracuję. Odpoczywam.*
– When are you going on holiday? – I'm not taking a holiday this year.	– *Kiedy jedziesz na urlop?* – *Nie biorę w tym roku urlopu.*
– Is Professor Green giving a lecture tomorrow? – No, he isn't. He isn't lecturing this term.	– *Czy profesor Green ma (dosł. daje) jutro wykład? – Nie. Nie wykłada w tym semestrze.*

* przedimki ☞ **22**

Różnicę między PRESENT CONTINUOUS i PRESENT SIMPLE dobrze oddaje różnica między polskim *idę* a *chodzę*.

They are going to the cinema tonight.	*Idą dzisiaj wieczorem do kina.*
They often go to the cinema.	*Często chodzą do kina.*

📖 I'm getting married in the morning. (A.J. Lerner)
Żenię się rano.

6.2.4 Opisywanie sytuacji powtarzających się, które budzą emocje (np. irytację)

Przykłady:

She's always losing her bag.	*Ona wiecznie (dosł. zawsze) gubi swoją torebkę.*
He's always talking about politics.	*On wiecznie mówi o polityce.*
They are always coming late.	*Oni się wiecznie spóźniają.*
She's always reading.	*Ona wiecznie czyta.*
	• niekoniecznie dezaprobata

6.3 Czas PRESENT CONTINUOUS czasownika głównego be

Czasownik główny **be** użyty w czasie PRESENT CONTINUOUS tłumaczymy jako *zachowywać się*.

Przykłady:

He is being careful.	*On zachowuje się ostrożnie.*
She's being impossible.	*Ona zachowuje się w sposób niemożliwy.*
They're being annoying.	*Oni zachowują się w sposób irytujący.*
You're being unjust.	*Jesteś niesprawiedliwy.*
	• zachowanie

PRESENT SIMPLE (III)
CZAS TERAŹNIEJSZY PROSTY — PRZEGLĄD ZASTOSOWAŃ

7.1 Opis stanu rzeczy lub umysłu

Przykłady:

– Who knows him? – I do.	– *Kto go zna? – Ja (go znam).*
– I love Chopin. – That* doesn't surprise me.	– *Kocham Szopena.* – *To mnie nie dziwi.*
– I think he's right. – I'm sure he is.	– *Myślę, że on ma rację.* – *Jestem pewien, że ma (rację).*

* that – wyrazy wskazujące ☞ **28.1.3**

Po **I think** i **I'm sure** możemy opuścić spójnik **that** *że*. Zamiast **think** można użyć bardziej wyszukanego **believe** *wierzyć, uważać* lub **suppose** *przypuszczać, sądzić*.

I believe/suppose he's right.	*Uważam/Sądzę, że on ma rację.*

Dalsze przykłady:

– I don't think she understands anything*. – I'm not sure you're right.	– *Nie sądzę, że ona cokolwiek rozumie.* – *Nie jestem pewien, czy masz rację.*
The house belongs to Tom.	*Dom ten należy do Toma.*
London lies on the Thames.	*Londyn leży nad Tamizą.*
He seems to be happy.	*On wydaje się (być) szczęśliwy.*
She doesn't seem to be satisfied.	*Ona nie wydaje się (być) zadowolona.*
He lacks a sense of humour.	*Jemu brakuje poczucia humoru.*

* anything ☞ **32.3**

It looks nice.	*To wygląda ładnie.*
It is nice.	*To jest ładne.*

Czasownik **look** *wyglądać* jest, podobnie jak **be** *być*, łącznikiem – częścią orzeczenia złożonego, np. **is/looks nice** składa się z orzecznika przymiotnikowego **nice** i łącznika **is/looks**. Dlatego po **looks** występuje przymiotnik **nice**, a nie przysłówek **nicely**, choć na polski tłumaczymy go przysłówkiem *ładnie* (orzeczenie złożone ☞ **35.1**).

Czasownik **think** może wyrażać przekonanie (stan umysłu) albo czynność myślenia: **What do you think of modern art?** *Co myślisz o sztuce nowoczesnej?*, **What are you thinking about?** *O czym myślisz/rozmyślasz?* (przyimek **about** na końcu zdania ☞ **46.2**).

7.2   Opis umiejętności i nawyków

Porównajmy:

She speaks Japanese.	*Ona mówi po japońsku.* • stała umiejętność
She's speaking Japanese.	*Ona mówi po japońsku.* • w tej chwili
He smokes.	*On pali.* • jest palaczem
He is smoking.	*On pali.* • w tej chwili
She plays chess.	*Ona gra w szachy.* • stała umiejętność
She's playing chess at the moment.	*Ona w tej chwili gra w szachy.*

📖   I think, therefore I am. (Kartezjusz)
Sometimes I think; and sometimes I am. (Paul Valéry)
Wariacja na temat Kartezjusza: *Czasami myślę, a czasami jestem.*

7.3 Opis czynności powtarzających się

Porównajmy:

We're going to France next week.	*W przyszłym tygodniu jedziemy do Francji.* • wyjazd jednorazowy
We often go to France.	*Jeździmy często do Francji.* • wyjazdy powtarzające się
He is* doing gymnastics at the moment.	*On się gimnastykuje (= ćwiczy, dosł. robi gimnastykę) w tej chwili.*
He does* gymnastics regularly.	*On się gimnastykuje (= ćwiczy) regularnie.* • czynność powtarzająca się
– What are you doing here? – I'm waiting for Ann.	*– Co tutaj robisz?* *– Czekam na Ann.*
– What do you do? – I work in a bank.	*– Czym się pan zajmuje (dosł. Co pan robi)? – Pracuję w banku.* • czynność stała
They're coming on Saturday.	*Przychodzą w sobotę.* • wydarzenie jednorazowe
They come every Saturday.	*Przychodzą w każdą sobotę.* • czynność powtarzająca się

* formy osobowe czasownika głównego i posiłkowego **be**, do ☞ **3.3**, **8.3.3**

📖 Don't wait for the Last Judgement. It takes place every day.
(Albert Camus)
Nie czekajcie na Sąd Ostateczny. On odbywa się (dosł. ma miejsce) codziennie.

7.4 Wyrażanie obietnic, propozycji, zgody (lub jej braku); opisywanie wrażeń; przepraszanie

Przykłady:

I promise to phone you.	*Obiecuję do ciebie zadzwonić.*
I suggest we consider the offer.	*Proponuję, żebyśmy rozważyli tę ofertę (= propozycję).*
It was my fault. I apologize.	*To był mój błąd. Proszę mi wybaczyć (dosł. Przepraszam).*
I agree. I don't agree.	*Zgadzam się. Nie zgadzam się.*
He seems to be intelligent.	*On wydaje się (być) inteligentny.*

W mowie potocznej zamiast **I apologize** powiedzielibyśmy **I'm sorry**.

📖 I never apologize. (G.B. Shaw)
Nigdy nie przepraszam (tu: *się nie usprawiedliwiam*).

7.5 Przytaczanie wypowiedzi innych osób

Przykłady:

He says (that)* he's busy.	*Mówi, że jest zajęty.*
She maintains (that) she's innocent.	*Ona utrzymuje, że jest niewinna.*
The letter explains everything.	*List wyjaśnia wszystko.*

* opuszczanie spójnika that *że* ☞ 1.3

7.6 Opis planowanych czynności (lub serii czynności) przyszłych

Przykłady:

We leave Berlin at 10:00 next Tuesday and arrive in Warsaw at 12:30.	*Opuszczamy Berlin w przyszły wtorek o 10:00 i przyjeżdżamy do Warszawy o 12:30.*

| Our* train leaves at 10:30 (= ten thirty). | Nasz pociąg odjeżdża o 10:30. • według planu |

* our *nasz* – określniki dzierżawcze ☞ **29.1**

7.7 Wskazówki sceniczne

| The curtain rises. Hamlet enters. | Kurtyna podnosi się. Hamlet wchodzi. |

7.8 Wyrażanie przyszłości w zdaniach czasowych i warunkowych

When he comes ...	Gdy on przyjdzie, ...
As soon as I hear from her, ...	Jak tylko otrzymam od niej wiadomość, ...
Before I leave, ...*	Zanim wyjadę, ...
If it rains, ...	Jeżeli będzie padać, ...
Unless you pay, ...**	Jeżeli nie (= Chyba że) zapłacisz, ...

* ☞ **51**
** ☞ **52**

I have enough money to last me the rest of my life unless I buy something. (Jackie Mason)
Mam dosyć pieniędzy, żeby mi wystarczyło na resztę życia, chyba że coś kupię.

8

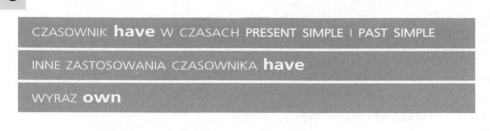

8.1 Czasownik **have** *mieć* w czasie PRESENT SIMPLE

W poniższej tabeli przedstawiono formy osobowe czasownika **have**. W pytaniach i przeczeniach stosujemy posiłkowe **do(n't)/does(n't)** i formę bazową **have**.

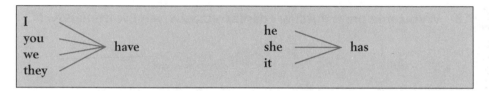

8.1.1 Zdania twierdzące i przeczące

Przykłady:

I have a* car. I don't have a yacht.	*Mam samochód. Nie mam jachtu.*
He has a flat. He doesn't have a house.	*On ma mieszkanie. Nie ma domu.*
I have no** time.	*Nie mam czasu.*

* przedimek nieokreślony **a** ☞ **22.1**
** **no** – zasada pojedynczego przeczenia ☞ **32.1**

Have jest formą bazową czasownika głównego. Jego formy osobowe (tabela **8.1**) używane są w zdaniach twierdzących. Przypominamy, że w czasie PRESENT SIMPLE w zdaniach przeczących stosujemy formę osobową czasownika posiłkowego **do** (**doesn't** dla 3. osoby liczby pojedynczej, **don't** dla pozostałych osób), a po niej używamy tylko formy bazowej czasownika głównego, czyli **have** (☞ **3.3**).

She has no money.	*Ona nie ma pieniędzy.*
– You have a nice flat.	*– Masz ładne mieszkanie.*
– I'm glad you like it.	*– Cieszę się, że ci się podoba.*
The flat has central heating.	*Mieszkanie to ma centralne ogrzewanie.*
It doesn't have a* fireplace.	*Nie ma kominka.*
We don't have a helicopter,	*Nie mamy helikoptera,*
but we have a yacht.	*ale mamy jacht.*
They have a son and a daughter.	*Oni mają syna i córkę. Córkę znam.*
I know the* daughter.	

* przedimki ☞ **22**

📖 The only difference between the saint and the sinner
is that every saint has a past and every sinner has a future. (Oscar Wilde)
Jedyna różnica między świętym a grzesznikiem polega na tym, że każdy święty
ma (jakąś) przeszłość, a każdy grzesznik ma (jakąś) przyszłość.

8.1.2 Zdania pytające

– Do you have a computer?	*– Czy masz komputer?*
– Yes, I do.	*– Tak, mam.*
– Does he have a job?	*– Czy on ma pracę (= posadę)?*
– No, he doesn't. He's unemployed.	*– Nie, nie ma. Jest bezrobotny.*
– Don't you have a car?	*– Czy nie macie samochodu?*
– No, we don't.	*– Nie, nie mamy.*
– Doesn't she have a boyfriend?	*– Czy ona nie ma sympatii (= chłopca)?*
– No, she doesn't.	*– Nie, nie ma.*
– Do they have time on Wednesday?	*– Czy oni mają czas w środę?*
– I have no idea.	*– Nie mam pojęcia.*
– Why don't you have a car?	*– Dlaczego nie masz samochodu?*
– Because I don't need one.	*– Ponieważ nie jest mi potrzebny (dosł.*
	nie potrzebuję czegoś takiego).

8

Zaimek **one** (☞ **31.4**) zastępuje poprzednio wymieniony rzeczownik (w naszym przykładzie **a car**) i umożliwia uniknięcie niezręcznego powtarzania tego samego wyrazu (tu: **a car**).

– Why doesn't he have a computer? – He says he doesn't need one.	– *Dlaczego on nie ma komputera?* – *On mówi, że nie jest mu potrzebny* *(dosł. nie potrzebuje go).*

📖 All those men have their price. (Robert Walpole)
Wszyscy ci panowie (dosł. mężczyźni) mają swoją cenę.

8.2 Czasownik **have to** *musieć*

Forma: taka sama jak **have** *mieć* + **to**

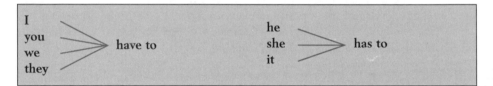

8.2.1 Zdania twierdzące i przeczące

– I have to do it. – No, you don't.	– *Muszę to zrobić. – Nie, nie musisz.*
– You have to think about your* career. – Yes, I know.	– *Musisz myśleć o swojej karierze.* – *Tak, wiem.*
– He has to finish the work by Friday. – Theoretically, yes.	– *On musi skończyć tę pracę do piątku.* – *Teoretycznie, tak.*
She has to pay for the** hotel.	*Ona musi zapłacić za hotel.*

* **your** – określniki dzierżawcze ☞ **29.1**
** przedimek określony **the** ☞ **22.2**

It has to be finished* by Tuesday.	*To musi być skończone do wtorku.*

* **to be finished** – bezokolicznik w stronie biernej ☞ **42.1.6**

– We have to wait for him.	– Musimy na niego czekać.
– I'm not sure.	– Nie jestem pewien.
	• delikatny sprzeciw
– You don't have to do it.	– Nie musisz tego robić.
– I'm afraid it's necessary.	– Niestety (= Obawiam się, że) to jest konieczne.
– He doesn't have to accept the offer.	– On nie musi przyjmować tej oferty.
– But he wants to.	– Ale chce (ją przyjąć).
– They don't have to come.	– Oni nie muszą przychodzić.
– But they want to.	– Ale chcą.

Wyraz gramatyczny **to** (sygnalizujący bezokolicznik) po **wants** zastępuje **to accept it** (☞ **54.3.1**).

8.2.2 Zdania pytające

– Do I have to be present?	– Czy muszę być obecny?
– Yes, you do.	– Tak, musisz.
– Do you have to tell her?	– Czy musisz jej mówić?
– No, I don't.	– Nie, nie muszę.
– Does he have to work so hard?	– Czy on musi tak ciężko pracować?
– No, he doesn't, but he wants to.	– Nie, nie musi, ale chce.
– Doesn't she have to pay for it?	– Czy ona nie musi za to płacić?
– No, she doesn't.	– Nie, nie musi.
– Doesn't it have to be done*?	– Czy to nie musi być zrobione?
– Yes, it does.	– Tak, musi.
– Don't they have to take the** exam?	– Czy oni nie muszą zdawać tego
– No, they don't.	egzaminu? – Nie, nie muszą.

* to be done – bezokolicznik w stronie biernej ☞ **42.1.6**
** przedimek określony **the** ☞ **22.2**

📖 Love is like measles; we all have to go through it. (Jerome K. Jerome)
Miłość jest jak odra; wszyscy musimy przez nią przejść.

8.3 Konstrukcje have/has got i have/has got to; porównanie czasowników be, do i have jako głównych i posiłkowych

We współczesnej angielszczyźnie mówionej, zwłaszcza w jej odmianie brytyjskiej, zamiast **have/has** (posiadanie) i **have/has to** (konieczność) występuje dość często **have/has got** (posiadanie) i **have/has got to** (konieczność).

Formy skrócone:

have → **'ve**
has → **'s** (taka sama forma skrócona jak dla **is**!)
have not → **haven't**
has not → **hasn't**

8.3.1 Have/has got (*posiadanie*)

Przykłady:

I've got a computer.	*Mam komputer.*
He's got a car.	*On ma samochód.*
We haven't got a house.	*Nie mamy domu.*
She hasn't got a job.	*Ona nie ma pracy (= posady).*
They've got a farm.	*Oni mają farmę.*
– Have you got a yacht? – No, I haven't.	*– Czy masz jacht?* *– Nie, nie mam.*
– Has he got a printer? – Yes, he has.	*– Czy on ma drukarkę?* *– Tak, ma.*
– Haven't you got a computer? – No, I haven't.	*– Czy nie masz komputera?* *– Nie, nie mam.*

| – Hasn't he got a job? | – *Czy on nie ma pracy?* |
| – No, he hasn't. He's unemployed. | – *Nie, nie ma. Jest bezrobotny.* |

W przeczeniach posiłkowe formy osobowe **have, has** tworzą formy skrócone z **not** (**haven't, hasn't**), a w pytaniach występują przed podmiotem.

Konstrukcja **have/has got** występuje tylko w czasie teraźniejszym. Może również wyrażać przyszłość (co jest jedną z funkcji form czasu teraźniejszego).

8.3.2 Have/has got to (*konieczność*)

Przykłady:

I've got to do it.	*Muszę to zrobić.*
He's got to pay.	*On musi płacić.*
We've got to go there.	*Musimy tam pojechać.*
She's got to tell him about it.	*Ona musi mu o tym powiedzieć.*

Ze względu na subtelności stylistyczne ten sposób wyrażania konieczności należy ograniczyć do zdań twierdzących. W pytaniach należy stosować **do/does ... have to**, a w przeczeniach **don't/doesn't have to**.

Porównajmy:

He's got to do it.	*On to musi zrobić.*
He doesn't have to do it.	*On nie musi tego robić.*
Does he have to do it?	*Czy on musi to robić?*
Doesn't he have to do it?	*Czy on nie musi tego zrobić?*

Konstrukcje **have/has got** i **have/has got to** należy przede wszystkim rozumieć. Nie ma konieczności czynnego ich stosowania. Do tego wystarczą formy **have/has** i **have/has to** w twierdzeniach, **do(n't)/does(n't) ... have** i **do(n't)/does(n't) ... have to** w pytaniach z przeczeniem i bez oraz **don't/doesn't have** i **don't/doesn't have to** w przeczeniach (☞ **8.1**, **8.2**).

📖 Life exists in the universe only because the carbon atom possesses certain exceptional properties. (James Jeans)
Życie istnieje we wszechświecie tylko dlatego,
że atom węgla posiada pewne wyjątkowe właściwości.

8.3.3 Czasowniki główne i posiłkowe be, do, have

W języku angielskim są trzy czasowniki, z których każdy może wystąpić jako czasownik główny lub jako czasownik posiłkowy. Są to czasowniki **be, do** i **have**.
Porównajmy:

He is a student.	*On jest studentem.*

• **is** – forma osobowa czasownika głównego **be**

He is studying history.	*On studiuje historię.*

• **is** – forma osobowa czasownika posiłkowego **be**

He does gymnastics regularly.	*On gimnastykuje się regularnie.*

• **does** – forma osobowa czasownika głównego **do**

Does he do gymnastics every day?	*Czy on codziennie się gimnastykuje?*

• **does** – forma osobowa czasownika posiłkowego **do**
• **do** – forma bazowa czasownika głównego **do**

He has a computer.	*On ma komputer.*

• **has** – forma osobowa czasownika głównego **have**

He has bought a computer.	*On kupił komputer.*

• **has** – forma osobowa czasownika posiłkowego **have**; czas PRESENT PERFECT ☞ **13**

8.4 Czasowniki **have** i **have to** w czasie PAST SIMPLE

8.4.1 Forma osobowa **had** (*posiadanie*)

Forma **had** (taka sama dla wszystkich osób) jest formą osobową czasownika **have** w czasie PAST SIMPLE. Pytania i przeczenia (**did/didn't** + **have**) tworzymy podobnie jak w czasie PRESENT SIMPLE (☞ **8.1**).

Przykłady:

I had time, but I didn't have money. She had money, but she didn't have time.	Miałem czas, ale nie miałem pieniędzy. Ona miała pieniądze, ale nie miała czasu.
– Did you have much* work yesterday? – No, I didn't.	– Czy miałeś wczoraj dużo pracy? – Nie, nie miałem.
– He had a lot of** work yesterday. – He always has a lot of work.	– On miał wczoraj dużo pracy. – On zawsze ma dużo pracy.
– We had no time yesterday. – You never*** have time.	– Nie mieliśmy wczoraj czasu. – Wy nigdy nie macie czasu.
– Did she have a good time? – Yes, she did.	– Czy dobrze się bawiła? – Tak. (Dobrze się bawiła).

* much ☞ **33.1**
** a lot of ☞ **33.3**
*** no, never – zasada pojedynczego przeczenia ☞ **32.1**

Czasu PAST SIMPLE używamy, mając na myśli określony punkt albo okres w przeszłości. Dlatego dość często stosujemy w takich wypowiedziach okoliczniki czasu przeszłego (**yesterday, last week** etc.).

8.4.2 Forma osobowa **had to** (*konieczność*)

Pytania i przeczenia tworzymy tak samo jak przy **had** (☞ **8.4.1**).

Przykłady:

– I had to do it. I had no* choice. – I don't believe you.	– Musiałem to zrobić. Nie miałem wyboru. – Nie wierzę ci.
– Did you have to do it? – No, I didn't, but I wanted to**.	– Czy musiałeś to zrobić? – Nie, nie musiałem, ale chciałem.
He came although he didn't have to**.	Przyszedł, mimo że nie musiał.
He had to explain it to her.	Musiał jej to wytłumaczyć.

* no – zasada pojedynczego przeczenia ☞ **32.1**
** ☞ **54.3.1**

– Didn't he have to explain it? – Yes, he did.	– *Czy nie musiał tego wyjaśnić?* – *Tak, musiał.*

📖 Wise men talk because they have something to say;
fools, because they have to say something. (Plato)
*Mądrzy ludzie mówią, ponieważ mają coś do powiedzenia;
głupcy mówią, ponieważ muszą coś powiedzieć.*

8.5 Formy osobowe czasownika głównego **have** *mieć* w pytaniach przed podmiotem (inwersja), w przeczeniach w bezpośrednim związku z **not**

W angielszczyźnie brytyjskiej możemy spotkać formy osobowe czasownika głównego **have** *mieć* w pytaniach przed podmiotem, a w przeczeniach – w połączeniu z **not**. Formy te stopniowo wychodzą z użycia.

Przykłady:

I haven't a car. • zamiast I don't have a car.	*Nie mam samochodu.*
Have you a computer? • zamiast Do you have a computer?	*Czy masz komputer?*
She hasn't a flat. • zamiast She doesn't have a flat.	*Ona nie ma mieszkania.*
Has he a job? • zamiast Does he have a job?	*Czy on ma pracę?*
They hadn't time. • zamiast They didn't have time.	*Nie mieli czasu.*

8.6 Czasownik główny **have** w innych znaczeniach

Porównajmy:

We have breakfast at seven.	*Jemy śniadanie o siódmej.*

He had lunch at half past one.	*Zjadł lunch o wpół do drugiej.*
What time did she have supper?	*O której zjadła kolację?*
They don't often have parties.	*Oni nie urządzają często przyjęć* *(= Oni nieczęsto urządzają przyjęcia).*
She has a bath every morning.	*Ona bierze kąpiel codziennie rano.*
Let's* have a swim.	*Popływajmy sobie.*

* let's ☞ **17.2.1**

W takich znaczeniach nie stosujemy konstrukcji **have/has got**, a czasownik **have** może również wystąpić w czasach **continuous** (aspekt ciągły).

Przykłady:

We're having a party on Saturday.	*Urządzamy w sobotę przyjęcie.*
He's having breakfast at the moment.	*On w tej chwili je śniadanie.*
They were having dinner when we came.	*Oni jedli obiad, kiedy przyszliśmy.*

Posiadanie jest stanem. Dlatego **have** wyrażające posiadanie nie występuje w czasach **continuous**, ponieważ czasy te opisują czynności, a nie stany (inne czasowniki z reguły niewystępujące w aspekcie ciągłym ☞ **3.6**).

8.7 Konstrukcja **had better**

Konstrukcji **had better** używamy do łagodnego wyrażania rad, postanowień lub wskazań. Sam wyraz **better** znaczy *lepiej*. Konstrukcja ta bardzo często występuje w formie skróconej **'d better**.

Porównajmy:

I'd better do it at once.	*Lepiej będzie, jeżeli zrobię to od razu.*
We'd better not waste any* time.	*Nie traćmy lepiej czasu.*

* any ☞ **32.1**

| Hadn't you better ask her first? | Czy *nie lepiej najpierw ją zapytać?* |

Konstrukcja ta z reguły nie występuje w pytaniach. Wyjątkiem jest przytoczona forma udzielania rady (**hadn't you better**). Zauważmy, że w powyższych zdaniach występuje forma bazowa czasownika głównego (np. **do, waste, ask**).

8.8 Wyraz **own** jako przymiotnik (*własny*), jako czasownik (*posiadać, mieć na własność*) i jako zaimek (*coś własnego*)

Przykłady zastosowań:

We own the house. • own – czasownik	*Mamy ten dom na własność.*
He has his own room. • own – przymiotnik	*On ma swój własny pokój.*
He has a room of his own. • own – zaimek	*On ma własny pokój.*
Was that your own idea? • own – przymiotnik	*Czy to był twój własny pomysł?*

PAST SIMPLE (III)
CZAS PRZESZŁY PROSTY — PRZEGLĄD ZASTOSOWAŃ

9.1 Formy osobowe

Czasownik **be** – formy w czasie PAST SIMPLE: **was, were** (☞ **2**).

Przypominamy, że formę osobową czasowników regularnych w czasie PAST SIMPLE tworzymy przez dodanie końcówki **-(e)d** do formy bazowej czasownika (wymowa końcówki **-(e)d** ☞ **4.1**).

Czasowniki, których formy osobowe w czasie PAST SIMPLE nie mają takiej końcówki, należą do grupy czasowników nieregularnych (☞ część **B**).

Porównajmy:

Forma bazowa	Forma osobowa w czasie PAST SIMPLE	
like	**liked**	*lubić* (regularny)
visit	**visited**	*odwiedzać* (regularny)
go	**went**	*iść; jechać* (nieregularny)
stand	**stood**	*stać* (nieregularny)
do	**did**	1. *robić* (nieregularny) 2. posiłkowy (nieregularny)

W pytaniach i przeczeniach posiłkowe **did** występuje z formą bazową czasownika głównego (☞ **4**). Istnieje analogia między użyciem **did** + forma bazowa a użyciem **do/does** + forma bazowa (☞ **3.3**, **16.1**).

📖 I stood in Venice, on the Bridge of Sighs. (Lord Byron)
Stałem w Wenecji, na Moście Westchnień.

9.2 Zastosowania

Czas PAST SIMPLE jest przede wszystkim czasem narracji, opowiadania o tym, jak przedstawiała się sytuacja w przeszłości. Sytuacja taka (w przeciwieństwie do sytuacji opisywanej w czasie PRESENT PERFECT) nie musi mieć związku z teraźniejszością (czas PRESENT PERFECT ☞ **13**).

9.2.1 Opisywanie stanów i czynności przeszłych

Przykłady:

He worked in America for three years.	*Pracował w Ameryce przez trzy lata.*
She didn't work in America. She studied there.	*Ona nie pracowała w Ameryce. Ona tam studiowała.*
We met last week.	*Spotkaliśmy się w zeszłym tygodniu.*
They didn't meet last week.	*Oni się nie spotkali w zeszłym tygodniu.*
I saw that film yesterday.	*Widziałem ten film wczoraj.*
He didn't see that film yesterday.	*On nie widział wczoraj tego filmu.*
She came late. He asked why. She refused to explain*. He smiled sadly.	*Przyszła spóźniona. Zapytał dlaczego. Odmówiła wyjaśnień. Uśmiechnął się smutno.*

* **refuse to explain** – bezokolicznik po czasowniku ☞ **16.5.1**

Umiejscowienie opisywanych wydarzeń w przeszłości jest wskazane albo bezpośrednio (przez użycie okolicznika czasu przeszłego), albo wynika z kontekstu.

📖   I came, I saw, I conquered. (Julius Caesar)
Przybyłem, ujrzałem, zwyciężyłem.

9.2.2 Czasownik ułomny **used to**

Czasownikiem ułomnym nazywamy czasownik, któremu brakuje przynajmniej jednej formy. Na przykład czasownik ułomny **used to** *zwykł był* ma tylko formę w czasie PAST SIMPLE. Wszystkich innych form mu brakuje.

Przykłady zastosowań:

When we were children, we used to go skiing every winter.	*Kiedy byliśmy dziećmi, każdej zimy jeździliśmy (= zwykliśmy byli jeździć) na narty.*
I used to work in an office.	*Kiedyś pracowałem w biurze.*
We used to quarrel.	*Kiedyś kłóciliśmy się.*
He used to visit her regularly.	*Kiedyś odwiedzał ją regularnie.*
I used to know a film actress.	*Kiedyś znałem (pewną) aktorkę filmową.*
You used to like loud music.	*Kiedyś lubiłeś głośną muzykę.*
We used to have an old jeep.	*Kiedyś mieliśmy starego dżipa.*
They used to be friends.	*Kiedyś byli przyjaciółmi.*
There used to be a pub here.	*Kiedyś był tu pub.*

Czasownik **used to** opisuje powtarzające się, już nieaktualne, czynności i stany przeszłe (patrz również **will** i **would** – czasowniki modalne ☞ **15.2.2**).

W przeczeniach mogą wystąpić formy: **used not to, didn't use to, usedn't to**.

W pytaniach mogą wystąpić formy: **used you/he/etc. to …?, did you/he/etc. use to …?, didn't you/he/etc. use to …?, usedn't you/he/etc. to …?**

📖 My father used to say, "Superior people never make long visits".
(Marianne Moore)
Mój ojciec zwykł (był) mawiać:
„Ludzie z klas wyższych nigdy nie składają długich wizyt".

9.2.3 Formy czasu PAST SIMPLE w zdaniach podrzędnych rzeczownikowych (☞ 41.1); czasowniki say i tell; następstwo czasów

Czasownik **say** *powiedzieć* – forma osobowa w czasie PAST SIMPLE: **said**.

Czasownik **tell** *powiedzieć (komuś)* – forma osobowa w czasie PAST SIMPLE: **told**.

Po czasowniku **tell** występuje dopełnienie osobowe (komu? **me**, **us** etc.).
Po czasownikach **say** i **tell** często opuszczamy spójnik **that** [ðət] *że*.

Zwróćmy uwagę na różnicę między językiem polskim a angielskim:

He <u>is</u> busy.	*On jest zajęty.*
He says (that) <u>he is</u> busy.	*On mówi (= powiada), że jest zajęty.*
He <u>was</u> busy.	*On był zajęty.*
He said (that) <u>he was</u> busy.	*Powiedział, że jest zajęty.*
She <u>likes</u> modern music.	*Ona lubi muzykę nowoczesną.*
She says (that) <u>she likes</u> modern music.	*Ona mówi, że lubi muzykę nowoczesną.*
She <u>liked</u> modern music.	*Ona lubiła muzykę nowoczesną.*
She said (that) <u>she liked</u> modern music.	*Powiedziała, że lubi muzykę nowoczesną.*
He <u>wanted</u> to buy it.	*On chciał to kupić.*
He told me (that) <u>he wanted</u> to buy it.	*Powiedział mi, że chce to kupić.*
She <u>knew</u> him.	*Ona go znała.*
She told me (that) <u>she knew</u> him.	*Powiedziała mi, że go zna.*

Wypowiedź zawierająca **said/told** miała miejsce w przeszłości (**he said** *powiedział;* **she told me** *powiedziała mi*) i dotyczyła wydarzeń towarzyszących tej wypowiedzi (np. był zajęty w czasie, kiedy o tym mówił). Dlatego zarówno w zdaniu głównym (**he said; he told me**), jak i w zdaniu podrzędnym rzeczownikowym (**he was busy**) występują formy tego samego czasu przeszłego (PAST SIMPLE – **said/told/was**).

Zależność czasu orzeczenia zdania podrzędnego od czasu orzeczenia zdania głównego nazywamy **następstwem czasów**.

W języku polskim następstwo czasów nie ma zastosowania, dlatego **he was busy** tłumaczymy jako *jest zajęty*.

Warto podkreślić, że bezpośrednio po **tells/told** występuje dopełnienie osobowe (np. **me, us**). Dopełnienie takie nie występuje bezpośrednio po **says/said**. Bezpośrednio po tych formach przytaczamy to, co zostało powiedziane (przytoczona wypowiedź). Należy również pamiętać o często wykorzystywanej możliwości opuszczania spójnika **that** *że* po **says/tells** i **said/told**.

Dalsze przykłady:

I thought <u>you knew</u> him.	*Myślałem, że go <u>znasz</u>.*
I thought <u>you were</u> in Paris.	*Myślałam, że <u>jesteś</u> w Paryżu.*
I thought <u>he had</u> a car.	*Myślałem, że <u>on ma</u> samochód.*
I thought <u>she liked</u> pop music.	*Myślałem, że <u>ona lubi</u> muzykę pop.*

9.2.4 Czas PAST SIMPLE w konstrukcji **it's time ...**, w zdaniach czasowych i w zdaniach warunkowych

Porównajmy:

It's time to go home.	*Czas iść do domu.*
It's time we went home.	*Czas, żebyśmy poszli do domu.*
It's high time you did something about it.	*Najwyższy czas, żebyś coś z tym zrobił.*

Porównajmy dalej:

She promised to phone when he came.	*Obiecała zadzwonić, gdy on przyjdzie.*
She promised she'd (= she would) let us know as soon as he returned from America.*	*Obiecała, że nas zawiadomi, skoro tylko on wróci z Ameryki.*

* zdania podrzędne czasu ☞ **51.4**; czas FUTURE IN THE PAST ☞ **39.1**

If I knew about it, ...	*Gdybym o tym wiedział, ...*
If she decided to come, ...	*Gdyby postanowiła przyjść, ...*
Unless she paid me, ...	*Chyba że by mi zapłaciła, ...*

W zdaniach warunkowych (ostatnie trzy przykłady; ☞ **52.1.2**) formy czasu PAST SIMPLE wyrażają mało prawdopodobne sytuacje przyszłe.

All history is the history of thought. (R.G. Collingwood)
Cała historia jest historią myśli.

10.1 Forma

Posiłkowe **was/were** + forma **-ing** czasownika głównego.
W pytaniach forma osobowa **was/were** występuje przed podmiotem.
Formy skrócone z **not** (☞ **2**):

was not → wasn't
were not → weren't

It was raining.	*Padało.*
Was it raining?	*Czy padało?*
It wasn't raining.	*Nie padało.*

10.2 Zastosowania

10.2.1 Opisywanie czynności odbywającej się nieprzerwanie wokół jakiegoś punktu w przeszłości lub opisywanie czynności odbywającej się nieprzerwanie w nieokreślonym czasie w przeszłości

Przykłady:

At nine o'clock yesterday morning she was writing letters.	*O godzinie 9 wczoraj rano pisała listy (= była w trakcie pisania listów).*
At ten o'clock last night they were watching television.	*O godzinie 10 wczoraj wieczorem oni oglądali telewizję (= byli w trakcie oglądania telewizji).*

Zauważmy, że chodzi o czynności niezakończone (☞ **6.2**).

📖 In those days, as a child, I was living in Paradise ... (John Masefield)
Wówczas (dosł. W tamtych dniach), jako dziecko, żyłem w raju ...

10.2.2 Trwająca nieprzerwanie czynność dłuższa „przecięta" jakimś wydarzeniem „punktowym"

Przykłady:

They were watching television when we came.	*Oglądali telewizję, kiedy przyszliśmy.*

Trwające nieprzerwanie przez pewien czas oglądanie telewizji (PAST CONTINUOUS) zostaje „przecięte" naszym przyjściem (PAST SIMPLE).

– What was she doing when you got there? – She was cooking dinner.	*– Co ona robiła, kiedy tam dotarłeś?* *– Gotowała obiad.*

Na tle trwającej przez pewien czas czynności dłuższej (**she was cooking dinner**) występuje wydarzenie „punktowe" (**you got there**).

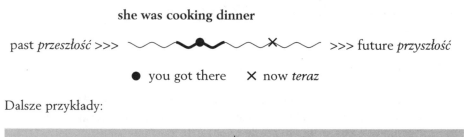

Dalsze przykłady:

It was raining. Dark clouds were drifting across the sky.	*Padało. Ciemne chmury płynęły po niebie.*

Mosquitoes were using my ankles for filling stations. (Cornelia Otis Skinner)
Komary używały moich kostek jako stacji benzynowych.

10.2.3 Czas PAST CONTINUOUS w zdaniach podrzędnych rzeczownikowych (zdania podrzędne rzeczownikowe ☞ 41.1)

Przykłady:

She said <u>she was going</u> to New York.	*Powiedziała, że <u>jedzie</u> do Nowego Jorku.*

| He told me <u>he was getting married</u>. | *Powiedział mi, że <u>się żeni</u>.* |
| I thought <u>she was having a good time</u>. | *Sądziłem, że ona <u>dobrze się bawi</u>.* |

Zwróćmy uwagę na równoczesność wydarzeń opisywanych w zdaniu głównym (np. **she said**) i w zdaniu podrzędnym rzeczownikowym (np. **she was going to New York**). Ta równoczesność wyrażona jest np. przez występowanie w zdaniu głównym formy **said** (PAST SIMPLE) i formy **was** (PAST SIMPLE) w zdaniu podrzędnym (następstwo czasów ☞ **9.2.3**).

FUTURE SIMPLE
CZAS PRZYSZŁY PROSTY

KONSTRUKCJE **be going to, be about to, be on the point of**

11.1 Forma i zastosowania czasu FUTURE SIMPLE

Posiłkowe **will** (forma osobowa) + forma bazowa czasownika głównego. W pierwszej osobie liczby pojedynczej (**I**) i mnogiej (**we**) zamiast **will** możemy użyć posiłkowego **shall** (również forma osobowa). W tej funkcji **shall** rzadko występuje poza angielszczyzną brytyjską.
W pytaniach **will/shall** występuje przed podmiotem.
W przeczeniach tworzy formy skrócone z **not**.

Formy skrócone:

> **will/shall** → **'ll**
> **will not** → **won't** [wəʊnt]
> **shall not** → **shan't** [ʃɑːnt]

You will come.	*Przyjdziesz.*
Will you come?	*Czy przyjdziesz?*
You won't come.	*Nie przyjdziesz.*

11.1.1 Przyszłość neutralna (bez zabarwień); domysły

Przykłady:

I'll be thirty-nine next week.	*W przyszłym tygodniu skończę (= będę miał) 39 lat.*
– Will you be at the concert on Friday evening? – No, I won't.	*– Czy będziesz na koncercie w piątek wieczorem? – Nie, nie będę.*
We'll know about it tomorrow.	*Będziemy to wiedzieli (= Dowiemy się o tym) jutro.*

That will be my wife.	*To będzie moja żona.* • gdy np. ktoś dzwoni – domysł
Why not phone him? He'll be at home now.	*Dlaczego nie zadzwonić do niego? On teraz będzie w domu.* • propozycja + domysł
It's no use asking Ann; she won't know.	*Nie ma sensu pytać Ann; ona nie będzie wiedziała.* • domysł
It won't be easy.	*To nie będzie łatwe.*
He'll probably come on Friday.	*On prawdopodobnie przyjdzie w piątek.*

📖 I think I shall be among the English poets after my death. (John Keats)
Sądzę, że znajdę się (dosł. będę) wśród poetów angielskich po mojej śmierci.

11.1.2 Wyrażanie obietnic, decyzji podjętych w chwili mówienia, propozycji, próśb, zaproszeń, gotowości (lub braku gotowości) do zrobienia czegoś

Podobne funkcje spełnia polski czas przyszły.

I'll phone you tonight.	*Zadzwonię do ciebie dzisiaj (późnym) wieczorem.* • obietnica
– I'll do it. – Do you think you'll manage? – No problem.	*– Zrobię to. – Czy uważasz, że ci się uda? – Żaden problem.* • decyzja podjęta w chwili mówienia
Will you do something for me?	*Czy zrobisz (= zechcesz zrobić) coś dla mnie?* • prośba
Shall I do it for you?	*Czy mam to dla ciebie zrobić?* • propozycja
Won't you sit down?	*Czy nie usiądziesz (= zechcesz usiąść)?* • zaproszenie

Zwróćmy uwagę na: **Shall I ...?** *Czy mam ...?*; **Will you ...?** *Czy zechcesz ...?*; **Won't you ...?** *Czy nie zechcesz ...?*; **I'll ... Ja ...** (obietnica). Po **will/shall** występuje forma bazowa czasownika głównego.

📖 I never forget a face, but I'll make an exception in your case.
(Groucho Marx)
Nigdy nie zapominam twarzy, ale zrobię wyjątek w pana przypadku.

11.1.3 Nie wiedząc, co robić, pytamy o zdanie rozmówcy

Pytając uprzejmie o zdanie rozmówcy, używamy czasownika posiłkowego **shall**.

– Shall we wait for her?	– *Czy mamy na nią czekać?*
– Yes, let's*.	– *Tak, zaczekajmy.*
– What shall we do?	– *Co zrobimy (= mamy zrobić)?*
– Let's go for a walk.	– *Chodźmy na spacer.*
– Where shall we go?	– *Dokąd pójdziemy?*
– Let's go to Hyde Park.	– *Chodźmy do Hyde Parku.*

* let's ☞ **17.2.1**

11.2 Konstrukcja **be going to**

Forma: posiłkowe **am/are/is** + **going to** + forma bazowa czasownika głównego (porównaj z czasem PRESENT CONTINUOUS ☞ **6.1**).

11.2.1 Wyrażanie zamiarów, planów, decyzji podjętych uprzednio

Porównajmy:

I'm working tomorrow.	*Pracuję jutro.*
I'll work tomorrow.	*Będę jutro pracował.*
I'm going to work tomorrow.	*Mam zamiar (= Planuję) jutro pracować.*
I intend to work tomorrow.	*Mam zamiar jutro pracować.*
	• **intend** porównaj polskie *intencja*

I'm meeting Ann at the airport tomorrow.	*Spotykam Ann jutro na lotnisku* (= *Jutro odbieram Ann z lotniska*). • Ona o tym wie.
I'm going to meet Ann at the airport tomorrow.	*Mam zamiar spotkać jutro Ann na lotnisku.* • Ona może o tym nie wiedzieć.

Porównajmy dalej:

– Are you going to help him? – No, I'm not.	– *Czy pomożesz mu* (= *masz zamiar mu pomóc*)? – *Nie, nie pomogę.*
– Isn't she going to invite them? – Yes, she is.	– *Czy ona nie ma zamiaru ich zaprosić?* – *Tak, ma* (*taki zamiar*).
– What are you going to do tomorrow? – We're going to visit the museum.	– *Co będziecie* (= *macie zamiar*) *jutro robić?* – *Mamy zamiar odwiedzić muzeum.*
– When are they going to go there? – They aren't going to go there.	– *Kiedy oni mają zamiar tam pojechać?* – *Oni nie mają zamiaru tam jechać.*
– When's he going to come here? – He isn't going to come here.	– *Kiedy on tu przyjdzie* (= *zamierza tu przyjść*)? – *On nie zamierza tu przychodzić.*

Niektórzy puryści uważają, że zamiast **he's going to go there** należy po prostu powiedzieć **he's going there**. Jednak w ten sposób nie wyrażamy tego samego znaczenia. W języku mówionym **going to go/come** jest bardzo częste i naturalne.

Uwaga

W potocznej angielszczyźnie amerykańskiej i w niestandardowej angielszczyźnie brytyjskiej, zamiast **going to** występuje **gonna**. Na przykład: **What (are) you gonna do about it?** *Co zamierzasz z tym zrobić?*; **I'm not gonna do it.** *Nie zamierzam tego robić.* Po **gonna** występuje forma bazowa czasownika głównego.

Formy **gonna** nie stosujemy w języku pisanym, chyba że zapisujemy czyjąś wypowiedź.

11.2.2 Wyrażanie przewidywań

It's going to rain.	*Będzie padać.* • najprawdopodobniej
We're going to be late.	*Spóźnimy się.* • na pewno
I'm going to be ill.	*Będę chory.* • na pewno
You're going to be sorry.	*Będziesz tego żałować.* • na pewno

Eternity is a terrible thought. I mean, where's it going to end?
(Tom Stoppard)
Wieczność jest straszną myślą. To znaczy, gdzie ona się skończy?

11.3   Konstrukcje **be about to, be on the point of**

Porównajmy:

I was about to leave when she arrived.	*Właśnie zbierałem się do wyjścia, kiedy ona przybyła.*
They were so tired that they were on the point of collapse.	*Byli tak zmęczeni, że byli bliscy załamania.*

Obydwu konstrukcji używamy do opisywania sytuacji, w których za chwilę coś się wydarzy.

FUTURE CONTINUOUS
CZAS PRZYSZŁY W ASPEKCIE CIĄGŁYM

12.1 Forma

Posiłkowe **will** + **be** + forma **-ing** czasownika głównego.
W pierwszej osobie liczby pojedynczej i mnogiej (**I, we**) zamiast **will** możemy użyć
shall (szczególnie w angielszczyźnie brytyjskiej).
W pytaniach **will/shall** stawiamy przed podmiotem. W przeczeniach po **will/shall**
występuje **not**.

Formy skrócone:

> **will/shall** → **'ll**
> **will not** → **won't**
> **shall not** → **shan't**

You'll be going to town.	*Będziesz szedł/jechał do miasta.*
Will you be going to town?	*Czy będziesz szedł/jechał do miasta?*
You won't be going to town.	*Nie będziesz szedł/jechał do miasta.*

12.2 Zastosowania

12.2.1 Wyrażanie czynności przyszłej trwającej nieprzerwanie przez pewien czas

This time tomorrow I'll be working.	*Jutro o tej porze będę pracował.*
This time on Friday we'll be flying over the Atlantic.	*O tej porze w piątek będziemy lecieli nad Atlantykiem.*

I'll be working

past *przeszłość* >>> ∨✗∼∼∼∼⬤∼∼∼ >>> future *przyszłość*

✗ now *teraz* ⬤ this time tomorrow

| – What will you be doing this time on Saturday?
– I'll probably be watching TV. | – *Co będziesz robił o tej porze w sobotę?*
– *Będę prawdopodobnie oglądał TV.* |

Porównajmy:

He is watching TV (now).	*On ogląda TV (teraz).*
He was watching TV when she came.	*Oglądał TV, kiedy przyszła.*
This time tomorrow he'll be watching TV.	*Jutro o tej porze będzie oglądał telewizję.*

Wszystkie przykłady odnoszą się do sytuacji, w których przez pewien czas nieprzerwanie ogląda się telewizję.

12.2.2 Wyrażanie czynności, które odbywają się normalnym biegiem rzeczy; domysły i oczekiwania

Porównajmy:

– Will you do the shopping tomorrow? – Yes, I will.	– *Czy zrobisz jutro zakupy?* • można rozumieć jako prośbę – *Tak, zrobię.*
– Will you be doing the shopping tomorrow? – No, I won't.	– *Czy będziesz jutro robiła zakupy?* • pytanie o to, co zwykle robisz – *Nie, nie będę.*
Will you go to the post office tomorrow?	*Czy pójdziesz jutro na pocztę?* • można rozumieć jako prośbę
Will you be going to the post office?	*Czy będziesz szedł na pocztę?* • tak czy inaczej – tylko pytanie
I'll be seeing you tomorrow.	*Do zobaczenia jutro.* • zgodnie z ustaleniami
She knows about you. She'll be expecting a phone call from you.	*Ona wie o tobie. Będzie czekała na telefon od ciebie.* • domysł

PRESENT PERFECT
CZAS PRZESZŁY ZWIĄZANY Z TERAŹNIEJSZOŚCIĄ

13.1 Forma

Posiłkowe **have/has** (forma osobowa) + imiesłów bierny (3. forma) czasownika głównego (☞ **16.3**).

Forma osobowa **have** występuje z **I**, **you**, **we**, **they**; forma osobowa **has** – z **he**, **she**, **it**:

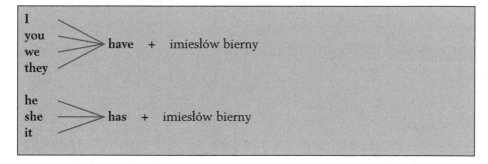

W pytaniach posiłkowe **have/has** występuje przed podmiotem.
W przeczeniach po **have/has** występuje **not**.

Formy skrócone:

> have → 've
> has → 's
> have not → haven't
> has not → hasn't

Każdy czasownik angielski, z wyjątkiem kilku ułomnych, ma trzy podstawowe formy (dwie nieosobowe i jedną osobową): 1. formę bazową, 2. formę osobową w czasie PAST SIMPLE i 3. imiesłów bierny (czasowniki nieregularne ☞ część **B**).

Niekiedy czas PRESENT PERFECT wyraża aspekt dokonany.

Porównajmy:

Forma bazowa	Forma osobowa w czasie PAST SIMPLE	Imiesłów bierny	
intend	intended	intended	*zamierzać*
visit	visited	visited	*odwiedzać*
phone	phoned	phoned	*telefonować*
like	liked	liked	*lubić*
know	knew	known	*znać, wiedzieć*
see	saw	seen	*widzieć*
go	went	gone	*iść, jechać*
come	came	come	*przyjść, przyjechać*
have	had	had	1. *mieć* 2. posiłkowy
do	did	done	1. *robić* 2. posiłkowy
be	was/were	been	1. *być* 2. posiłkowy

Przypominamy, że czasowniki regularne, które w języku angielskim stanowią ogromną większość, przyjmują w formach 2. i 3. końcówkę **-(e)d** (wymowa końcówki **-(e)d** ☞ **4.1**).

W powyższym zestawieniu pierwsze cztery czasowniki są regularne. Pozostałe – nieregularne.

Imiesłów bierny (3. forma) służy do tworzenia czasów **perfect** (np. PRESENT PERFECT) oraz do tworzenia strony biernej. Niektóre imiesłowy bierne są tłumaczone na język polski jako odrębne wyrazy, np. **seen** *widziany*, **intended** *zamierzony*.

W strukturze czasu PRESENT PERFECT imiesłów bierny nie jest tłumaczony na polski jako odrębny wyraz – tworzy on nierozerwalną całość znaczeniową z posiłkowymi formami osobowymi **have** i **has**.

13.2 Zastosowania

13.2.1 Opisywanie przeszłości w nawiązaniu do teraźniejszości

Porównajmy:

– I've seen that film. – Was it good? – Yes, it was. Quite good.	– *Widziałem ten film.* – *Czy był dobry?* – *Tak, był dobry. Całkiem dobry.*
– I haven't seen that film. – Are you going to see it? – I don't know yet.	– *Nie widziałem tego filmu.* – *Czy masz zamiar go zobaczyć?* – *Jeszcze nie wiem.*
– Have you seen that play? – Yes, I have. – Was it interesting? – No, it wasn't.	– *Czy widziałeś tę sztukę?* – *Tak, widziałem. – Czy była interesująca?* – *Nie, nie była.*

W powyższych przykładach chodzi o dwie rzeczy: fakt obejrzenia lub nieobejrzenia filmu/sztuki i ocenę lub zamiar obejrzenia. Samą czynność, a także pytanie o nią wyrażamy za pomocą czasu PRESENT PERFECT. Nieważny jest tu dokładny czas obejrzenia filmu lub sztuki. Liczy się sam fakt, czy coś takiego w ogóle miało miejsce. Jeżeli miało, wtedy możemy zapytać o ocenę. Ocena podana jest w czasie PAST SIMPLE (**was**), ponieważ odnosi się do wrażeń odczuwanych w czasie oglądania filmu lub sztuki, tzn. do określonego punktu w przeszłości. Jeżeli rozmówca nie widział filmu, to możemy zapytać o zamiar jego obejrzenia. Pytanie o zamiar wyrażone jest za pomocą konstrukcji **be going to** (☞ **11.2**).

Porównajmy dalej:

– Tom went to the theatre yesterday. – What play did he see? – He saw *Hamlet*.	– *Tom poszedł wczoraj do teatru.* – *Jaką sztukę widział?* – *Widział Hamleta.*

Dialog dotyczy tego, co się stało wczoraj. Tom był w teatrze i dawno wrócił. Jest to opowiadanie o przeszłości, stąd użycie czasu PAST SIMPLE (☞ **4**, **9**).

– Where's (= Where is) Ann? – She's (= She has) gone to the cinema.	– *Gdzie jest Ann?* – *Poszła do kina.*

Ann nie ma. Pytamy, gdzie jest. Okazuje się, że poszła do kina. Jej aktualna nieobecność jest skutkiem tego, że poszła do kina. Pójście Ann do kina skutkuje tym, że teraz jest nieobecna. Przeszłość rzutuje na teraźniejszość, stąd użycie czasu PRESENT PERFECT.

– I want to talk to Tom. – I'm afraid he's (= he has) just left.	– *Chcę mówić z Tomem.* – *Niestety* (dosł. *Obawiam się, że)* *właśnie wyszedł.*

Wyraz **just** *właśnie, w tej chwili* występuje zwykle z czasem PRESENT PERFECT. Natomiast **just now** *właśnie przed chwilą, dopiero co* – z czasem PAST SIMPLE: **I saw her just now.** *Dopiero co ją widziałem.*

Porównajmy także:

I haven't done it yet.	*Jeszcze tego nie zrobiłem.* • zdanie przeczące – neutralne
Have you done it yet?	*Czy już to zrobiłeś?* • pytanie – neutralne
I've already done it.	*Już to zrobiłem.* • zdanie twierdzące – neutralne
Have you done it already?	*Czy już to zrobiłeś?* • pytanie wyrażające zdziwienie
She's still in bed.	*Ona jest jeszcze ciągle w łóżku.* • zdanie twierdzące – neutralne
He still doesn't understand.	*On ciągle nie rozumie.* • zniecierpliwienie

Czas PRESENT PERFECT nie występuje z okolicznikami czasu przeszłego takimi jak: **a moment ago** *chwilę temu,* **yesterday** *wczoraj,* **last Friday** *w zeszły piątek,* **last week** *w zeszłym tygodniu,* ale może wystąpić z okolicznikami czasu teraźniejszego takimi jak:

this morning *dzisiaj rano*
this afternoon *dzisiaj po południu*
this evening *dzisiaj wieczorem*
today *dzisiaj*

this week *w tym tygodniu*
this month *w tym miesiącu*

Okoliczniki czasu teraźniejszego sygnalizują bowiem, że opisywane wydarzenia mieszczą się w obrębie szerzej rozumianej teraźniejszości, np. **She's phoned five times this morning already.** *Telefonowała już pięć razy dzisiaj rano.* (kiedy o tym mówimy ciągle jest „dzisiaj rano").

Porównajmy dalej:

– I've read that book. – Did you like it? – Yes, I did. Very much.	– *Przeczytałem tę książkę. – Podobała ci się? – Tak. Bardzo.*

Czasownik nieregularny **read** jest dość wyjątkowy. Pisownia jego trzech podstawowych form jest taka sama, mimo że wymowa jest różna: 1. **read** [ri:d], 2. **read** [red], 3. **read** [red].

Wracając do przykładu: **I've read that book.** *Przeczytałem tę książkę.* Nie jest ważne, kiedy to zrobiłem. Ważne, że przeczytałem i teraz o tym mówię. Prawdopodobnie istnieje jakiś aktualny powód, dla którego o tym mówię, jakiś związek z obecną sytuacją. Może ktoś właśnie wspomniał o tej książce w rozmowie. Dlatego użyłem czasu PRESENT PERFECT. Ale teraz pada pytanie: **Did you like it?** *Czy ci się podobała?* (Czy podobała ci się wtedy, gdy ją czytałeś?). Pytanie dotyczy wrażeń z lektury, a te miały miejsce w przeszłości. Dlatego pytanie ukierunkowane jest na przeszłość. Stąd użycie czasu PAST SIMPLE.
Pytając o wrażenia z przeszłości za pomocą czasownika **like**, musimy użyć czasu PAST SIMPLE (**Did you like ...?**). Opowiadając o wrażeniach z przeszłości za pomocą czasownika **like**, też musimy użyć czasu PAST SIMPLE (**I liked ...; I didn't like ...**).

Czasownik **like** z reguły nie występuje w czasie PRESENT PERFECT. Praktycznie jedynym wyjątkiem jest opis sytuacji bardzo ogólnej:

I've always liked it.	*Zawsze to lubiłem.*
I've never liked it.	*Nigdy tego nie lubiłem.*

Czasami po stwierdzeniu bardzo ogólnym, gdy ważny jest skutek (aktualność) wykonanej czynności, podajemy informację dodatkową, uściślenie: **I've written to him. I wrote to him yesterday.** *Napisałem do niego. Napisałem do niego wczoraj.* Napisałem do niego (**I've written to him**), więc zakładam, że on niebawem otrzyma mój list i być może jakoś zareaguje. Sytuacja zawiera w sobie potencjał teraźniejszości, a nawet przyszłości. Stąd użycie czasu PRESENT PERFECT. Ale postanawiam doprecyzować swoją wypowiedź, podając informację, kiedy do niego napisałem. Wtedy muszę użyć czasu PAST SIMPLE (**I wrote**) – moja wypowiedź zostaje ukierunkowana na „kiedy" (nie tylko na „co"). Uogólniając, można powiedzieć, że kontynuacja wypowiedzi zapoczątkowanej zdaniem w czasie PRESENT PERFECT zwykle formułowana jest w czasie PAST SIMPLE (☞ **4**, **9**).

Dalsze przykłady:

– Have Mr and Mrs Green returned from France? – Yes, they have. – When did they return? – They returned yesterday evening.	– *Czy państwo Green wrócili z Francji?* – *Tak, wrócili.* – *Kiedy wrócili?* – *Wrócili wczoraj wieczorem.*

Wyraz **when** kieruje uwagę rozmówcy na określony punkt w przeszłości, czyni ważnym problem „kiedy". Dlatego po **when** występuje czas PAST SIMPLE.

I've bought* a car.	*Kupiłem samochód.*
I bought a car twenty years ago.	*Kupiłem samochód dwadzieścia lat temu.*

* buy, bought, bought – czasowniki nieregularne ☞ część **B**

Ze zdania **I've bought a car** wynika, że obecnie mam samochód. Dokładnie to samo wynika z polskiego zdania *Kupiłem samochód*.

Zdanie **I bought a car twenty years ago** może być początkiem jakiejś opowieści o tym, co zdarzyło się kiedyś, dawno temu. Prawdopodobnie niewiele (jeżeli w ogóle cokolwiek) wynika z tego dla sytuacji obecnej.

Można powiedzieć, że w języku polskim istnieje sygnał, który mówi o aktualności wydarzeń przeszłych. Jest nim nieobecność okolicznika czasu (*kupiłem samochód*). Natomiast obecność okolicznika czasu nadaje wypowiedzi charakter opowiadania, „jak to kiedyś było ..." (*dwadzieścia lat temu kupiłem samochód*).

W języku angielskim okoliczniki czasu przeszłego towarzyszą jedynie formom czasu PAST SIMPLE, a nie czasu PRESENT PERFECT.

Uwaga

Amerykanie często używają czasu PAST SIMPLE tam, gdzie Brytyjczycy używają PRESENT PERFECT. Zamiast powiedzieć **I've seen that film**, mówią często **I saw that film**. Wynika z tego, że czas PAST SIMPLE jest mniej ryzykowny w użyciu. Chcąc użyć okolicznika czasu przeszłego (np. **last week, yesterday, five minutes ago**), musimy użyć czasu PAST SIMPLE (użycie PRESENT PERFECT byłoby błędem gramatycznym!). Czasu PAST SIMPLE możemy natomiast użyć, opuszczając okolicznik czasu przeszłego i nie jest to błędem.

Podsumujmy: Opisane wyżej użycie czasu PRESENT PERFECT sygnalizuje spojrzenie na przeszłość jako na całość, która swym trwaniem „dotyka" teraźniejszości, podczas gdy użycie czasu PAST SIMPLE wskazuje na fragment przeszłości, który od teraźniejszości oddzielony jest luką czasową.

📖   *Eureka!* – I have found it! (Archimedes)
     Odkryłem!

Dalsze przykłady:

– Have you ever been happy? – Yes, I have. I was happy two weeks ago.	– *Czy kiedykolwiek byłaś szczęśliwa?* – *Tak, byłam. Byłam szczęśliwa dwa tygodnie temu.*
– Have you ever played roulette? – No, I haven't.	– *Czy kiedykolwiek grałeś w ruletkę?* – *Nie, nie grałem.*
– Has he never seen a pretty girl before? – Apparently he hasn't.	– *Czy on nigdy przedtem nie widział ładnej dziewczyny?* – *Widocznie nie (widział).*
– Have you met Miss Green? – Yes, I have. I met her last week.	– *Czy poznałeś pannę Green?* – *Tak (poznałem). Poznałem ją w zeszłym tygodniu.*

📖   I've been rich and I've been poor; believe me rich is better.
     (Gloria Grahame)
     Byłam bogata i byłam biedna; wierz mi, lepiej być bogatą.

13.2.2 Opisywanie stanów trwających od pewnego czasu aż do teraz i dalej (**since i for**)

Czasu PRESENT PERFECT używamy do opisywania trwałych stanów rzeczy lub umysłu.

Porównajmy:

I'm a student. I've been a student for two years.	*Jestem studentem. Jestem studentem od dwóch lat.*
He knows her. He's (= He has) known her since last week*.	*On ją zna. Zna ją od zeszłego tygodnia.*

* zeszły tydzień jest tu traktowany jako punkt na skali czasu

They have a yacht. They've had it for two months.	Mają jacht. Mają go od dwóch miesięcy.
He's (= He is) married. He's (= He has) been married since Christmas.	On jest żonaty. Jest żonaty od Bożego Narodzenia.
– How long have you been married? – For two weeks.	– Od jak dawna (= Jak długo) jesteś zamężna? – Od dwóch tygodni.

He's been married since Christmas.

past *przeszłość* >>> ～～●━━✗～～ >>> future *przyszłość*

● Christmas   ✗ now *teraz*

Przyimek **since** *od* określa punkt w przeszłości, od którego liczy się czas do teraz.
Przyimek **for** *od, przez* określa długość odcinka czasu – od teraz wstecz.

Porównajmy:

| For two hours. | *Przez dwie godziny.* • czyli przez 120 minut |
| Since two o'clock. | *Od godziny drugiej.* • nie wiadomo, ile czasu upłynęło od godziny drugiej |

Uwaga

        an hour *godzina* (okres 60 minut)
        o'clock *godzina* (punkt na tarczy zegara)

     Przyimek **since** występuje tylko z czasem (PRESENT) PERFECT.
     Przyimek **for** może wystąpić również z czasem PAST (SIMPLE).

Porównajmy:

| He worked in London for two weeks in 1999. | *On pracował w Londynie przez 2 tygodnie w 1999 roku.* |
| He has worked in London for two years. | *On pracował w Londynie przez 2 lata (i prawdopodobnie nadal pracuje).* |

Porównajmy dalej:

It's three weeks since I (last) saw Ann.	*Minęły* (dosł. *Jest*) *trzy tygodnie, odkąd* (*ostatni raz*) *widziałem Ann.*
It's three weeks since I've seen Ann.	*Minęły trzy tygodnie, odkąd widziałem Ann.*

Zwróćmy uwagę, że przy **last** *ostatni raz* zwykle używamy czasu PAST SIMPLE, a rezygnując z **last**, mamy wybór między PAST SIMPLE i PRESENT PERFECT. Wybierając PAST SIMPLE, bardziej koncentrujemy uwagę na ostatnim spotkaniu, wybierając PRESENT PERFECT – na czasie, który minął.

Porównajmy także:

We've been to Paris.	*Byliśmy w Paryżu.* • jeździliśmy tam (zdanie to wypowiadamy, nie będąc w Paryżu)
We've been in Paris since Tuesday.	*Jesteśmy w Paryżu od wtorku.*

PRESENT PERFECT CONTINUOUS
CZAS TERAŹNIEJSZY ZWIĄZANY Z PRZESZŁOŚCIĄ W ASPEKCIE CIĄGŁYM

14.1 Forma

Posiłkowe **have/has** + posiłkowe **been** + forma **-ing** czasownika głównego.
W pytaniach formy osobowe **have, has** występują przed podmiotem, w przeczeniach łączą się z **not**.

Formy skrócone:

> have → 've
> has → 's
> have not → haven't
> has not → hasn't

14.2 Zastosowania

14.2.1 Opisywanie czynności, które rozpoczęły się w przeszłości i nieprzerwanie trwają nadal (przekraczając punkt „teraz")

Porównajmy:

I'm a student. I'm studying sociology.	*Jestem studentką. Studiuję socjologię.*
I've been a student for two years. I've been studying psychology for two years.	*Jestem studentem od dwóch lat. Studiuję psychologię od dwóch lat.*

Drugi przykład podkreśla związek teraźniejszości z przeszłością.

Porównajmy także:

– What are you doing today?	*– Co dzisiaj robisz?*
– I'm studying grammar.	*– Uczę się gramatyki.*
– What have you been doing lately?	*– Co ostatnio porabiasz?*
– I've been learning to drive.	*– Uczę się prowadzić samochód.*

Drugi przykład podkreśla związek z przeszłością. Należy pamiętać, że pytania w PRESENT PERFECT CONTINUOUS mają taką samą strukturę jak pytania w PRESENT PERFECT (☞ **13**).

Jeszcze jeden przykład:

I'm waiting for her. I've been waiting for her since six o'clock.	*Czekam na nią. Czekam na nią od godziny szóstej.*

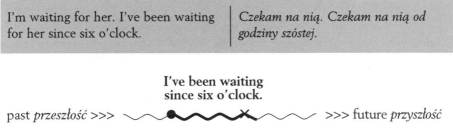

I've been waiting since six o'clock.

past *przeszłość* >>> ~~~●~~~✕~~~ >>> future *przyszłość*

● six o'clock ✕ now *teraz*

Spróbujmy wyobrazić sobie teraźniejszość jako odcinek, który można podzielić na dwie części: „część przeszłą" (przed punktem **now**) i „część przyszłą" (za punktem **now**). Inaczej mówiąc, do teraźniejszości należy zarówno to, co było przed chwilą, jak i to, co będzie za chwilę, oraz punkt **now**, który oddziela dwa fragmenty tego odcinka czasu. Długość chwili jest nieistotna.

Stosując czas PRESENT CONTINUOUS, kładziemy równy nacisk na te dwie części teraźniejszości, zacierając różnicę między nimi.

Stosując czas PRESENT PERFECT CONTINUOUS, mocniej akcentujemy „część przeszłą", podkreślając związek chwili obecnej z przeszłością, z której ta chwila się wyłania. Obydwa czasy opisują procesy – nie stany.

Dalsze przykłady:

He's (= He has) been very busy lately.	*On jest ostatnio bardzo zajęty.* ● stan
He's (= He has) been working very hard.	*Ciężko pracuje.* ● czynność

Pierwsze **been** w przykładach to forma nieosobowa czasownika głównego **be** *być*, drugie **been** to forma nieosobowa czasownika posiłkowego **be**.

– I've had very little time lately. – What have you been doing? – I've been looking for a job.	*– Ostatnio mam bardzo mało czasu.* *– Co robisz?* *– Szukam pracy (= posady).*

Z dialogu nie wynika jednoznacznie, że szukanie pracy jeszcze trwa. Mogło się właśnie zakończyć. O dokładnym znaczeniu decyduje kontekst.

14.2.2 Opisywanie czynności, które rozpoczęły się w przeszłości i trwały prawie aż do chwili obecnej i których skutki jeszcze trwają

Przykłady:

I'm tired. I've been running.	*Jestem zmęczony. Biegłem.*
She's wet. She's been walking in the rain.	*Jest mokra. Chodziła (= Spacerowała) po deszczu.*

MODAL VERBS (I)
CZASOWNIKI MODALNE

15.1 Forma

Formy osobowe czasowników modalnych wyrażają takie znaczenia jak: zdolność, możliwość, przyzwolenie, konieczność, radę, obietnicę, obowiązek, zakaz, różne stopnie prawdopodobieństwa i in.
W tym dziale przedstawione zostały tylko podstawowe znaczenia ośmiu czasowników modalnych.
W pytaniach formy osobowe czasowników modalnych występują przed podmiotem. W przeczeniach bezpośrednio po tych formach występuje wyraz **not**.

Formy skrócone:

will = '**ll**	**will** + **not** = **won't**
would = '**d**	**would** + **not** = **wouldn't**

can + **not** = **cannot** = **can't** (**cannot** jest formą nieskróconą)
could + **not** = **couldn't**
must + **not** = **mustn't**
need + **not** = **needn't**

Formy te są takie same dla wszystkich osób.

15.2 Formy osobowe **will** [wɪl] i **would** [wʊd – wəd]

15.2.1 Will i would – główne funkcje i różnice

Główną funkcją **will** jest wyrażanie przyszłości (☞ **11.1.1**). Formalnie **would** jest formą czasu PAST SIMPLE od **will**. Jako składnik czasu FUTURE IN THE PAST **would** wyraża przyszłość z punktu widzenia przeszłości (☞ **39.1.1**). Jest to jedyna sytuacja, kiedy **would** wyraża „czystą", „niezmodyfikowaną" przyszłość. Główną funkcją **would** jest wyrażanie warunku (zdania warunkowe, typ II ☞ **52.1.2**).

Porównajmy:

That will be nice.	*To będzie miłe.* • przyszłość
That would be nice.	*To byłoby miłe.* • warunek

Warunek oznacza uzależnienie wydarzenia się czegoś od okoliczności, np. od woli rozmówcy. Dlatego jest to forma wyrażająca postawę mniej apodyktyczną, bardziej łagodną i uprzejmą, sugerującą często, że decyzja zależy (również) od rozmówcy.

Porównajmy dalej:

I will be grateful.	*Będę wdzięczna.*
I would be grateful.	*Byłabym wdzięczna.*
Will you wait for me?	*Czy będziesz na mnie czekał?* *(= Poczekasz na mnie?)*
Would you wait for me?	*Czy poczekałbyś na mnie?*

I sometimes wonder which would be nicer – an opera
without an interval, or an interval without an opera. (Ernst Newman)
Czasami się zastanawiam, co byłoby przyjemniejsze – opera bez przerwy czy przerwa bez opery.

15.2.2 Will i would – czynności powtarzające się

Porównajmy:

Sometimes she will go out for the whole day and sometimes she will sit alone in her room.	*Czasami wyjdzie na cały dzień, a czasami będzie siedziała sama w swoim pokoju.*

Forma **will** sygnalizuje tu czynność powtarzającą się. Zwróćmy uwagę na podobieństwo między użyciem polskiego czasu przyszłego i angielskiego FUTURE SIMPLE.

He will always ask silly questions.	*On będzie zawsze zadawał głupie pytania.* • czynność powtarzająca się
Boys will be boys.	*Chłopcy (zawsze) będą chłopcami.* • utarte powiedzenie
Accidents will happen.	*Wypadki będą się zdarzać.* • utarte powiedzenie

Porównajmy dalej:

Sometimes she would go out for the whole day and sometimes she would sit alone in her room.	*Czasami wychodziła (= zwykła była wychodzić) na cały dzień, a czasami siedziała sama w swoim pokoju.* • powtarzająca się czynność przeszła
He would always ask silly questions.	*On zawsze zadawał (= zwykł był zadawać) głupie pytania.* • powtarzająca się czynność przeszła

Powtarzające się czynności przeszłe możemy również wyrazić za pomocą czasownika ułomnego **used to** (☞ **9.2.2**). Tylko **used to** (nie **would**!) może wyrażać nieaktualne stany przeszłe. Zaczynając opowiadanie jakiejś historii z powtarzającymi się czynnościami, używamy najpierw **used to**, a potem możemy wybierać między **used to** a **would**.

Porównajmy także:

The computer just won't work.	*Komputer po prostu nie chce działać.*
The computer wouldn't work.	*Komputer nie chciał działać.*
The door won't open.	*Drzwi nie chcą się otworzyć.*
The door wouldn't open.	*Drzwi nie chciały się otworzyć.*
Jim won't/wouldn't do it.	*Jim nie chce/chciał tego zrobić.*

Warto pamiętać, że **will/would** zawiera w sobie (często rozumiany metaforycznie) element woli.

Porównajmy dalej:

Will you help us?*	*Czy zechcesz nam pomóc?*
Will you have a cup of tea?	*Czy wypije pani (= Czy zechce pani wypić) filiżankę herbaty?*

* FUTURE SIMPLE – wyrażanie próśb ☞ **11.1.2**

15.2.3 Konstrukcja **would like**

Czasownik **like** *lubić, podobać się* może niekiedy znaczyć *chcieć*.

Przykłady:

I don't like to ask her.	*Nie chcę jej prosić.* • tylko w przeczeniu
Wait here if you like.	*Zaczekaj tutaj, jeżeli chcesz.*

W tym znaczeniu **like** występuje głównie z formą osobową **would** (☞ **15.2.1**).

Porównajmy:

I want to see it.	*Chcę to zobaczyć.*
I'd (= I would) like to see it.	*Chciałbym to zobaczyć.*
He wants to talk to you.	*On chce z tobą mówić.*
He'd like to talk to you.	*On chciałby z tobą rozmawiać.*
– Do you want to come? – Yes, I do.	*– Czy chcesz przyjść? – Tak, chcę.*
– Would you like to come? – Yes, I would.	*– Czy chciałabyś przyjść?* *– Tak, chciałabym.*
I don't want to work in a bank.	*Nie chcę pracować w banku.*
I wouldn't like to work in a bank.	*Nie chciałbym pracować w banku.*
– What do you want to do now? – I want to go home.	*– Co chcesz teraz robić?* *– Chcę iść do domu.*
– What would you like to do now? – I'd like to go home.	*– Co chciałabyś teraz robić?* *– Chciałabym pójść do domu.*
– Would you like a cup of tea/coffee? – Yes, please. ‖ No, thank you.	*– Czy chciałbyś filiżankę herbaty/kawy?* *– Tak, proszę. ‖ Nie, dziękuję.*

Konstrukcja **would like** umożliwia wyrażanie życzeń i formułowanie propozycji (przez zadanie pytania) w sposób delikatny i uprzejmy.

15.2.4 Konstrukcja **would rather/sooner**

Używając konstrukcji **would rather/sooner**, wyrażamy przedkładanie jednej możliwości (lub sytuacji) nad inną. Podobne treści wyraża czasownik **prefer** *woleć* w trybie warunkowym (**I'd prefer** *wolałbym*; ☞ **52.1.2**).
Między **would rather** i **would sooner** nie ma zasadniczej różnicy znaczeniowej, ale **would rather** jest stosowane częściej.

Przykłady:

I'd (= I would) rather wait. • lub I'd prefer to wait	*Wolałbym zaczekać.*
I'd rather not wait. • lub I'd prefer not to wait	*Wolałbym nie czekać.*

Zwróćmy uwagę, że po **would rather** bezokolicznik występuje bez **to** (forma bazowa), a po **would prefer** z **to** (bezokolicznik ☞ **16.1**). Zauważmy także, że kiedy sugerujemy zrobienie czegoś przez inną osobę, po **would rather** występuje forma PAST SIMPLE:

I'd rather you waited.	*Wolałbym, żebyś zaczekała.*
I'd rather you didn't wait.	*Wolałbym, żebyś nie czekała.*

📖 Most people would die sooner than think; in fact they do so.
(Bertrand Russell)
Większość ludzi wolałaby umrzeć raczej niż myśleć;
w rzeczy samej tak też czynią.

Wyraz **sooner** samodzielnie znaczy *wcześniej*, co nadaje wypowiedzi dodatkowy sens.

15.3 Formy osobowe **can** [kæn – kən – kn] i **could** [kʊd – kəd]

15.3.1 Formy **can**, **could** (*zdolność, umiejętność*)

Porównajmy:

I can speak Chinese, but I can't write it.	*Potrafię (= Umiem) mówić po chińsku, ale nie potrafię (= nie umiem) pisać (w tym języku).*
– Can you ski? – Yes, I can. ‖ No, I can't.	*– Czy potrafisz (= umiesz) jeździć na nartach? – Tak, potrafię (= umiem). ‖ Nie, nie potrafię (= nie umiem).*
As a child I could speak Spanish, but I couldn't write it.	*Jako dziecko umiałem mówić po hiszpańsku, ale nie umiałem pisać.* • umiejętność stała
As a young man I could dance, but I couldn't swim.	*Jako młody człowiek potrafiłem tańczyć, ale nie potrafiłem pływać.* • umiejętność stała

Dla jednorazowych czynności przeszłych używamy **be able to** *móc, być w stanie* i **manage** *zdołać*. Sam wyraz **able** znaczy *zdolny*.

Przykłady:

I was able to finish the work yesterday. (= I managed to finish the work yesterday.)	*Zdołałem skończyć tę pracę wczoraj.*

W zdaniach przeczących możemy użyć **could**:

I couldn't finish the work yesterday. • zamiast: I wasn't able to ... lub I didn't manage to ...	*Nie zdołałem (= Nie byłem w stanie) skończyć tej pracy wczoraj.*

Po **can/could** bezokolicznik występuje bez **to** (forma bazowa).

📖   I like work: it fascinates me. I can sit and look at it for hours.
(Jerome K. Jerome)
Lubię pracę: ona mnie fascynuje. Potrafię siedzieć i patrzeć na nią godzinami.

Opisując postrzeganie zmysłowe, możemy użyć **can/could**:

I can see him.	*Widzę go.* • patrzę i widzę
We could hear her voice.	*Słyszeliśmy jej głos.* • zdołaliśmy usłyszeć

Takie użycie **can/could** sugeruje koncentrację (wzroku, słuchu etc.), która daje możliwość postrzegania. W tej konstrukcji mogą wystąpić również inne czasowniki postrzegania zmysłowego, takie jak **smell** *wyczuwać zapach*, **taste** *wyczuwać smak*, **feel** *wyczuwać dotykiem*.

📖 As long as a woman can look ten years younger than her own daughter, she is perfectly satisfied. (Oscar Wilde)
Dopóki kobieta potrafi wyglądać dziesięć lat młodziej od swojej własnej córki, jest całkowicie zadowolona.

Brakujące formy czasownika ułomnego **can** (w sensie *móc, potrafić*) są najczęściej uzupełniane przez odpowiednie formy **be able to**.

Porównajmy:

– Can you do it tomorrow? – Yes, I can.	*– Czy możesz zrobić to jutro?* *– Tak, mogę.*
– Will you be able to do it tomorrow? – Yes, I will.	*– Czy będziesz mógł to zrobić jutro?* *– Tak, będę (mógł).*
I haven't been able to do it.	*Nie zdołałem tego (jeszcze) zrobić.*

📖 The English think that a chequebook can solve every problem in life. (Oscar Wilde)
Anglicy uważają, że książeczka czekowa może (= potrafi) rozwiązać każdy problem w życiu.

15.3.2 Can, could (*możliwość*); be (un)likely to (*prawdopodobieństwo*)

Porównajmy:

I can't come on Thursday, but I could come on Friday.	*Nie mogę przyjść w czwartek, ale mógłbym przyjść w piątek.*

Forma osobowa **could** wyraża tutaj możliwość: *mógłbym* (jeśli by ci to odpowiadało). Zastosowanie formy trybu warunkowego sprawia, że propozycja jest bardziej uprzejma niż w przypadku zastosowania formy trybu oznajmującego (np. **can**), ponieważ w ten sposób pozostawiamy miejsce na decyzję rozmówcy.

– Can't she be sensible? – She could, but she doesn't want to*.	*– Czy ona nie może być rozsądna?* *– Mogłaby (być rozsądna), ale nie chce.*

* ☞ **54.3.1**

Porównajmy dalej:

– Is it* possible that he is on holiday? – Yes. It's quite possible.	*– Czy to możliwe, że on jest na urlopie?* *– Tak. To (jest) całkiem możliwe.*
– Can he be on holiday? – Yes. It's quite possible.	*– Czy on może być na urlopie?* *– Tak. To całkiem możliwe.*
He can't be on holiday.	*On nie może być na urlopie.* • wykluczona możliwość

* it jako podmiot pusty ☞ **5.1**

Szczególnego rodzaju możliwością jest prawdopodobieństwo. Na uwagę zasługuje (jako niepodobna do konstrukcji występujących w języku polskim) często używana konstrukcja **be (un)likely to**. Przymiotnik **likely** *prawdopodobny* jest synonimem **probable**.

Porównajmy:

It's quite likely/probable that he will come tomorrow.	*Jest całkiem prawdopodobne, że on jutro przyjedzie.*
It's unlikely/improbable that he will come tomorrow.	*Jest nieprawdopodobne, że on jutro przyjdzie.*

He is likely/unlikely to come tomorrow.	*Jest/Nie jest prawdopodobne, że on jutro przyjedzie.*
– Perhaps he's on holiday? – That's very likely.	*– Może on jest na urlopie?* *– To bardzo prawdopodobne.*
– Perhaps she's offended. – That's not very likely.	*– Może ona jest obrażona.* *– To nie jest (bardzo) prawdopodobne.*
Are you likely to see him tomorrow?	*Czy jest prawdopodobne, że będziesz go jutro widział?*

15.3.3 Formy can, could (*przyzwolenie*); OK if I ...?; All right if I ...?; be allowed to

W stylu potocznym **can/could** może wyrażać zgodę, przyzwolenie.

Porównajmy:

– Can/Could I come tomorrow? – Well, I'd rather you came on Friday.	*– Czy mogę/mógłbym przyjść jutro?* *– Cóż, wolałabym, żebyś przyszedł w piątek.*
– Can/Could I use your phone? – Yes, certainly.	*– Czy mogę/mógłbym skorzystać z pańskiego telefonu? – Tak, oczywiście.*

W stylu bardziej oficjalnym zamiast **can/could** występuje **may** (May I ...? *Czy mogę* ...? ☞ **43.1**).

Pytając o przyzwolenie dla osób trzecich, stosujemy **can** (nie **may!**):

Can Jim use your car?	*Czy Jim może skorzystać z twojego samochodu?*

Odpowiadając na pytanie **Could I ...?**, stosujemy formę **can** (nie **could!**):

– Could I use your printer? – Yes, you can.	*– Czy mógłbym skorzystać z twojej drukarki? – Tak, możesz.*

Porównajmy dalej:

– OK if/All right if* I use your dictionary? – Yes, certainly.	– *Mogę skorzystać z twojego słownika?* – *Tak, naturalnie.*
– Will/Would he be allowed to do it? – Yes, I think so. ‖ No, I don't think so.	– *Czy będzie/byłoby mu wolno to zrobić?* – *Tak, sądzę, że tak. ‖ Nie, sądzę, że nie (dosł. nie sądzę, że tak).*
He was allowed** to do it.	*Pozwolono mu to zrobić.*

* **OK if/All right if** ... – styl bardzo potoczny
** **allowed** dosł. *pozwolony* – strona bierna ☞ **18**

15.3.4 Formy **can, could** (*propozycje i prośby*)

Przykłady:

You can/could use my car.	*Możesz/Mógłbyś skorzystać z mojego samochodu.* • propozycja
We can/could meet on Sunday.	*Możemy/Moglibyśmy spotkać się w niedzielę.* • propozycja
– Can/Could you help me? – Certainly. No problem.	– *Czy możesz/mógłbyś mi pomóc?* – *Oczywiście. Żaden problem.* • prośba
– Can/Could you lend me fifty pounds? – I'm afraid I can't.	– *Czy możesz/mógłbyś pożyczyć mi pięćdziesiąt funtów?* – *Niestety, nie mogę.* • prośba

15.4 Formy osobowe **must** [mʌst – məs(t)], **needn't** ['niːdnt], **mustn't** ['mʌsnt] (*konieczność i jej brak; zakaz; wnioskowanie*)

Must, needn't i **mustn't** mają taką samą formę we wszystkich osobach.

Porównajmy:

He must do it.	*On to musi zrobić.*
He has to* do it.	*On to musi zrobić.*
He needn't do it.	*On nie musi tego robić.*
He doesn't have to do it.	*On nie musi tego robić.*
He mustn't do it.	*Nie wolno mu tego robić.* • zakaz
He isn't allowed to** do it.	*Nie wolno mu tego robić.*
He must be on holiday.	*On musi być na urlopie.* • wnioskowanie, przypuszczenie
I'm sure he's on holiday.	*Jestem pewien, że on jest na urlopie.*

* czasownik **have to** ☞ **8.2**
** **be allowed to** ☞ **15.3.3**

📖   That must be wonderful; I don't understand it at all. (Molière)
  To musi być cudowne; ja tego w ogóle nie rozumiem.

Czasownik modalny (ułomny) **must** ma tylko formę osobową czasu teraźniejszego. Wyraża ona, podobnie jak polskie *musieć*, dwa podstawowe znaczenia: konieczność i przypuszczenie (wnioskowanie). Synonimem **must** wyrażającego konieczność jest **have to** (☞ **8.2**). Synonimem **must** wyrażającego przypuszczenie może być **be sure that** *być pewnym, że*.

Forma osobowa **needn't** wyraża brak konieczności. Synonimem **needn't** jest **don't/doesn't have to** (☞ **8.2**).

Forma osobowa **mustn't** wyraża zakaz. Synonimem **mustn't** jest **am/are/is not allowed to** (☞ **15.3.3**).

Przykłady:

I must write to her.	*Muszę do niej napisać.* • przekonanie

| I have to write to her. | *Muszę do niej napisać.*
• okoliczności zewnętrzne |

Wspomniana powyżej różnica między **must** i **have to** często bywa nieostra, a czasami nie ma jej wcale.

| I needn't write to her. | *Nie muszę do niej pisać.*
• nie ma potrzeby |
| I don't have to write to her. | *Nie muszę do niej pisać.*
• nie ma takiej konieczności |

Różnica między **needn't** i **don't/doesn't have to** jest prawie niezauważalna.

| I mustn't write to her. | *Nie wolno mi do niej pisać.*
• zakaz – może słuszny |
| I'm not allowed to write to her. | *Nie wolno mi do niej pisać.*
• zakaz narzucony z zewnątrz |

Różnica między **mustn't** i **am/are/is not allowed to** z reguły jest niewielka.

| He must be at home. | *On musi być w domu.*
• przypuszczenie, wynik wnioskowania |
| I'm sure (that)* he's at home. | *Jestem pewien, że on jest w domu.*
• wnioskowanie |

* opuszczanie spójnika **that** *że* ☞ **1.3**

Różnica między **must** i **be sure** jest analogiczna do tej wyrażonej w zdaniach polskich.

Wykluczenie możliwości jako wynik wnioskowania wyraża się za pomocą **can't**:

| He can't* be right. He must be wrong. | *On nie może mieć racji. On musi się mylić.* |

* can't ☞ **15.3.2**

📖 Every genuine scientist must be ... a metaphysician. (G.B. Shaw)
Każdy prawdziwy naukowiec musi być ... metafizykiem.

Synonimy **must** (np. **have to**), **needn't** (np. **don't have to**) i **mustn't** (np. **not be allowed to**) występują często jako uzupełnienia form brakujących tym czasownikom ułomnym w czasie przeszłym i przyszłym.

Przykłady:

He'll have to* do it.	*On będzie musiał to zrobić.*
We had to** do it.	*Musieliśmy to zrobić.*
She didn't have to do it.	*Ona nie musiała tego robić.*
She won't have to accept it.	*Nie będzie musiała tego akceptować.*
They won't be allowed to do it.	*Im nie będzie wolno tego zrobić.*
They weren't allowed to do it.	*Nie było im wolno tego zrobić.*
I'm sure he'll be at work.	*Jestem pewien, że on będzie w pracy.*
I'm sure he was at work.	*Jestem pewien, że był w pracy.*

* have to ☞ **8.2**
** had to (*konieczność*) ☞ **8.4.2**

Porównajmy dalej:

– Must he do it?	*– Czy on musi to zrobić?*
– No, he needn't.	*– Nie, nie musi.*
– You mustn't smoke here.	*– Nie wolno ci tutaj palić.*
– I'm sorry. I didn't know it wasn't allowed.	*– Przepraszam. Nie wiedziałem, że nie wolno.*

📖 A fool must now and then be right, by chance. (William Cowper)
Głupiec musi niekiedy mieć rację, przez przypadek.

15.5   Formy **ought** (**to**) [ɔːt], **should** [ʃʊd – ʃəd]

Forma osobowa czasownika modalnego (ułomnego) **should** jest synonimem formy osobowej czasownika modalnego (ułomnego) **ought** (**to**) i wyraża obowiązek, radę, przypuszczenie.

Przykłady:

He should help her.	*On powinien jej pomóc.* • obowiązek
He ought to help her.	*On powinien jej pomóc.* • obowiązek

Should (forma taka sama dla wszystkich osób) używane jest częściej niż **ought** (**to**). Zauważmy, że po **ought** bezokolicznik poprzedzony jest wyrazem gramatycznym **to** (inaczej niż po **should**; ☞ **43.2**).

📖   I believe in equality. Bald men should marry bald women.
(Fiona Pitt-Kethley)
Wierzę w równość. Łysi mężczyźni powinni poślubiać łyse kobiety.

Dalsze przykłady:

– I think (that)* you should phone her. – Perhaps I will.	– *Uważam, że powinieneś do niej zadzwonić.* – *Być może to zrobię (= zadzwonię).* • rada

* opuszczanie spójnika **that** *że* ☞ **1.3**

– I don't think (that) you ought to go there. – Why not? – Because it's unnecessary.	– *Nie uważam, że powinieneś tam jechać. – Dlaczego nie? – Ponieważ jest to niepotrzebne.* • rada
– She ought to be at work. – You're an optimist.	– *Powinna być w pracy.* – *Jesteś optymistą.* • przypuszczenie

– They should be in London.	– *Powinni być w Londynie.*
– Or in New York.	– *Albo w Nowym Jorku.*
	• przypuszczenie
– Shouldn't he get married?	– *Czy on nie powinien się ożenić?*
– I don't know.	– *Nie wiem.*
– Ought we to wait here?	– *Czy powinniśmy tutaj czekać?*
– Not necessarily.	– *Niekoniecznie.*

📖 Fathers should neither be seen nor heard.
That is the only proper basis for family life. (Oscar Wilde)
Ojcowie nie powinni być ani widziani, ani słyszani.
To jest jedyna właściwa podstawa życia rodzinnego.

FORMA BAZOWA CZASOWNIKA I UTWORZONE OD NIEJ FORMY
THE BASE FORM OF THE VERB AND ITS DERIVATIVES

16.1 Forma bazowa czasownika

Formę czasownika, która w haśle słownikowym występuje na pierwszym miejscu, nazywamy **formą bazową (base form)**. Formami bazowymi są np. **be, come, go, like, sit, study, dance, discuss, interest, bore, fascinate, shock** etc. (☞ **3.3**).

16.1.1 Bezokolicznik (prosty)

Od formy bazowej można utworzyć wiele innych form, m.in. formę bezokolicznika: **(to) be** *być*, **(to) come** *przyjść, przyjechać*, **(to) go** *pójść, pojechać*. Forma bezokolicznika może wystąpić z wyrazem gramatycznym **to** albo bez niego (wtedy jest identyczna z formą bazową).

Porównajmy:

He wants <u>to come</u>.	*On chce <u>przyjść</u>.*
He can't <u>come</u>.	*On nie może <u>przyjść</u>.*
She helped him <u>(to) finish</u> it.	*Pomogła mu to <u>skończyć</u>.*

📖 To die, to sleep ... (William Shakespeare)
Umrzeć, zasnąć ...

Dalsze przykłady:

To be, or to have?	*Być czy mieć?*
To act, or to wait?	*Działać czy czekać?*

📖 To err is human, to forgive, divine. (Alexander Pope)
Błądzić (= Być w błędzie) jest rzeczą ludzką, wybaczać, boską.

16.1.2 Forma zaprzeczona bezokolicznika (prostego)

Bezokolicznik może mieć formę zaprzeczoną: **not to be** *nie być*, **not to go** *nie pojechać, nie pójść*, **not to come** *nie przyjechać, nie przyjść* etc. Wyraz **not** znaczy *nie*, odnosi się do poszczególnych elementów zdania (nie do całego zdania) i może wystąpić przed wyrazem gramatycznym **to**.

📖 To be, or not to be. (William Shakespeare)
Być albo nie być (= czy też nie być).

16.2   Forma -ing

Od formy bazowej można również utworzyć formę -ing, np.: **being** *bycie, będąc, będący;* **coming** *przychodzenie/przyjeżdżanie, przychodząc/przyjeżdżając, przychodzący/ przyjeżdżający;* **going** *chodzenie/pójście/jechanie, chodząc/idąc/jadąc, chodzący/idący/ jadący.* Jak widać, formę -ing można przetłumaczyć na trzy sposoby. O wyborze wersji tłumaczenia decyduje kontekst.

Forma -ing występuje także w strukturze czasów **continuous** (PRESENT CONTINUOUS, PAST CONTINUOUS, FUTURE CONTINUOUS etc.) i wtedy nie jest oddzielnie tłumaczona na polski.

📖   Being and Time (Martin Heidegger – tytuł książki)
   Bycie i czas

Dancing is wonderful.	*Tańczenie jest cudowne.*

• **dancing** – co? *tańczenie* – **gerund** rzeczownik odsłowny

Dancing people are sometimes funny.	*Tańczący ludzie są czasami zabawni.*

• **dancing** – jaki? *tańczący* – **active participle** imiesłów czynny; po polsku powiedzielibyśmy: imiesłów przymiotnikowy czynny

Tom lost his head dancing with Mary.	*Tom stracił głowę, tańcząc z Mary.*

• **dancing** – w jakich okolicznościach? *tańcząc* – **active participle** imiesłów czynny; po polsku powiedzielibyśmy: imiesłów przysłówkowy współczesny

Nie wchodząc w zawiłości terminologii gramatycznej, będziemy stosowali termin forma -ing.

Dalsze przykłady:

Discussing politics is boring.	*Dyskutowanie o polityce jest nudne.*
Sitting, drinking and discussing politics ...	*Siedząc, pijąc i dyskutując o polityce ...*
People going to America and people coming from America.	*Ludzie jadący do Ameryki i ludzie przyjeżdżający z Ameryki.*

People writing books and people reading books.	*Ludzie piszący książki i ludzie czytający książki.*
Interesting people and boring people.	*Interesujący ludzie i nudni ludzie.*
"Waiting for Godot" is a play written by Samuel Beckett.	*„Czekając na Godota" to sztuka napisana przez Samuela Becketta.*

16.3 Imiesłów bierny

Od formy bazowej, przez dodanie końcówki -(e)d (wymowa końcówki -(e)d ☞ **4.1**), można utworzyć **imiesłów bierny (passive participle)** czasowników regularnych.

Imiesłów bierny czasowników nieregularnych z reguły nie ma końcówki -(e)d.

Na przykład imiesłowem biernym od czasownika **write** jest forma **written** (czasowniki nieregularne ☞ część **B**).

Nazwa **imiesłów bierny** bierze się stąd, że forma ta jest częścią struktury strony biernej, w której imiesłów często tłumaczymy oddzielnie, np. **made** *zrobiony*, **seen** *widziany*, **intended** *zamierzony*, **asked** *zapytany*. Niezależnie od tego, imiesłów bierny (tzw. 3. forma) jest częścią struktury czasów **perfect** (PRESENT PERFECT, PAST PERFECT, FUTURE PERFECT etc.) i wtedy nie jest oddzielnie tłumaczony na polski.

Porównajmy:

John Brown **has written** a play.	*John Brown napisał sztukę.*
"Waiting for Godot" is a play **written** by Samuel Beckett.	*„Czekając na Godota" to sztuka napisana przez Samuela Becketta.*

W pierwszym zdaniu forma **has written** stanowi całość i **written** nie jest oddzielnie tłumaczone na polski. W przykładzie drugim **written** jako imiesłów bierny tłumaczymy oddzielnie.

Porównajmy dalej:

Tom is bored.	*Tom jest znudzony.*

• **bored** – imiesłów bierny od czasownika **bore** *nudzić*

Tom is boring.	*Tom jest nudny.*

• **boring** – imiesłów czynny od czasownika **bore** *nudzić*

| Mary isn't interested. | *Mary nie jest zainteresowana.* |

• **interested** – imiesłów bierny od czasownika **interest** *interesować*

| Tom is always criticized by Mary. | *Tom jest zawsze krytykowany przez Mary.* |

• pełna konstrukcja strony biernej (☞ **18**)

| Mary is fascinated by modern music. | *Mary jest zafascynowana muzyką nowoczesną.* |

• **fascinated** – imiesłów bierny od czasownika **fascinate** *fascynować*

📖 Organized crime, growing unemployment, shocked people ...
Przestępczość zorganizowana, rosnące bezrobocie, wstrząśnięci ludzie ...

16.4 Rzeczownik odsłowny

Rzeczownik odsłowny (tj. utworzony od formy czasownika – **gerund**) jest szczególnym przypadkiem formy **-ing** (odpowiada na pytanie: kto? co?). Dla uproszczenia rzeczownik odsłowny będziemy nazywali formą **-ing**.

Porównajmy:

a shop *sklep*
to shop *robić zakupy*
shopping *robienie zakupów*

Forma **-ing** może wystąpić w funkcji podmiotu (kto? co?) albo w funkcji dopełnienia (kogo? co? etc.). Tylko zaimki osobowe (z wyjątkiem **you** i **it**) mają inne formy podmiotu i dopełnienia (np. **I** – **me**, **he** – **him**). Rzeczowniki mają taką samą formę.

Porównajmy:

Skiing is wonderful. • **skiing** – podmiot	*Jazda (dosł. Jeżdżenie) na nartach jest cudowna.*
I love skiing. • **skiing** – dopełnienie	*Kocham jazdę na nartach.*
I prefer skiing to dancing.	*Wolę jazdę na nartach od tańczenia.*

| Tom prefers eating to reading. | Tom woli jedzenie od czytania. |

Zwróćmy uwagę na przyimek **to** (**prefer ... to ...** *woleć ... od ...*). Nie jest to wyraz gramatyczny sygnalizujący bezokolicznik jak np. **to** w **to dance, to read**.

📖 Eating people is wrong. (Michael Flanders)
Jedzenie ludzi jest (moralnie) niesłuszne.

16.5 Forma -**ing** czy bezokolicznik?

Po niektórych czasownikach występuje tylko bezokolicznik, po innych – tylko forma -**ing**, a po jeszcze innych – bezokolicznik lub forma -**ing** (ze zmianą lub bez zmiany znaczenia).

Porównajmy:

I avoid going to the cinema.	Unikam chodzenia do kina.
• po **avoid** – tylko forma -**ing**, np. **going**	
I want to go to the cinema.	Chcę pójść do kina.
• po **want** – tylko bezokolicznik, np. **to go**	

W ostatnim przykładzie pierwsze **to** sygnalizuje bezokolicznik, drugie **to** – przyimek tłumaczony na polski przez *do*.

16.5.1 Przykłady czasowników, po których drugi czasownik może wystąpić tylko w formie bezokolicznika

afford *pozwolić sobie na*	**pretend** *udawać*
agree *zgadzać się*	**refuse** *odmawiać*
ask *prosić*	**seem** *wydawać się*
decide *postanowić*	**threaten** *grozić*
hope *mieć nadzieję*	**wish** *życzyć sobie*
offer *proponować, oferować*	

Przykłady zastosowań:

I can't afford **to go** on holiday.	*Nie mogę pozwolić sobie na to, żeby wyjechać na urlop.*
We decided **to buy** it.	*Postanowiliśmy to kupić.*
He seems **to be** satisfied.	*On wydaje się (być) zadowolony.*

16.5.2 Przykłady czasowników, po których drugi czasownik występuje tylko w formie -ing

delay *opóźniać, odkładać*	**mind** *mieć coś przeciwko …*
detest *nie znosić*	**prevent** *zapobiegać*
enjoy *cieszyć się z …, doznawać*	**resist** *stawiać opór*
uczucia przyjemności	**risk** *ryzykować*
z powodu …	**suggest** *proponować, sugerować*
involve *pociągać za sobą*	

Przykłady zastosowań:

He detests waiting.	*On nie znosi czekania.*
She enjoys dancing.	*Oni uunijiluju przyjemność w tańczeniu.*
They suggested going to the cinema.	*Zaproponowali pójście do kina.*

Uwaga
Po przyimku czasownik występuje w formie -ing.

I'm tired **of waiting**.	*Jestem zmęczony czekaniem.*
She's **against smoking**.	*Ona jest przeciwna paleniu (papierosów).*

I'm not used to* getting up early.	*Nie jestem przyzwyczajony do wczesnego wstawania.*

* be used to *być przyzwyczajonym do*

 Science is always wrong: it never solves a problem without creating ten more. (G.B. Shaw)
Nauka jest zawsze w błędzie: nigdy nie rozwiązuje (jakiegoś) problemu bez stwarzania dziesięciu nowych (dosł. *więcej*).

16.5.3 Przykłady czasowników, po których drugi czasownik występuje albo w bezokoliczniku, albo w formie -ing (bez zasadniczej zmiany znaczenia)

begin *zaczynać*	**prefer** *woleć*
continue *kontynuować*	**start** *zaczynać*

Również w przypadku przymiotnika **nice** znaczenie zdania jest w zasadzie takie samo, niezależnie od tego, czy użyjemy bezokolicznika, czy formy -ing:

It was nice to meet you. It was nice meeting you.	*Miło było panią/pana poznać.*

16.5.4 Przykłady czasowników, po których drugi czasownik występuje albo w formie bezokolicznika, albo w formie -ing (ze zmianą znaczenia)

forget *zapomnieć*	**regret** *żałować, doznawać uczucia*
hate *nie znosić*	*przykrości z powodu ...*
like *lubić*	**remember** *pamiętać*

Przykłady zastosowań:

Remember to tell him about it.	*Pamiętaj, aby mu o tym powiedzieć.*

• to tell – bezokolicznik: odniesienie do przyszłości

| I remember telling him about it. | *Pamiętam, że mu o tym mówiłem.* |

• **telling** – forma **-ing**: odniesienie do przeszłości

| I regret to tell you that ... | *Z przykrością zawiadamiam, że ...* |

• **to tell** – bezokolicznik: odniesienie do teraźniejszości

| I regret telling her about it. | *Żałuję, że jej o tym powiedziałem.* |

• **telling** – forma **-ing**: odniesienie do przeszłości

| I like getting up early. | *Lubię wcześnie wstawać.* |

• **getting up** – forma **-ing**: „zawsze"; przyjemność

| I like to get up early. | *Lubię wstać wcześnie.* |

• **to get up** – bezokolicznik: „od czasu do czasu"; również przyzwyczajenie

Dalsze przykłady użycia formy **-ing**:

| – Which do you prefer, reading or watching television?
– I definitely prefer reading. | – *Co wolisz, czytanie czy oglądanie telewizji?*
– *Zdecydowanie wolę czytanie.* |

Zaimek **which** *który*, *co* występuje, kiedy mamy wybrać między dwiema rzeczami.

| – What does Tom like doing? – He likes going to the theatre. | – *Co Tom lubi robić? – Lubi chodzić* (dosł. *chodzenie*) *do teatru.* |

Zaimek **what** *co* występuje, kiedy mamy wybrać z nieograniczonej liczby rzeczy.

My specialty is being right when other people are wrong. (G.B. Shaw)
Moją specjalnością jest mieć rację, kiedy inni ludzie są w błędzie.

16.6 Forma -ing po go i come

Po **go** *iść* i **come** *przyjść* niewielka liczba czasowników występuje w formie **-ing**:

shop *robić zakupy*	**swim** *pływać*
dance *tańczyć*	**sail** *żeglować*
ski *jeździć na nartach*	**fish** *łowić ryby*

Czasowniki te wyrażają na ogół ruch w jakimś kierunku. Przykłady zastosowań:

– Why not go swimming? – OK. Let's*.	– *Dlaczego nie pójść popływać?* – *Dobrze. Chodźmy.*
– Come dancing this** evening. – I'm afraid I have no time this evening.	– *Przyjdź potańczyć dzisiaj wieczorem.* – *Niestety, nie mam czasu dzisiaj wieczorem.*

* propozycja; let's ☞ **17.2.1**
** this ☞ **28.2**

16.7 Określnik dzierżawczy lub zaimek osobowy w przypadku dopełnieniowym przed formą -ing

Porównajmy:

I don't like his/him* coming late.	*Nie lubię jego spóźniania się.*
She objects to my/me singing in the bathroom.	*Ona sprzeciwia się mojemu śpiewaniu w łazience.*

* **his** – określnik dzierżawczy ☞ **29.1**
  him – zaimek osobowy w funkcji dopełnienia ☞ **3.2**

Forma z zaimkiem (np. **me**, **him**) występuje częściej w języku mówionym.

📖 I dislike feeling at home when I'm abroad. (G.B. Shaw)
Nie lubię czuć się jak u siebie (dosł. *w domu*), *kiedy jestem za granicą.*

17.1 Tryb rozkazujący

17.1.1 Forma bez przeczenia

Forma trybu rozkazującego bez przeczenia nie różni się od formy bazowej odpowiedniego czasownika głównego (forma bazowa czasownika ☞ **16.1**).

Przykłady:

– Come on Monday. – OK. I will*.	*– Przyjdź w poniedziałek.* *– Dobrze. Przyjdę.*
– Be sensible. – I am sensible.	*– Bądź rozsądna. – Jestem rozsądna.*
– Do it now. – We can't do it now.	*– Zróbcie to teraz.* *– Nie możemy tego teraz zrobić.*
– Wait here. – All right.	*– Zaczekaj(cie) tutaj. – Dobrze.*

* **will** – wyrażanie gotowości do zrobienia czegoś ☞ **11.1.2**

Zwróćmy uwagę, że forma trybu rozkazującego drugiej osoby liczby pojedynczej i mnogiej jest taka sama.

📖 Think globally, act locally. (anonymous)
Myśl globalnie, działaj lokalnie.

17.1.2 Forma z przeczeniem

Przykłady:

Don't worry.	*Nie przejmuj(cie) się.*
Don't hesitate.	*Nie wahaj(cie) się.*

Don't be late.	*Nie spóźnij(cie) się.*
Don't be naive.	*Nie bądź(cie) naiwny/naiwni.*
Don't misunderstand me.	*Nie zrozum(cie) mnie źle.*
Don't wait for me.	*Nie czekaj(cie) na mnie.*

Forma osobowa posiłkowego **do** z przeczeniem – **don't** – jest formą skróconą od **do not**. Posiłkowe **do/don't** występuje z formą bazową czasownika głównego. Również tutaj należy zwrócić uwagę na identyczność form liczby pojedynczej i mnogiej. Przypominamy, że są dwa czasowniki **do**: 1. główny (*robić*) i 2. posiłkowy (posiłkowa forma osobowa **do/don't** ☞ **3.3, 8.3.3**). Przykład użycia: **Don't do it.** *Nie rób tego.*

Dalsze przykłady:

Never* complain.	*Nigdy nie narzekaj.*
Always remember to smile.	*Zawsze pamiętaj, żeby się uśmiechać.*

* **never** – zasada pojedynczego przeczenia ☞ **32.1**

Przysłówki **always** i **never** stawiamy przed formą bazową czasownika.

📖 Don't worry! Be happy! (Bobby McFerrin – fragment piosenki)
Nie przejmuj się! Bądź szczęśliwy/szczęśliwa!

17.2 Konstrukcje z let; be to

17.2.1 Konstrukcje z let i let's

Czasownik **let** ma dwa główne zastosowania: wyraża pozwolenie i stosowany jest przy przedstawianiu sugestii.

Porównajmy:

I won't let him do it.	*Nie pozwolę mu tego zrobić.*
Please sir, let us go now.	*Proszę pana, niech nam pan pozwoli teraz pójść.* • prośba do nauczyciela

| They didn't let us explain anything. | *Nie pozwolili nam niczego wyjaśnić.* |
| Let's go now. | *Chodźmy teraz.* |

• ty i ja

Let's jest formą skróconą od **let us** i używamy jej wtedy, gdy sugerujemy komuś wspólne wykonanie jakiejś czynności. Mamy tu do czynienia z pierwszą osobą liczby mnogiej trybu rozkazującego (**let** posiłkowe).

Dalsze przykłady:

Let's go to the cinema.	*Chodźmy do kina.*
Let's wait for Jim.	*Zaczekajmy na Jima.*
Let's discuss it now.	*Przedyskutujmy to teraz.*

Formy zaprzeczone:

| **Let's not** wait for him. | *Nie czekajmy na niego.* |

• let's not – forma uniwersalna, stosowana w różnych odmianach angielszczyzny

| **Don't let's** wait for him. | *Nie czekajmy na niego.* |

• don't let's – język mówiony – angielszczyzna brytyjska

17.2.2 Inne konstrukcje z **let** oraz konstrukcja **be to**

| Let me see/think.* | *Niech się zastanowię.* |
| Let her/them decide.** | *Niech ona/oni zadecyduje/-ą.* |

* tworzenie trybu rozkazującego 1. os. lp.
** tworzenie trybu rozkazującego 3. os. lp.

Lepiej zastosować konstrukcję **be to**, która wyraża uprzednio podjęte ustalenia, jak również polecenia i rozkazy.

Można powiedzieć **he/she is to decide** *on/ona ma zadecydować,* **they are to decide** *oni mają zadecydować.* Jest to często forma bardziej jednoznaczna niż konstrukcja z **let,** które może również wyrażać przyzwolenie.

Przykłady zastosowań konstrukcji **be to**:

– What am I to do? – You are to wait.	– *Co mam robić? – Masz czekać.* • wcześniej podjęte ustalenia
He was to wait for them.	*On miał na nich czekać.* • takie były polecenia
Where are we to meet them?	*Gdzie mamy się z nimi spotkać?* • według ustaleń
They are not to be back late.	*Oni mają nie wracać późno.* • polecenie, rozkaz
You are to return the book by Friday.	*Masz zwrócić tę książkę do piątku.* • polecenie
These tablets are to be taken three times a day before meals.	*Te tabletki należy przyjmować (dosł. mają być brane) trzy razy dziennie przed posiłkiem (dosł. posiłkami).* • zalecenie lekarskie

Podobne treści można wyrazić za pomocą form osobowych czasowników modalnych: **must, ought to, should** oraz czasownika **have to** (☞ **15.4, 15.5, 8.2**).

17.3 Funkcja emfatyczna **do, does, did**

17.3.1 Emfatyczne **do** z formami trybu rozkazującego drugiej osoby liczby pojedynczej i mnogiej

Porównajmy:

Come in. Do come in.	*Wejdź.* *Ależ wejdź. (= Proszę wejść.)*
Sit down. Do sit down.	*Usiądź.* *Ależ usiądź.*

Be careful. Do be careful.	*Uważaj.* *Ależ uważaj.*

Podstawową funkcją emfatycznego (posiłkowego) **do** jest tu złagodzenie polecenia, wyrażenie zachęty i troski.

17.3.2 Inne zastosowania emfatycznych **do, does, did**

Przykłady:

I do want to see that play.	*Ależ ja chcę (= Naprawdę chcę)* *zobaczyć tę sztukę.*
The flat does look nice*.	*Mieszkanie wygląda naprawdę ładnie.*
I did give her the book.	*Ależ ja dałem jej tę książkę.*
– Why didn't you tell me? – I did tell you.	*– Dlaczego mi nie powiedziałeś?* *– Ależ ja ci powiedziałem.*

* **nice** – przymiotnik w funkcji orzecznika ☞ **35.1**

Emfatyczne **do, does, did** występują z formą bazową czasownika głównego.

STRONA BIERNA (I)
THE PASSIVE VOICE

18.1   Forma

Odpowiednia forma posiłkowego **be** + imiesłów bierny przechodniego czasownika głównego. Czasownik, po którym występuje dopełnienie, nazywamy czasownikiem przechodnim (imiesłów bierny ☞ **16.3**).

Przykłady:

1. **discover** *odkrywać* (czasownik regularny) 2. **discovered** 3. **discovered** *odkryty* (imiesłów bierny)

1. **write** *pisać* (czasownik nieregularny) 2. **wrote** 3. **written** *napisany* (imiesłów bierny)

Przypominamy, że druga i trzecia forma czasowników regularnych ma końcówkę -(e)d (wymowa ☞ **4.1**).

Zarówno formy posiłkowego **be** (**am, are, is, was, were, will be, have been** etc.), jak i formy imiesłowu biernego czasownika głównego, które występują w stronie biernej, w większości przypadków można przetłumaczyć na polski.

18.2   Kierunek opisywanych zdarzeń względem podmiotu zdania

Dla prawidłowego zrozumienia i stosowania konstrukcji strony biernej konieczne jest wyjaśnienie pojęcia kierunku przebiegu opisywanych zdarzeń.

Porównajmy:

Tom sent a letter.	*Tom wysłał list.* • Tom wykonał działanie.
John received a letter.	*John odebrał list.* • John był biernym uczestnikiem zdarzeń. Czynność wykonał autor listu.

Wykonując jakąś czynność, jesteśmy aktywnymi uczestnikami zdarzeń. Będąc jedynie przedmiotem działania, jesteśmy ich biernymi uczestnikami.

Porównajmy dalej:

The police arrested a man.	*Policja zaaresztowała (jakiegoś) człowieka.* • Policja (podmiot) wykonała działanie – zdanie w stronie czynnej.
A man was arrested by the police.	*(Jakiś) człowiek został zaaresztowany przez policję.* • Człowiek (podmiot) został poddany działaniu policji – zdanie w stronie biernej.
Christopher Columbus discovered America.	*Krzysztof Kolumb odkrył Amerykę.* • zdanie w stronie czynnej
America was discovered by Christopher Columbus.	*Ameryka została odkryta przez Krzysztofa Kolumba.* • zdanie w stronie biernej

Należy pamiętać, że rzeczownik odnoszący się do sprawcy działania, a występujący w konstrukcji strony biernej po przyimku **by**, nie jest dopełnieniem orzeczenia. Często możemy go opuścić, jeśli nie znamy sprawcy działania lub z jakichś względów nie chcemy wyjawić jego tożsamości (☞ **18.3**):

The plan has been carried out.	*Plan został wykonany* *(= wprowadzony w życie).* • Sprawca działania nie jest wspomniany.

Podsumujmy:
Stronę bierną od czynnej odróżnia kierunek przebiegu opisywanych zdarzeń. W konstrukcji czynnej podmiot jest źródłem (= sprawcą, inicjatorem) działania – działanie „wychodzi od niego na zewnątrz".
W konstrukcji biernej podmiot podlega działaniu, jest jego przedmiotem, „przyjmuje" działanie skierowane ku niemu.

📖 Science is divided into two categories, physics and stamp-collecting.
(Ernest Rutherford)
Nauka dzieli się (dosł. jest podzielona) na dwie kategorie, fizykę i filatelistykę.

18

Uwaga

Występujące w języku angielskim konstrukcje strony biernej często tłumaczymy na język polski przez różne konstrukcje bezosobowe (np. **is divided** możemy przetłumaczyć *dzieli się*).

Porównajmy dalej:

Oscar Wilde wrote "The Picture of Dorian Gray".	*Oscar Wilde napisał „Portret Doriana Graya".*
"The Picture of Dorian Gray" was written by Oscar Wilde.	*„Portret Doriana Graya" został napisany przez Oscara Wilde'a.*

Wyboru między użyciem strony czynnej lub biernej dokonujemy powodowani chęcią takiego, a nie innego rozłożenia akcentów (eksponowania znaczeń). Podmiot jest przeważnie ważniejszy znaczeniowo od dopełnienia zdania. Przedmiot działania, który w stronie biernej jest podmiotem, staje się w tej konstrukcji ważniejszy od sprawcy działania, dlatego wybór konstrukcji nie jest obojętny – zdanie w stronie czynnej przekształcone w zdanie w stronie biernej jest już innym zdaniem, niesie inną treść.

Należy pamiętać, że formułowanie zdań w stronie biernej nie polega na przekształcaniu konstrukcji czynnej w bierną. Od razu formułujemy zdanie w stronie biernej, ponieważ chcemy wyrazić właśnie takie, a nie inne treści. Pokazanie mechanizmu możliwych przekształceń służy tylko uwypukleniu różnic znaczeniowych między dwiema konstrukcjami.

18.3 Pomijanie sprawcy działania

Jeśli w opisywanej sytuacji sprawca działania nie jest znany lub nie jest ważny, możemy użyć konstrukcji strony biernej, pomijając sprawcę działania.

Przykłady:

This* type of computer is produced on a mass scale.	*Ten typ komputera produkuje się (= jest produkowany) na skalę masową.*
This car is made in three versions**.	*Ten samochód jest produkowany w trzech wersjach.*

* this ☞ **28.2**
** liczba mnoga rzeczowników ☞ **23.1**

My theology, briefly, is that the universe was dictated but not signed.
(Christopher Morley)

Moja teologia, krótko mówiąc, to przekonanie, że wszechświat został podyktowany, ale nie podpisany.

18.4 Strona bierna w różnych czasach gramatycznych

Wyobraźmy sobie następującą sytuację: prowadzone są liczne dyskusje na temat ochrony środowiska naturalnego. Problem jest ważny. Dyskutantów wielu. Nawet najznakomitsi z nich wydają się mało znaczyć w porównaniu z wagą problemu – zwłaszcza że skutki tych wieloletnich debat są raczej mierne. Ale waga problemu pozostaje ogromna.

W tym wypadku najprawdopodobniej zastosujemy stronę bierną, ponieważ nie dyskutanci są ważni, ale sam problem. W zdaniu w stronie biernej jest on podmiotem, ku któremu kierują się działania, tj. wypowiedzi dyskutantów.

The problem of the environment.	*Problem środowiska (naturalnego).*
It is often discussed.	*Jest często dyskutowany.*
It was discussed last year.	*Był dyskutowany w zeszłym roku.*
It will probably be discussed next year.	*Będzie prawdopodobnie dyskutowany w przyszłym roku.*
It has been discussed for years.	*Jest dyskutowany od lat.*
It is being discussed at the moment.	*Jest dyskutowany w tej chwili.*
It was being discussed when I came to the Club yesterday afternoon.	*Był właśnie dyskutowany, kiedy wczoraj po południu przyszedłem do klubu.*

Time present and time past
Are both perhaps present in time future
And time future contained in time past. (T.S. Eliot)
Czas obecny i czas przeszły
Są być może obydwa obecne w czasie przyszłym
A czas przyszły zawarty w czasie przeszłym.

CZASOWNIKI WIELOWYRAZOWE (I)
MULTIWORD VERBS

19.1 Uwagi ogólne

Czasownik dwuwyrazowy składa się z czasownika głównego i krótkiego wyrazu, zwanego czasami partykułą. Te dwa elementy tworzą nierozdzielną całość znaczeniową, która często nie sprowadza się do znaczeń poszczególnych elementów.

Przykłady:

give up *rezygnować* – **give** *dawać,* **up** *do góry*

W tym przypadku trudno dopatrzyć się podobieństw znaczeniowych między **give up** *rezygnować* z jednej strony a **give** *dawać* i **up** *do góry* z drugiej strony, co nie znaczy, że takich podobieństw nie ma.

look for *szukać* – **look** *patrzeć,* **for** *dla/za*

Tutaj łatwiej dopatrzyć się podobieństw: *szukać* i *wypatrywać za* są znaczeniowo zbliżone.

Istotne jest, by pamiętać, że czasownik dwuwyrazowy to całość znaczeniowa, którą trzeba opanować tak, jak opanowuje się nowe słówka.

19.2 Czasowniki dwuwyrazowe przechodnie i nieprzechodnie

Czasownik dwuwyrazowy może być nieprzechodni, co oznacza, że nie występuje po nim dopełnienie. Czasownikiem dwuwyrazowym nieprzechodnim jest np. **get up** *wstawać*. Natomiast czasownik dwuwyrazowy **get over** *zwalczyć* (np. chorobę) jest przechodni.

Porównajmy:

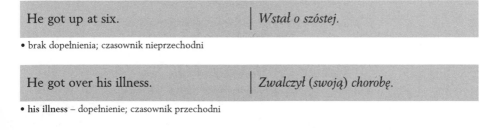

| He got up at six. | Wstał o szóstej. |

• brak dopełnienia; czasownik nieprzechodni

| He got over his illness. | Zwalczył *(swoją)* chorobę. |

• **his illness** – dopełnienie; czasownik przechodni

19.3 Czasowniki dwuwyrazowe rozdzielnie i nierozdzielnie złożone

Czasownik dwuwyrazowy **give up** *rezygnować* jest przechodni. Również **look for** *szukać* jest czasownikiem przechodnim. Zarówno po jednym, jak i drugim występuje dopełnienie.

Porównajmy:

She gave up her* job at the bank.	*Zrezygnowała z(e) (swojej) pracy w banku.*
She gave up her job. • akcent na **job**, czyli dopełnienie	*Zrezygnowała z(e) (swojej) pracy.*
She gave her job up. • akcent na **up**, czyli na czynność	*Zrezygnowała z(e) (swojej) pracy.*
She gave it up.	*Zrezygnowała z niej (dosł. z tego).*

* **her** – określnik dzierżawczy ☞ **29.1**

W pierwszym przykładzie dopełnienie jest długie (**her job at the bank**). Długie dopełnienie występuje po drugim elemencie (wyrazie) czasownika dwuwyrazowego (tutaj: **up**).

W drugim i trzecim przykładzie dopełnienie jest raczej krótkie (**her job**) i jako takie może wystąpić albo po drugim elemencie czasownika dwuwyrazowego (tutaj: **up**), albo między pierwszym a drugim jego elementem (**give her job up**).

W czwartym przykładzie dopełnienie jest bardzo krótkie (zaimek osobowy **it**) i może ono zajmować tylko jedno miejsce – między elementami czasownika dwuwyrazowego. Dzieje się tak w przypadku czasowników dwuwyrazowych rozdzielnie złożonych. Czasownik **give up** jest rozdzielnie złożony, tzn. że krótkie dopełnienie może wystąpić między jego dwoma elementami. Nie wszystkie czasowniki dwuwyrazowe są rozdzielnie złożone.

Nierozdzielnie złożony jest np. czasownik **look for** *szukać*.

Porównajmy:

She is looking for her passport.	*Ona szuka swojego paszportu.*
She is looking for it everywhere.	*Szuka go wszędzie.*

W przypadku czasownika dwuwyrazowego nierozdzielnie złożonego każde dopełnienie, bez względu na długość, występuje zawsze po drugim elemencie tego czasownika (tutaj: po **for**).

Wiele słowników podaje informację, czy czasownik dwuwyrazowy jest rozdzielnie,
czy nierozdzielnie złożony. Orientacyjnie można powiedzieć, że następujące partykuły zwykle są elementami czasowników rozdzielnie złożonych: **up**, **down**, **in**, **out**,
away, **off**, **on** (z wyjątkiem czasownika **call on somebody** *składać komuś wizytę*).

Następujące przykłady, w których występują zaimki osobowe w funkcji dopełnienia,
uwydatniają różnicę między czasownikami rozdzielnie i nierozdzielnie złożonymi:

I'll look you up.	*Odwiedzę cię.*

• **look (somebody) up** *odwiedzać (kogoś)* – rozdzielnie złożony

She is looking after them.	*Ona się nimi opiekuje.*

• **look after** *opiekować się* – nierozdzielnie złożony

He promised to put us up.	*Obiecał, że da nam lokum.*

• **put (somebody) up** *dawać (komuś) lokum* – rozdzielnie złożony

He waited on them.	*On ich obsługiwał (np. jako kelner).*

• **wait on** – nierozdzielnie złożony

We had to put it off.	*Musieliśmy to odłożyć.*

• **put off** – rozdzielnie złożony

We're going to call on them.	*Mamy zamiar ich odwiedzić.*

• **call on** – nierozdzielnie złożony

They decided to carry it out.	*Postanowili to przeprowadzić.*

• **carry out** – rozdzielnie złożony

I'll see to it.	*Dopilnuję tego.*

• **see to** – nierozdzielnie złożony

19.4 Czasowniki trzywyrazowe

Czasowniki trzywyrazowe (☞ **49.3.3**) są z reguły nierozdzielnie złożone i ich stosowanie nie powinno sprawiać dużych problemów. Trzeba się ich nauczyć jak zwykłych słówek.

Przykłady:

| I'll have to catch up with them. | *Będę musiał ich dogonić (np. z pracą).* |

• catch up with *doganiać*

| You'll have to make up for it. | *Będziesz musiał to nadrobić.* |

• make up for *nadrabiać, kompensować*

| My boss is a bully. I'll have to stand up to him. | *Mój szef jest despotą (= lubi terroryzować). Będę musiała mu się przeciwstawić.* |

• stand up to somebody *przeciwstawiać się komuś*

| I'm looking forward to it. | *Cieszę się na to.* |

• look forward to something *cieszyć się na coś*

Opanowanie czasowników wielowyrazowych wymaga częstego kontaktu z językiem (np. rozległej lektury). Gramatyka może tylko pomóc w zrozumieniu mechanizmu ich funkcjonowania.

20.1 Przypadek dopełnieniowy + bezokolicznik po **want/would like**

Stosując konstrukcję przypadek dopełnieniowy + bezokolicznik (**object case + infinitive**), wyrażamy treści w rodzaju: *chcę/chciał(a)bym, żeby on/ona przyszedł/przyszła.*

Porównajmy:

I want* to see it.	*Chcę to zobaczyć.*
I want him to see it**.	*Chcę, żeby on to zobaczył.*
I'd like*** to read it.	*Chciałbym to przeczytać.*
I'd like her to read it.	*Chciałbym, żeby ona to przeczytała.*

* **want** – wyrażanie stanu ☞ **3.6**
** zaimki osobowe w funkcji dopełnienia ☞ **3.2**
*** **would like** ☞ **15.2.3**

– Do you want to come?	– *Czy chcesz przyjść?*
– No, I don't.	– *Nie, nie chcę.*
– Do you want me to come?	– *Czy chcesz, żebym przyszedł?*
– Yes, I do.	– *Tak, chcę.*
– When does he want to come?	– *Kiedy on chce przyjść?*
– He wants to come on Thursday.	– *On chce przyjść w czwartek.*
– When does he want us to come?	– *Kiedy on chce, żebyśmy przyszli?*
– He wants us to come on Saturday.	– *Chce, żebyśmy przyszli w sobotę.*
I expect them to come on Friday.	*Oczekuję, że oni przyjdą w piątek.*
– I'm having a party on Sunday and I'd like you to come.	– *Urządzam w niedzielę przyjęcie i chciałbym, żebyś przyszła.*
– Thanks for inviting me.	– *Dzięki za zaproszenie.*
– Will you come?	– *Czy przyjdziesz?*
– Yes, certainly.	– *Tak, oczywiście.*

Różnice w formie między przypadkiem podmiotowym a dopełnieniowym występują tylko w zaimkach osobowych (☞ **3.2**). Nie są natomiast widoczne w formie rzeczowników:

John wants Mary to come.	*John chce, żeby Mary przyszła.*
Mary wants John to come.	*Mary chce, żeby John przyszedł.*
The boy wants the girl to come.	*Chłopiec chce, żeby dziewczyna przyszła.*
The girl wants the boy to come.	*Dziewczyna chce, żeby chłopiec przyszedł.*

Prawidłową interpretację podmiotu i dopełnienia umożliwia ich pozycja w zdaniu. W zdaniach twierdzących podmiot występuje przed orzeczeniem, a dopełnienie po nim.

W omawianej konstrukcji bezokolicznik poprzedzony jest wyrazem gramatycznym **to**. Konstrukcja ta występuje tylko z niewielką liczbą czasowników i nie można jej stosować dowolnie.

☐ The world is not black and white. More like black and grey. (Graham Greene)
Świat nie jest czarno-biały. Raczej czarno-szary.

☐ Hell is a city very much like London. (P.B. Shelley)
Piekło jest miastem bardzo podobnym do Londynu.

20.2 Przypadek dopełnieniowy + bezokolicznik lub forma -**ing** po see i hear

Porównajmy:

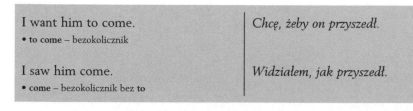

I want him to come. • to come – bezokolicznik	*Chcę, żeby on przyszedł.*
I saw him come. • come – bezokolicznik bez **to**	*Widziałem, jak przyszedł.*

I heard him come.	Słyszałem, jak przyszedł.
• come – bezokolicznik bez **to**	

W przykładach użyliśmy czasowników **see** i **hear**, ponieważ są to najczęściej występujące w tej konstrukcji czasowniki postrzegania zmysłowego. Inne czasowniki z tej grupy to **feel** *czuć, wyczuwać dotykiem*, **smell** *wyczuwać węchem*, **watch** *śledzić, obserwować*.

Porównajmy dalej:

I saw them come.	Widziałem, jak przyszli.
I saw them coming.	Widziałem, jak szli (= przychodzili).
I heard her open the door.	Słyszałem, jak (ona) otworzyła drzwi.
I heard her opening the door.	Słyszałem, jak (ona) otwierała drzwi.

Użycie formy **-ing** podkreśla rozciągłość czynności w czasie i sugeruje możliwość jej niedokończenia.

RZECZOWNIKI POLICZALNE I NIEPOLICZALNE
COUNT AND UNCOUNT NOUNS

21.1 Rzeczy policzalne i niepoliczalne

Rzeczowniki są nazwami rzeczy. Przez rzeczy rozumiemy tu przedmioty, substancje, rośliny, zwierzęta, ludzi, pojęcia abstrakcyjne, uczucia, procesy, wydarzenia – wszystko to, co składa się na postrzegany przez nas świat, czyli rzeczywistość.

Jedne rzeczy dadzą się policzyć, inne nie. Rzeczami, których nie można policzyć, są substancje, np. powietrze i woda, jak również pojęcia abstrakcyjne, np. cierpliwość i dobroć. Natomiast rzeczami, które dadzą się policzyć, są m.in. osoby, zwierzęta i przedmioty, np. student, kot, komputer.

Można powiedzieć *dziesięciu studentów, sto kotów, tysiąc komputerów*. Czegoś takiego nie da się powiedzieć np. o powietrzu lub o cierpliwości.

📖   Words, words, words ... (William Shakespeare)
      Słowa, słowa, słowa ...

📖   Language is fossil poetry. (R.W. Emerson)
      Język jest skamieniałą poezją.

W drugim cytacie język rozumiany jest ogólnie – jako niezbywalna cecha człowieka – a zatem nie da się go policzyć. Również poezji nie da się policzyć.

21.2 Rzeczowniki policzalne i niepoliczalne

Rzeczowniki, które są nazwami rzeczy dających się policzyć, nazywamy rzeczownikami policzalnymi (**count nouns**).

Rzeczowniki, które są nazwami rzeczy niedających się policzyć, nazywamy rzeczownikami niepoliczalnymi (**uncount nouns**).

Przykłady rzeczowników niepoliczalnych: **tea** *herbata*, **coffee** *kawa*, **milk** *mleko*, **cake** *ciasto*, **glass** *szkło*, **music** *muzyka*, **patience** *cierpliwość*, **justice** *sprawiedliwość*.

Przykłady rzeczowników policzalnych: (**a**) **cup** *filiżanka*, (**a**) **cake** *ciastko*, (**a**) **glass** *szklanka*, (**a**) **bottle** *butelka*, (**a**) **box** *pudełko*, (**an**) **illusion** *złudzenie*.

Wyraz gramatyczny **a/an** poprzedzający w liczbie pojedynczej rzeczowniki policzalne nazywamy **przedimkiem nieokreślonym** (☞ **22.1**).

Przed rzeczownikami niepoliczalnymi, np. **tea, coffee, milk** może wystąpić wyraz **some** *trochę* (☞ **32.1**).

Przykład:

– Some coffee?	– *Trochę kawy?*
– No, thank you.	– *Nie, dziękuję.*
– A piece of cake, perhaps?	– *Kawałek ciasta może?*
– Yes, please.	– *Tak, proszę.*

Wyraz gramatyczny **of** wyraża relacje podobne do tych, które wyraża polski dopełniacz (kogo? czego?): **coffee** (co? *kawa*), **of coffee** (czego? *kawy*) (☞ **24.2**).

📖   Comedy is tragedy interrupted. (Alan Ayckbourn)
      Komedia jest przerwaną tragedią.

Polskim rzeczownikom niepoliczalnym nie zawsze odpowiadają identyczne znaczeniowo angielskie rzeczowniki niepoliczalne i na odwrót. To samo odnosi się do rzeczowników policzalnych. Na przykład *informacja* jest rzeczownikiem policzalnym (ma formę liczby mnogiej: *informacje*), podczas gdy **information** jest rzeczownikiem niepoliczalnym (nie ma formy liczby mnogiej).

Porównajmy:

a piece of information	*(jedna) informacja* (dosł. *jeden kawałek informacji*)
three pieces of information*	*trzy informacje* (dosł. *trzy kawałki informacji*)

* liczba mnoga rzeczowników ☞ **23.1**

Zamiast wyrazu **piece** *kawałek* może wystąpić (szczególnie w języku prasowym) wyraz **item** *pozycja*.

Inne przykłady angielskich rzeczowników niepoliczalnych, których polskie odpowiedniki są policzalne: **advice** *rada*, **furniture** *meble*, **luggage/baggage** *bagaż, bagaże*, **news** *wiadomość, wiadomości*, **evidence** *dowód, materiał dowodowy*, **lightning** *błyskawica*.

Porównajmy:

a piece of advice	*(jedna) rada*
a piece of furniture	*(jeden) mebel*
two items of news	*dwie wiadomości*
three pieces of luggage	*trzy sztuki bagażu*
a piece of evidence	*dowód, fragment materiału dowodowego*
What's the* news?	*Jakie są wiadomości?*

* the – przedimek określony ☞ **22.2**

Przedimki są wyrazami gramatycznymi i nie mają jednoznacznych odpowiedników polskich.

22.1 Przedimek nieokreślony a(n); przedimek zerowy

Przedimek nieokreślony (**indefinite article**) a(n) występuje przed rzeczownikami policzalnymi w liczbie pojedynczej.

Przedimek zerowy (**zero article**), tj. brak przedimka, występuje przede wszystkim przed rzeczownikami policzalnymi w liczbie mnogiej i przed rzeczownikami niepoliczalnymi.

22.1.1 Forma przedimka nieokreślonego

W wariancie **a** [ə] przedimek nieokreślony występuje przed wyrazami zaczynającymi się na spółgłoskę, np. wyraz **film** zaczyna się na spółgłoskę – [f] jest spółgłoską – dlatego piszemy **a film**. Trudność polega na tym, że pod uwagę należy wziąć wymawianą głoskę, np. wyraz **university** *uniwersytet* graficznie zaczyna się na samogłoskę **u**, jednak w wymowie pierwsza jest spółgłoska: [juːnɪ'vɜːsɪtɪ], dlatego musimy wybrać **a** – **a university**.

W wariancie **an** [ən] przedimek nieokreślony występuje przed wyrazami zaczynającymi się na samogłoskę (w wymowie), np. wyraz **actor** zaczyna się na samogłoskę [æ] – dlatego piszemy **an actor**. Podobnie: **an hour** [ən 'auə] – litera **h** nie jest wymawiana.

Porównajmy:

an actor	*aktor*
a good actor	*dobry aktor*

Wybór między **a** i **an** zależy od głoski, na jaką zaczyna się wyraz występujący bezpośrednio po przedimku (np. przymiotnik **good**) – niekoniecznie wyraz, do którego przedimek się odnosi (tutaj: rzeczownik **actor**).

22.1.2 Podstawowe zastosowania przedimka nieokreślonego i przedimka zerowego

Porównajmy:

a melody	*melodia* • jedna z wielu melodii, jakaś melodia
a composer	*kompozytor* • jeden z wielu kompozytorów, jakiś kompozytor
music	*muzyka* • muzyka w ogóle
musical instruments	*instrumenty muzyczne* • jedne z wielu, jakieś instrumenty muzyczne

Przed rzeczownikiem niepoliczalnym **music** nie ma przedimka, inaczej mówiąc, jest przedimek zerowy. Przed rzeczownikami policzalnymi w liczbie mnogiej może również wystąpić przedimek zerowy: **instruments**.

📖   Love is an illusion. (Oscar Wilde)
Miłość jest złudzeniem.

W powyższym cytacie **love** jest rzeczownikiem niepoliczalnym poprzedzonym przedimkiem zerowym. Użycie przedimka nieokreślonego w odniesieniu do drugiego rzeczownika – **an illusion** – sugeruje, że autor ma na myśli jedno z wielu złudzeń.

Porównajmy również:

Douglas Monday is an actor. He is a good actor.	*Douglas Monday jest aktorem.* *Jest dobrym aktorem.*
Sandra Sunday is an actress. She is a talented actress.	*Sandra Sunday jest aktorką.* *Jest utalentowaną aktorką.*

Actor i **actress** są rzeczownikami policzalnymi, dlatego mogą być poprzedzone przedimkiem nieokreślonym (tutaj: **an**).

Art and science.	*Sztuka i nauka (ścisła).* • sztuka w ogóle i nauka w ogóle

Art i science są w tym znaczeniu rzeczownikami niepoliczalnymi, stąd przedimek zerowy.

Painting is an art.	*Malarstwo jest sztuką.* • malarstwo w ogóle jest jedną ze sztuk

Wyraz **painting** to rzeczownik niepoliczalny, stąd przedimek zerowy; **art** (*jedna ze sztuk*) to rzeczownik policzalny, dlatego możemy przed nim postawić przedimek nieokreślony. Ten sam wyraz **art** w jednym znaczeniu jest rzeczownikiem policzalnym, a w innym – niepoliczalnym.

Podobnie: **glass** *szkło* (materiał), **a glass** *szklanka* (przedmiot); **cake** *ciasto* (masa), **a cake** *ciastko* (konkretny wypiek).

"An Architectural Caprice" is a painting by Francesco Guardi.	*„Kaprys architektoniczny" jest obrazem namalowanym przez Francesco Guardiego.*

Wyraz **painting** w znaczeniu *malarstwo* jest rzeczownikiem niepoliczalnym, a w znaczeniu *obraz* jest rzeczownikiem policzalnym.

Francesco Guardi was a great Italian painter. • a painter – rzeczownik policzalny	*Francesco Guardi był wielkim włoskim malarzem.*
Liberty! Equality! Fraternity! • rzeczowniki niepoliczalne – przedimek zerowy	*Wolność! Równość! Braterstwo!*

Rozważmy następującą sytuację: Jesteśmy na przyjęciu. Spotykamy znajomego. Ten mówi nam, że przed chwilą poznał uroczą osobę, panią White. Właściwie nic jeszcze o niej nie wie.

Mówimy mu, że pani White jest dentystką: **She is a dentist**. To dla niego nowa i interesująca informacja. Widząc jego zainteresowanie panią White, dodajemy: **She is a Buddhist**. *Jest buddystką.* Zaintrygowany pyta: **A Buddhist?** *Buddystką?* Uzupełniamy informację, mówiąc: **She is a Buddhist and an amateur painter.** *Jest buddystką, a także malarką amatorką.*

Zauważmy, że podając nową informację, używamy przedimka nieokreślonego: **a dentist, a Buddhist, a painter**. W tym wypadku nowa informacja jest rodzajem opisu osoby.

Przedimek nieokreślony **a(n)** sygnalizuje, że występujący po nim rzeczownik jest nazwą jednego z elementów zbioru (np. wszystkich dentystów, buddystów, malarzy) – nie chodzi o wskazanie jakiegoś elementu, ale o sam fakt przynależności do zbioru. Podanie przynależności do zbioru podobnych elementów jest formą opisu.

Dalsze przykłady:

– What do you do? – I'm an engineer.	– *Czym się pan zajmuje?* – *Jestem inżynierem.* • otrzymujemy nową informację
I'd like to buy a car.	*Chciałbym kupić samochód.* • jeden z wielu dostępnych na rynku
"War and Peace" is a novel by Leo Tolstoy.	*„Wojna i pokój" jest powieścią* *Lwa Tołstoja.* • jedna z jego powieści

Zwróćmy uwagę, że w tytule powieści Tołstoja nie chodzi o jedną z wojen, ale o pewien rodzaj sytuacji bardzo ogólnej. Stąd przedimek zerowy przed **war**. To samo dotyczy rzeczownika **peace**. Natomiast „Wojna i pokój" jest jedną z wielu powieści – stąd przedimek nieokreślony – **a novel**. Para wyrazów – przedimek nieokreślony + rzeczownik – **a novel** – opisuje charakter utworu pod tytułem "**War and Peace**".

📖 A fool at forty is a fool indeed. (Edward Young)
Głupiec w wieku lat czterdziestu jest naprawdę głupcem.

22.1.3 Przedimek nieokreślony a(n) przed nazwami klas rzeczy

Porównajmy:

Kim was a wonderful dog.	*Kim był cudownym psem.*
A dog is an intelligent animal.	*Pies jest inteligentnym zwierzęciem.*

Pierwsze zdanie opisuje konkretnego (tj. jednostkowego) psa, podczas gdy drugie opisuje psa w ogóle jako przedstawiciela swojego gatunku. Ze zdania wynika więc, że każdy (tj. dowolny) pies jest inteligentnym zwierzęciem.

Przedimek nieokreślony **a(n)** może zatem poprzedzać nazwy konkretnych bytów jednostkowych, jak również nazwy przedstawicieli gatunku.

22.2 Przedimek określony **the**

Przedimek określony (**definite article**) **the** może wystąpić przed rzeczownikami policzalnymi (w liczbie pojedynczej i mnogiej), jak również przed rzeczownikami niepoliczalnymi.

Wymowa przedimka **the**:

[ðə] – w pozycji nieakcentowanej, przed wyrazami zaczynającymi się od spółgłoski, np. **the dog** [ðə 'dɒg];

[ðɪ] – w pozycji nieakcentowanej, przed wyrazami zaczynającymi się od samogłoski, np. **the angel** [ðɪ 'eɪndʒl];

[ði:] – w pozycji akcentowanej.

22.2.1 Podstawowe zastosowania

Wypowiadając zdanie **Ms Brown is a secret agent**, zakładamy, że rozmówca wprawdzie zna panią Brown, ale prawdopodobnie nie wie, że ona jest tajną agentką (w przeciwnym razie wypowiedzenie takiego zdania byłoby pozbawione sensu). Wyrazy **Ms Brown** utożsamiają osobę (wskazują, o kogo chodzi), natomiast wyrazy **is a secret agent** opisują ją, podając (przypuszczalnie) nową informację.

Podstawową funkcją przedimka określonego **the** nie jest opis (ani podawanie nowej informacji), ale konkretyzowanie i utożsamianie pojęć, obiektów etc., przy jednoczesnym odwołaniu się do wiedzy rozmówcy.

Użycie przedimka określonego wyraża pewne założenie – nadawca informacji (osoba mówiąca lub pisząca) zakłada, że odbiorca tej informacji (osoba słuchająca lub czytająca) wie albo zaraz się dowie (np. z dalszej części wypowiedzi), o którą konkretnie rzecz lub osobę chodzi. Założenie takie nie musi być trafne (chociaż przeważnie jest).

Porównajmy:

– Where's the seminar?	– *Gdzie jest seminarium?*
– At the Institute.	– *W Instytucie.*

Reakcja rozmówcy świadczy o tym, że wie, o które seminarium chodzi. Zatem założenie było trafne. Również odpowiedź zawiera w sobie założenie, że osoba zadająca pytanie wie, o który instytut chodzi (the Institute).

– When's the exam? – What exam?	– *Kiedy jest egzamin? – Jaki egzamin?*

Reakcja rozmówcy świadczy o tym, że nie wie, o który egzamin chodzi. Zatem założenie nie było trafne.

– How was the party? – It was wonderful.	– *Jak udało się przyjęcie?* – *Było cudowne.*

Z reakcji rozmówcy wynika, że założenie było trafne (wie, o które przyjęcie chodzi).

– Was the lecture interesting? – What lecture?	– *Czy wykład był interesujący?* – *Jaki wykład?*

Z reakcji rozmówcy wynika, że założenie nie było trafne (nie wie, o który wykład chodzi).

Zakładając, że rozmówca wie, którą konkretnie rzecz mamy na myśli, bierzemy zwykle pod uwagę różne okoliczności. Na przykład to, że rzecz, o którą nam chodzi, była poprzednio wspomniana w rozmowie albo że jest znana rozmówcy z doświadczenia (np. instytut, w którym pracuje). Może też być jedyna w swoim rodzaju i dzięki temu łatwo rozpoznawalna. Jedyne w swoim rodzaju są np. *Słońce* (the Sun) i *Księżyc* (the Moon) – oczywiście w obrębie układu Ziemia–Księżyc i Układu Słonecznego.

Komentując wypadek, w którym ktoś został potrącony przez samochód, ktoś inny może powiedzieć: **The driver was drunk.** *Kierowca był pijany.* Układem odniesienia jest wtedy samochód, którym w krytycznym momencie mogła kierować tylko jedna osoba (the driver).

Mówiąc o handlu i przemyśle w ogóle, powiemy: **trade and industry**, o przemyśle ciężkim (duży, niedokładnie określony dział) – **heavy industry**, ale przed nazwą konkretnego (jedynego w swoim rodzaju) przemysłu zastosujemy przedimek określony – **the steel/tourist industry** *przemysł stalowy/turystyczny.*

W tekście przedimek określony może sygnalizować nawiązanie do poprzedniego zdania (poprzedniej wypowiedzi): "**Hamlet**" **is a play and a film. The film is based on the play.** *„Hamlet" jest sztuką i filmem. Film jest oparty na sztuce.* Może też nawiązywać do elementu, który występuje w dalszej części zdania: **The lecture on post-modernism is on Friday.** *Wykład na temat postmodernizmu jest w piątek.* Wyrazy **on post-modernism** określają (wskazują na) wykład, o który chodzi (**the lecture**).

Mówiąc o złej pogodzie za oknem, powiemy: **The weather is awful.** *Pogoda jest straszna.*

Porównajmy także:

There's a concert on Tuesday.	*We wtorek jest koncert.* • nie wiem, czy wiesz – nowa informacja
The concert is on Tuesday.	*Koncert jest we wtorek.* • wiesz, który – odwołanie się do wiedzy rozmówcy

Podsumujmy: przedimek określony wskazuje, wyodrębnia, utożsamia, odwołując się do wiedzy rozmówcy (często przez przyjęte założenie i pośrednio przez nawiązanie do kontekstu), podczas gdy przedimek nieokreślony występuje w opisach podających nową informację, sygnalizuje przynależność do zbioru podobnych elementów.

📖 Give me the crown! (William Shakespeare)
Dajcie mi koronę!

22.2.2 Przedimek określony **the** przed nazwami gatunków

Porównajmy:

The tiger in the zoo was very sad.	*Ten tygrys w zoo był bardzo smutny.* • konkretny tygrys widziany w zoo
The tiger is threatened with extinction.	*Tygrys jest zagrożony wymarciem.* • tygrys jako gatunek

Przy określaniu człowieka jako gatunku występuje przedimek zerowy:

Man is mortal.	*Człowiek jest śmiertelny.*

Dla zaznaczenia odrębności w stosunku do innych form rozrywki mówimy: **the cinema, the theatre, the opera.** Mówiąc jednak ogólnie o zainteresowaniach, możemy opuścić przedimek: **I like cinema. I don't like opera.**

📖 Society often forgives the criminal, it never forgives the dreamer.
(Oscar Wilde)
Społeczeństwo często wybacza zbrodniarzowi, nigdy nie wybacza marzycielowi.

22.3 Bardziej szczegółowe informacje na temat stosowania przedimków

22.3.1 Przedimek nieokreślony

Przykłady wyrażania proporcji i pomiarów:

ten dollars a kilo *10 dolarów za kilo*

three times a week *trzy razy w tygodniu*

a hundred kilometres an hour *100 kilometrów na godzinę*

a hundred = one hundred *sto*

a thousand = one thousand *tysiąc*

a million = one million *milion*

A hundred, a thousand, a million to formy typowe dla języka mówionego. **One hundred, one thousand, one million** spotyka się raczej w języku pisanym i w bardziej oficjalnej odmianie języka mówionego. W języku mniej potocznym zamiast **an hour** *na godzinę* możemy powiedzieć **per hour**.

Zwróćmy uwagę na występowanie **a(n)** w zdaniach wyrażających zdumienie, oburzenie lub uznanie:

What a scandal!	*Co za skandal!*
What an interesting idea!	*Co za interesujący pomysł!*
Such a nice girl!	*Taka miła dziewczyna!*
Such an expensive car!	*Taki drogi samochód!*

Przedimek nieokreślony może wystąpić przed niewielką liczbą rzeczowników niepoliczalnych (abstrakcyjnych – wyrażających stan umysłu lub uczuć) dla zaznaczenia, że chodzi o pewien rodzaj wiedzy lub odczuć:

a good knowledge of English *dobra znajomość angielskiego*

a deep dislike of intellectuals *głęboka antypatia wobec intelektualistów*

a deep distrust of journalists *głęboka nieufność wobec dziennikarzy*

📖 Time is a waste of money. (Oscar Wilde)
Czas jest stratą pieniędzy.

22.3.2 Przedimek określony

Przedimek określony występuje przed nazwami:

– statków: **the Titanic**

– partii politycznych: **the Labour Party, the Conservative Party**

– instytucji publicznych: **the Army, the Government, the Police**

– gazet i mediów: **The Times, The Economist** (ale: **Time, Newsweek** – tygodniki), **the press, the radio, the television**

– rodzajów instrumentów muzycznych: **(to play) the piano/violin/guitar**

– oceanów, mórz, rzek, kanałów: **the Atlantic, the Baltic, the Thames, the Suez Canal**

– łańcuchów górskich, pustyń: **the Alps, the Sahara**

– grup wysp: **the Azores, the Bahamas**

– niektórych obszarów: **the Arctic, the Riviera, the North Pole**

– kin, teatrów, restauracji: **the Odeon, the Coliseum, the Cafe Royal**

– hoteli, pubów: **the Grand, the Red Lion**

– muzeów i galerii sztuki: **the British Museum, the National Gallery**

– niektórych państw: **the UK** (= **the United Kingdom**), **the USA** (= **the United States of America**), **the Netherlands** (*Holandia*), **the Philippines, the Vatican, (the) Sudan**

– niektórych miast: **The Hague**

– niektórych epok: **the Dark Ages, the Renaissance, the Stone Age**

22.3.3 Przedimek zerowy z zaznaczeniem wyjątków

Przedimek zerowy z reguły występuje:

– w nagłówkach prasowych: **Hotel Flood Disaster**

– przed nazwami własnymi osób: **Ted/Ann Brown, Mr/Ms/Dr/Prof Green**
ale:

A Mr Brown is on the phone.	*Dzwoni jakiś pan Brown.* • nie znam go
– Mr Clinton is interested in the project. – The Mr Clinton? – Yes, that's right.	*– Pan Clinton jest zainteresowany projektem.* *– Ten znany pan Clinton?* *– Tak, właśnie.*

– przed nazwami kontynentów, krajów, miast, wysp: **Africa, France, London, Easter Island**
ale: **the London of the 19th century**

– przed nazwami jezior i szczytów górskich, ulic: **Lake Victoria, Mount Everest, Oxford Street**
ale: **The High Street**

– przed nazwami uniwersytetów: **Oxford University**
ale: **the University of London**

– przed nazwami stacji kolejowych i portów lotniczych: **Victoria (Station), London Airport (= Heathrow)**

– przed nazwami okresów historycznych: **ancient Rome, medieval Europe, pre-war/ post-war Russia**

– przed wyrazami **uncle/aunt**, po których występują nazwy własne: **Uncle Ben, Aunt Agatha**

– przed tytułami: **Mr Bush was elected President of the USA.**
ale:

He is a president.	*On jest prezydentem.* • jednym z wielu
The President is abroad.	*Prezydent jest za granicą.* • konkretna osoba

– przed nazwami dni, miesięcy, pór roku i świąt: **(on) Monday, (in) May, (in) summer, (at) Christmas**
ale: **on the Monday of our departure**

– przed nazwami posiłków: **to have breakfast/lunch/dinner/supper**
ale: **a dinner given in honour of ...**

– przed wyrazami takimi jak: **church, hospital, school, prison, home**, kiedy odnosimy się do ich funkcji – **he's at school** (*jako uczeń*), **he's in prison** (*jako więzień*), **she's in hospital** (*jako pacjentka*), **they're at home** (*u siebie*)
ale: **to build a new school, to meet at the school, to put someone in a home** (*dom opieki*) etc.

– przed nazwami pewnych instytucji: **Parliament, Congress**
ale: **the House of Commons, the House of Lords, the Senate, the House of Representatives**

– przed nazwami środków transportu: **to go/travel by bus/train/plane**
ale: **to meet on the bus/train/plane**

– w zwrotach składających się z par elementów: **arm in arm, face to face, hand in hand, from top to bottom, husband and wife**

Na koniec porównajmy:

Oscar Wilde, an English writer, wrote a book called "The Picture of Dorian Gray".

• zakładamy, że rozmówca/czytelnik być może nigdy nie słyszał o takim autorze

Oscar Wilde, the English writer, died in 1900.

• zakładamy, że rozmówca/czytelnik prawdopodobnie słyszał o takim autorze

Oscar Wilde, author of "The Picture of Dorian Gray", died in 1900.

• zakładamy, że rozmówca/czytelnik słyszał o tym znanym autorze (i utworze).

LICZBA MNOGA RZECZOWNIKÓW
THE PLURAL OF NOUNS

23.1 Formy regularne

Regularne formy liczby mnogiej rzeczowników mają (w piśmie) końcówkę -(e)s; w rdzeniu wyrazów nie zachodzą żadne zmiany (wymowa końcówki -(e)s ☞ **3.1**).

Przykłady:

a concert *koncert* > **concerts** [ˈkɒnsəts] – [s] po bezdźwięcznej, niesyczącej głosce [k]

a film *film* > **films** [fɪlmz] – [z] po dźwięcznej, niesyczącej głosce [m]

a car *samochód* > **cars** [kɑːz] – [z] po samogłosce [ɑː]

a match *mecz* > **matches** [ˈmætʃɪz] – [ɪz] po głosce syczącej [tʃ]

Porównajmy:

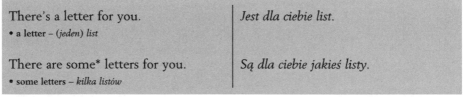

There's a letter for you.	Jest dla ciebie list.
• a letter – *(jeden) list*	
There are some* letters for you.	Są dla ciebie jakieś listy.
• some letters – *kilka listów*	

* some ☞ **32.1**

Przeważająca liczba rzeczowników angielskich ma regularne formy liczby mnogiej.

📖 All streets are theatres. (Oscar Wilde)
Wszystkie ulice są teatrami.

23.1.1 Zmiany pisowni w niektórych wyrazach

Niewielka liczba rzeczowników wykazuje zmiany w pisowni: wyrazy zakończone w liczbie pojedynczej na **-o** w liczbie mnogiej przybierają **-oes**:

an echo *echo* > **echoes** *echa*

a hero *bohater* > **heroes** *bohaterowie*

a potato *ziemniak* > potatoes *ziemniaki*

a tomato *pomidor* > tomatoes *pomidory*

W rzeczownikach zakończonych w piśmie na -**y** poprzedzone spółgłoską, w liczbie mnogiej -**y** zamieniamy na -**ie**, np. w wyrazie **country** *kraj* przed końcowym -**y** występuje spółgłoska **r**, dlatego jego liczba mnoga przyjmuje formę **countries** *kraje*. Natomiast rzeczowniki zakończone (w piśmie) na -**y** poprzedzone samogłoską w liczbie mnogiej zachowują -**y**-, np. **toy** *zabawka* > **toys** *zabawki*.

Dalsze przykłady:

a **boy** *chłopiec* > **boys** *chłopcy*

a **baby** *niemowlę* > **babies** *niemowlęta*

a **party** *przyjęcie* > **parties** *przyjęcia*

Tego rodzaju zmiany w pisowni nie dotyczą nazw własnych: **the Kennedys** (członkowie rodziny **Kennedy**), **Februarys** (forma liczby mnogiej lutego).

Wyrazy w liczbie pojedynczej zakończone na -**sh**, -**ch**, -**s**, -**x**, -**z** przybierają w liczbie mnogiej końcówkę -**es** [ɪz]:

a **bus** *autobus* > **buses** *autobusy*

a **clash** *konflikt, utarczka* > **clashes** *konflikty, utarczki*

a **fox** *lis* > **foxes** *lisy*

a **match** *mecz* > **matches** *mecze*

a **quiz** *kwiz* > **quizzes** *kwizy* – Uwaga: podwojone **s**

Wszystkie powyższe rzeczowniki zakończone są na głoski syczące (wymowa ☞ **3.1**).

23.2 Formy nieregularne

23.2.1 Zmiany w pisowni, którym towarzyszy zmiana w wymowie: [f] > [v]

a **calf** *cielę* > **calves** *cielęta*

a **half** *połowa* > **halves** *połowy*

a **knife** *nóż* > **knives** *noże*

a **leaf** *liść* > **leaves** *liście*

a **life** *życie* > **lives** dosł. *życia*

a **loaf** *bochenek* > **loaves** *bochenki*

a **sheaf** *snopek* > **sheaves** *snopki*

a **thief** *złodziej* > **thieves** *złodzieje*

a **wife** *żona* > **wives** *żony*

a **wolf** *wilk* > **wolves** *wilki*

a **scarf** *szalik* > **scarves/scarfs** *szaliki*

23.2.2 Formy ze zmianą samogłoski rdzenia wyrazowego

Formy liczby mnogiej niewielkiej grupy rzeczowników wykazują zmianę samogłoski rdzennej:

a **child** [tʃaɪld] *dziecko* > **children** [ˈtʃɪldrən] *dzieci*

a **foot** [fʊt] *stopa* > **feet** [fiːt] *stopy*

a **goose** [guːs] *gęś* > **geese** [giːs] *gęsi*

a **man** [mæn] *mężczyzna* > **men** [men] *mężczyźni*

a **mouse** [maʊs] *mysz* > **mice** [maɪs] *myszy*

a **policeman** [pəˈliːsmən] *policjant* > **policemen** [pəˈliːsmən] *policjanci*

a **policewoman** [pəˈliːswʊmən] *policjantka* > **policewomen** [pəˈliːswɪmɪn] *policjantki*

a **tooth** [tuːθ] *ząb* > **teeth** [tiːθ] *zęby*

a **woman** [ˈwʊmən] *kobieta* > **women** [ˈwɪmɪn] *kobiety*

Uwaga
> an ox *wół* > oxen *woły*

📖 Adults are obsolete children. (Dr Seuss)
Dorośli są przestarzałymi dziećmi.

📖 Certain people are born with natural false teeth. (Robert Robinson)
Niektórzy ludzie rodzą się z naturalnymi sztucznymi zębami.

📖 All the world's a stage, and all the men and women merely players. (William Shakespeare)
Cały świat jest sceną, a wszyscy mężczyźni i kobiety są po prostu aktorami.

23.2.3 Takie same formy liczby pojedynczej i mnogiej

W poniższych przykładach wymowę podano tylko tam, gdzie różni się ona dla form liczby pojedynczej i mnogiej.

an aircraft *maszyna latająca* > aircraft *maszyny latające*

a chassis ['ʃæsɪ] *podwozie* > chassis ['ʃæsɪz] *podwozia*

a crossroads *skrzyżowanie dróg* > crossroads *skrzyżowania dróg*

a deer *sarna* > deer *sarny*

a fish *ryba* > fish/fishes *ryby*

a headquarters *kwatera główna* > headquarters *kwatery główne*

a means *środek* > means *środki* (*do celu, produkcji etc.*)

a series *seria* > series *serie*

a sheep *owca* > sheep *owce*

a species *gatunek* > species *gatunki*

a works *fabryka* > works *fabryki*

23.2.4 Rzeczowniki występujące tylko w liczbie mnogiej

Niektóre rzeczowniki występują tylko w liczbie mnogiej, oznacza to, że towarzyszące im czasowniki muszą być użyte w liczbie mnogiej.

arms *broń*	police *policja*
binoculars *lornetka*	premises *lokal, teren*
clothes *ubranie, ubrania*	pyjamas *piżama*
damages *odszkodowanie*	scales *waga (przyrząd)*
goods *towar, towary*	surroundings *otoczenie, środowisko*
grounds *teren wokół budynku*	

Uwaga

    chess (rzeczownik niepoliczalny) *szachy*
    a door *drzwi* (liczba pojedyncza) > doors *drzwi* (liczba mnoga)
    a barracks *koszary* (liczba pojedyncza) > barracks *koszary* (liczba mnoga)

Niektóre rzeczowniki w obu językach mają tylko liczbę mnogą.

jeans *dżinsy*   spectacles/glasses *okulary*

pliers *kombinerki*   trousers *spodnie*

scissors *nożyczki*

23.2.5 Wyrazy obcego pochodzenia

an analysis *analiza* > analyses *analizy*

an appendix *dodatek (w książce)* > appendices/appendixes *dodatki (w książce)*

a basis *podstawa* > bases *podstawy*

a corps [kɔ:] *korpus* > corps [kɔ:z] *korpusy*

a crisis *kryzys* > crises *kryzysy*

a diagnosis *diagnoza* > diagnoses *diagnozy*

an erratum *errata* > errata *erraty*

a hypothesis *hipoteza* > hypotheses *hipotezy*

an index *wskaźnik* > indices *wskaźniki*

a medium *medium* > media *media*

a memorandum *memorandum* > memoranda *memoranda*

a nucleus *jądro (atomowe)* > nuclei *jądra (atomowe)*

an oasis *oaza* > oases *oazy*

a phenomenon *zjawisko* > phenomena *zjawiska*

a radius *promień (koła)* > radii *promienie (koła)*

a stimulus *bodziec* > stimuli *bodźce*

a symposium *sympozjum* > symposia *sympozja*

23.2.6 Rzeczowniki dwuwyrazowe

Niektóre rzeczowniki dwuwyrazowe mają nieregularną formę liczby mnogiej.

a bus driver *kierowca autobusu* > bus drivers *kierowcy autobusów*

a learner driver *(jeden) uczący się prowadzić pojazd* > learner drivers *uczący się prowadzić pojazd(y)* a **man driver** *kierowca (mężczyzna)* > **men drivers** *kierowcy (mężczyźni)*

a **woman driver** *kierowca (kobieta)* > **women drivers** *kierowcy (kobiety)*

a **manservant** *(jeden) służący* > **menservants** *służący*

a **passer-by** *przechodzień* > **passers-by** *przechodnie*

a **mother-in-law** *teściowa* > **mothers-in-law** *teściowe*

a **father-in-law** *teść* > **fathers-in-law** *teściowie*

a **lily of the valley** *konwalia* > **lilies of the valley** *konwalie*

📖 All men are brothers, but thank God, they aren't all brothers-in-law.
(Anthony Powell)
Wszyscy ludzie (tutaj: *mężczyźni*) *są braćmi, ale dzięki Bogu,
nie wszyscy są szwagrami.*

23.2.7 Rzeczowniki zbiorowe

Rzeczownik zbiorowy jest nazwą grupy ludzi lub zwierząt, np. **committee, panel,
jury, team, family, audience, horde, army, government**. Może on odnosić się do grupy jako całości albo jako zbioru jednostek. Wtedy występuje odpowiednio z formą liczby pojedynczej lub mnogiej czasownika.

Przykłady:

The team is very good.	*Drużyna jest bardzo dobra.*
The team are determined to win.	*Drużyna (= jej członkowie) ma wolę zwycięstwa.*
The audience was not very large.	*Widownia nie była bardzo duża.*
The audience were enthusiastic.	*Widownia (= ludzie na widowni) wpadła w entuzjazm.*
The family was not popular in the neighbourhood.	*Rodzina nie była lubiana w sąsiedztwie.*
The family were present at the funeral.	*Rodzina (= jej członkowie) była obecna na pogrzebie.*

SAXON GENITIVE
DOPEŁNIACZ SAKSOŃSKI

KONSTRUKCJA Z **of**

24.1   Forma i niektóre funkcje dopełniacza saksońskiego

W pewnym przybliżeniu dopełniacz saksoński i konstrukcja z **of** to ekwiwalenty polskiego dopełniacza (odpowiedź na pytania: kogo? czego? czyj?). Porównania z polskim dopełniaczem są uzasadnione również tym, że zarówno konstrukcje angielskie, jak i polski dopełniacz nie ograniczają się do relacji posiadania i w wielu wypadkach pokrywają się znaczeniowo.

Porównajmy:

A boy and a girl.	*Chłopiec i dziewczyna.*
A computer and a camera.	*Komputer i aparat fotograficzny.*
The boy's computer.	*Komputer chłopca.*
The girl's camera.	*Aparat fotograficzny dziewczyny.*

Apostrof + s (**'s**) dodane do formy rzeczownika sygnalizują dopełniacz (kogo? czego? czyj?). Zasady wymowy dopełniacza saksońskiego są takie same jak w przypadku końcówki -s dodawanej do czasowników w czasie PRESENT SIMPLE (☞ **3.1**).

Apostrof po nazwach własnych zakończonych na -s:

Charles's/Charles' computer ['tʃɑːlzɪz ...] *komputer Charlesa*

Doris's/Doris' car ['dɒrɪsɪz ...] *samochód Doris*

Mr Jones's/Jones' house [... 'dʒəunzɪz ...] *dom pana Jonesa*

Przy nazwiskach i imionach zakończonych na -s mamy dwie możliwości zapisu, jednak ich wybór nie ma wpływu na wymowę.

Przy słynnych nazwiskach zakończonych na -s występuje z reguły sam apostrof:

Keats' works [kiːts/'kiːtsɪz ...] *dzieła Keatsa*

Yeats' poetry [jeɪts/'jeɪtsɪz ...] *poezja Yeatsa*

Mamy tu, jak widać, dwie możliwości wymowy.

Po zakończonych na -s imionach słynnych Greków starożytnych dodajemy tylko apostrof, co jednak zwykle nie ma wpływu na wymowę:

Archimedes' Principle [ɑ:kɪ'mi:di:z ...] *zasada Archimedesa*

Archimedes i **Archimedes'** wymawiamy tak samo.

Analogicznie: **Pythagoras' Theorem** *twierdzenie Pitagorasa*, **Sophocles' plays** *sztuki Sofoklesa*.

Porównajmy dalej:

The boy's books.	*Książki chłopca.*
The boys' books.	*Książki chłopców.*

Wymowa **boy's** i **boys'** jest taka sama: [bɔɪz]. W mowie właściwe znaczenie wynika z kontekstu.

Porównajmy także:

The child's toys.	*Zabawki dziecka.*
The children's toys.	*Zabawki dzieci.*
The man's problems.	*Problemy (tego) mężczyzny.*
The men's problems.	*Problemy (tych) mężczyzn.*
women's rights	*prawa kobiet*
a women's college	*szkoła dla kobiet*

W ostatnich dwóch przykładach wyraz **women's** wystąpił w funkcji przydawki – podmiotami we frazach są **rights** i **college** (przedimek **a** odnosi się do **college**; **rights** jako forma liczby mnogiej ma przedimek zerowy).

Formy liczby mnogiej niezakończone na -s w dopełniaczu saksońskim mają **apostrof + s** (**'s** – patrz wyżej).

📖 A rich man's joke is always funny. (T.E. Brown)
Żart człowieka bogatego jest zawsze zabawny.

Porównajmy dalej:

The boss's room.	*Pokój szefa.*
The girl's essay.	*Wypracowanie (tej) dziewczyny.*
The dog's owner.	*Właściciel psa.*
The cat's food.	*Jedzenie kota.*

Formy w dopełniaczu saksońskim są tu nazwami osób lub zwierząt.

24.2 Przykłady użycia konstrukcji z of

W przeciwieństwie do elementów używanych w dopełniaczu saksońskim w poniższych przykładach rzeczowniki występujące w konstrukcji z **of** (**of the match, of the film, of America, of honey**) nie są nazwami osób ani zwierząt.

The start of the match.	*Początek meczu.*
The end of the film.	*Koniec filmu.*
The discovery of America.	*Odkrycie Ameryki.*
The taste of honey.	*Smak miodu.*

Silence is the essence of music. (Alfred Brendel)
Cisza jest istotą muzyki.

24.3 Dopełniacz saksoński czy konstrukcja z of?

Ogólna tendencja jest następująca: dopełniacz saksoński występuje z rzeczownikami odnoszącymi się do osób i zwierząt, konstrukcja z of – z rzeczownikami odnoszącymi się do przedmiotów i pojęć abstrakcyjnych.

Jest to jednak tylko tendencja ogólna, od której jest wiele odstępstw i wyjątków.

Porównajmy:

Tom's tea.	*Herbata Toma.*

| A cup of tea. | *Filiżanka herbaty.* |

W pierwszym przykładzie występuje relacja posiadania i imię osoby: *herbata Toma*. W takiej sytuacji nie można zastosować konstrukcji z **of**!

W drugim przykładzie chodzi o relację części do całości – filiżanka herbaty jest częścią (porcją) substancji (płynu) nazywanej herbatą. Treści tego przykładu nie da się wyrazić za pomocą dopełniacza saksońskiego!

📖 Food is an important part of a balanced diet. (Fran Lebowitz)
Żywność jest ważną częścią zrównoważonej diety.

Porównajmy dalej:

| The young woman's mother. | *Matka (tej) młodej kobiety.* |
| The mother of the young woman. | *Matka (tej) młodej kobiety.* |

W drugim przykładzie bardziej eksponowany (znaczeniowo ważniejszy) jest wyraz **woman**. Element na końcu zdania jest zazwyczaj ważniejszy (co sygnalizujemy mocniejszym akcentem).

Z powyższych przykładów wynika, że wybór konstrukcji może być kwestią stylu.

Również:

| England's rivers. The rivers of England. | *Rzeki Anglii.* |
| Beethoven's Fifth Symphony. The Fifth Symphony of Beethoven. | *Piąta Symfonia Beethovena.* |

W konstrukcji z **of** eksponuje się ostatni element. Występuje ona częściej w języku pisanym.

📖 Newspeak was the official language of Oceania. (George Orwell)
Nowomowa była oficjalnym językiem Oceanii.

Porównajmy także:

Mr Brown's house.	*Dom pana Browna.*
The house of a very famous film star.	*Dom bardzo słynnej gwiazdy filmowej.*

Pierwszego przykładu nie da się zmienić na konstrukcję z **of** – element występujący w dopełniaczu jest krótki i jest nazwą osoby. O wyborze konstrukcji z **of** w drugim przykładzie decyduje długość grupy rzeczownikowej (**a very famous film star**) występującej w dopełniaczu. Dodatkowo w obu przykładach występuje znaczenie posiadania.

Uwaga
> Z zaimkiem **someone** konstrukcja z **of** jest wykluczona.

Someone's documents.	*Czyjeś dokumenty.*

📖 Brevity is the soul of wit. (William Shakespeare)
Zwięzłość jest duszą dowcipu.

Dopełniacz saksoński występuje często z określeniami czasu:

yesterday's paper *wczorajsza gazeta*

today's TV programmes *dzisiejsze programy telewizyjne*

an hour's delay *godzinne opóźnienie*

next year's food prices *przyszłoroczne ceny żywności*

three weeks' holiday *trzytygodniowy urlop*

four days' journey *czterodniowa podróż*

ten minutes' walk *spacer dziesięciominutowy*

Uwaga
> Możemy również powiedzieć: **a four-day journey, a ten-minute walk** etc. (☞ 25).

📖 The time of life is short. (William Shakespeare)
Czas życia jest krótki.

Zwróćmy uwagę na użycie dopełniacza saksońskiego z wyrazem **worth**:

a pound's worth of stamps	*znaczki pocztowe o wartości jednego funta*
thirty dollars' worth of gasoline	*benzyna o wartości trzydziestu dolarów*

Porównajmy dalej:

The publishing of the book.	*Wydanie (tej) książki.*
The construction of the railway station.	*Budowa (tej) stacji kolejowej.*
The establishment of the advice centre.	*Stworzenie (tego) ośrodka doradczego.*
The destruction of the buildings.	*Zniszczenie (tych) budynków.*

W powyższych przykładach mamy do czynienia z procesami. Zastosowanie w nich dopełniacza saksońskiego jest niemożliwe.

Porównajmy także:

She is Tom's cousin.	*Ona jest kuzynką Toma.*
She is the boy on the right's cousin.	*Ona jest kuzynką tego chłopca po prawej stronie.*

W drugim przykładzie apostrof należący do **the boy** został przeniesiony na on the **right**, ponieważ grupa rzeczownikowa (**the boy on the right**) została potraktowana jako całość orzecznikowa. Taka konstrukcja jest możliwa tylko w języku mówionym.

📖 A jury is a group of twelve people of average ignorance.
(Herbert Spencer)
Sąd przysięgłych jest grupą dwunastu osób o przeciętnej ignorancji.

Porównajmy również:

The plan's importance. The importance of the plan.	*Ważność (tego) planu.*

The train's arrival. The arrival of the train.	*Przybycie pociągu.*
The Queen's arrival. The arrival of the Queen.	*Przybycie królowej.*

Konstrukcja z **of** bardziej eksponuje ostatni wyraz w zdaniu i jest typowa dla języka pisanego. Jest stylistycznie „cięższa".

Uwaga
> W razie wątpliwości bezpieczniej jest użyć konstrukcji z **of**.

📖   Silence is one great art of conversation. (W. Hazlitt)
Milczenie jest jedną wielką sztuką rozmowy.

24.4   Dopełniacz podwójny; opuszczanie rzeczownika po formie dopełniacza

Dopełniacz podwójny (**double genitive**) jest połączeniem dopełniacza saksońskiego i konstrukcji z **of**.

Przykłady:

a friend of my sister's (= **one of my sister's friends**) *jeden z przyjaciół mojej siostry*
a play of Pinter's (= **one of Pinter's plays**) *jedna ze sztuk Pintera* ·

Zwróćmy uwagę na opuszczanie rzeczownika po formie dopełniacza: **of my sister's** = **of my sister's friends**; **of Pinter's** = **of Pinter's plays** (☞ **29.2**).

Porównajmy także:

at the chemist's (shop) *w aptece*; **the chemist** *aptekarz*
at the dentist's (surgery) *u dentysty*; **surgery** *gabinet lekarski*
at Linda's (flat/house) *u Lindy (w mieszkaniu/domu)*
at Tom and Mary's *u Toma i Mary*
at the Browns' *u Brownów*
Tom's car is good, but Jim's is better. *Samochód Toma jest dobry, ale Jima jest lepszy.*

📖   I am the master of my fate. I am the captain of my soul. (W.E. Henley)
Ja jestem panem mojego losu. Ja jestem kapitanem mojej duszy.

RZECZOWNIK W FUNKCJI PRZYDAWKI
NOUN MODIFIER

Jeżeli w obrębie tej samej grupy znaczeniowej występują obok siebie dwa rzeczowniki, to pierwszy z nich spełnia rolę przydawki.

Porównajmy:

golf *golf*   **coffee** *kawa*

a club *klub*   **a break** *przerwa*

a golf club *klub golfowy*   **a coffee break** *przerwa na kawę*

a train *pociąg*

a journey *podróż*

a train journey *podróż pociągiem*

Rzeczownik może być poprzedzony przez więcej niż jeden rzeczownik w funkcji przydawki: **an adult education centre** *ośrodek kształcenia dorosłych.*

Zwróćmy także uwagę na sposób wyrażania relacji czasowych i przestrzennych:

a two-week holiday *urlop dwutygodniowy*

a ten-minute walk *spacer dziesięciominutowy*

a five-minute rest *pięciominutowy odpoczynek*

a two-mile walk *spacer dwumilowy*

a five-day week *pięciodniowy tydzień pracy* (☞ **24.3**)

Porównajmy też:

Chopin's music *muzyka Szopena*

a Chopin concert *koncert szopenowski*

a cup of tea *filiżanka herbaty*

a teacup *filiżanka do herbaty*

📖 Love is a fanclub with only two fans. (Adrian Henri)
Miłość jest klubem fanów z dwoma tylko fanami.

W języku angielskim rodzaj jest kategorią logiczną: **he** *on* mówimy o mężczyźnie, **she** *ona* mówimy o kobiecie, **it** *ono* mówimy o wszystkim, co nie jest ani mężczyzną, ani kobietą, np. **table** *stół*, **lamp** *lampa*, **chair** *krzesło*. O zwierzętach możemy powiedzieć **he/she**, jeżeli mamy do nich stosunek emocjonalny i traktujemy je jak osoby. W przeciwnym razie mówimy **it**. O samochodzie, do którego jesteśmy bardzo przywiązani, możemy powiedzieć **she**. Tak marynarze mówią czasami o swoim statku. Również o kraju można mówić jak o kobiecie **she** – tu także mamy do czynienia z postawą emocjonalną.

Znając płeć niemowlęcia, powiemy **he/she**, nie znając jej, możemy powiedzieć **it**. W tej sytuacji staramy się jednak ustalić płeć i potraktować niemowlę jako osobę. Wiele rzeczowników angielskich, które są nazwami osób, może w zależności od sytuacji być rodzaju męskiego lub żeńskiego: **teacher** *nauczyciel/nauczycielka*, **painter** *malarz/malarka*, **journalist** *dziennikarz/dziennikarka*, **singer** *śpiewak/śpiewaczka*.

Przypomnijmy, że w języku polskim możemy (a nawet musimy) powiedzieć: ona jest chemikiem/fizykiem/konstruktorem/profesorem. Niekiedy różnice płci zaznaczone są formalnie (tzn. w formie rzeczownika): **waiter/waitress** *kelner/ kelnerka*, **actor/actress** *aktor/aktorka*, **heir/heiress** *osoba dziedzicząca*.

W języku angielskim pojawił się trend odzwierciedlający nowy podział ról społecznych. Wiele zawodów, tradycyjnie wykonywanych i zarezerwowanych jedynie dla mężczyzn, jest obecnie wykonywanych również przez kobiety. W konsekwencji utworzono nowe formy żeńskie rzeczowników, np. **congresswoman** jako żeński odpowiednik wyrazu **congressman** *kongresmen*, **spokeswoman** *rzeczniczka* (od **spokesman**), czy **chairwoman** *przewodnicząca* (od **chairman**). Istnieje również możliwość użycia formy rodzajowo neutralnej, zawierającej element **-person**, np. **congressperson**, **spokesperson**, **chairperson** etc.

All heiresses are beautiful. (John Dryden)
Wszystkie kobiety dziedziczące majątek są piękne.

27.1   Rzeczy jednostkowe i klasy rzeczy

Porównajmy:

Ramses is an intelligent cat.	*Ramses jest inteligentnym kotem.* • konkretny kot imieniem Ramses
The cat is an intelligent animal.	*Kot jest inteligentnym zwierzęciem.* • kot jako gatunek

Podobne treści możemy wyrazić w następujący sposób:

A cat is an intelligent animal. (pojedynczy kot jako przedstawiciel gatunku)
Cats are intelligent animals. (koty jako przedstawiciele gatunku)

Analogicznie:

The teacher is a human being.	*Nauczyciel jest istotą ludzką.*

A teacher is a human being. (pojedynczy nauczyciel jako przedstawiciel profesji)
Teachers are human beings. (nauczyciele jako przedstawiciele profesji)

Porównajmy dalej:

It's a good computer.	*To jest dobry komputer.* • konkretny przedmiot materialny
Where's the computer?	*Gdzie jest komputer?* • konkretny przedmiot materialny

The computer is a useful machine.	*Komputer jest użyteczną maszyną.* • typ/rodzaj urządzenia

A computer is a useful machine. (pojedynczy komputer jako przykład pewnego rodzaju urządzenia)
Computers are useful machines. (komputery jako przykłady pewnego rodzaju urządzeń)

Zwróćmy uwagę, że w ostatnich trzech przykładach nie chodzi o konkretne, fizyczne obiekty, ale o rodzaj urządzeń.

Wracając do ludzi: man i woman (człowiek jako gatunek) występują z przedimkiem zerowym.

| Woman is superior to man. | *Kobieta góruje nad mężczyzną.* |

📖 Man is a two-legged animal without feathers. (Plato)
Człowiek jest dwunożnym zwierzęciem bez piór.

📖 We're actors – we're the opposite of people! (Tom Stoppard)
Jesteśmy aktorami – jesteśmy przeciwieństwem ludzi!

27.2 Rzeczowniki utworzone od przymiotników

Porównajmy:

poor *biedny* (przymiotnik) – the poor *biedni* (rzeczownik utworzony od przymiotnika, liczba mnoga)
rich *bogaty* – the rich *bogaci*
young *młody* – the young *młodzi*
old *stary* – the old *starzy*
unemployed *bezrobotny* – the unemployed *bezrobotni*

📖 The stupid neither forgive nor forget; the naive forgive and forget; the wise forgive but do not forget. (Thomas Szasz)
Głupi (ludzie) ani nie wybaczają, ani nie zapominają; naiwni wybaczają i zapominają; mądrzy wybaczają, ale nie zapominają.

WYRAZY WSKAZUJĄCE **this, these, that, those**
THE DEMONSTRATIVES

28.1 Wyrazy wskazujące w funkcji zaimków (zamiast rzeczowników)

28.1.1 This i these (wskazywanie i utożsamianie osób)

Wyrazy wskazujące **this** *ten, ta, to – tutaj* i **these** *te, ci – tutaj* służą do wskazywania rzeczy znajdujących się stosunkowo blisko mówiącego, np. w zasięgu ręki. **These** jest formą liczby mnogiej od **this**.

Sytuacja I: przedstawiamy sobie dwie osoby

– Ann, this is Ted. Ted, this is Ann.	*– Ann, to jest Ted. Ted, to jest Ann.*
– Hello!	*– Witaj!*
– Hello, Ted. Nice to meet you.	*– Witaj, Ted. Miło cię poznać.*

Sytuacja II: oglądamy fotografie, mając je w zasięgu ręki

These are Tom and Mary. This is me.	*To są Tom i Mary. To jestem ja.*

28.1.2 That i those (wskazywanie i utożsamianie osób ze znacznej odległości)

Wyrazy wskazujące **that** *tamten, tamta, tamto; ten, ta, to – nie tutaj, tam dalej* i **those** *tamci, tamte; ci, te – nie tutaj, tam dalej* służą do wskazywania rzeczy znajdujących się dalej od mówiącego (poza zasięgiem ręki i dalej). **Those** jest formą liczby mnogiej od **that**.

Sytuacja III: wskazujemy kogoś ze stosunkowo dużej odległości

– Is that Jim?	*– Czy to (jest) Jim?*
– No, that's not Jim. I think it's Tom.	*– Nie, to nie (jest) Jim. Myślę, że to jest Tom.*

Zauważmy, że **that** używamy w celu wskazania czegoś lub kogoś, **it** natomiast wprowadza opis (w nawiązaniu do rzeczy lub osoby wskazanej).

Sytuacja IV: wskazujemy dwie osoby ze stosunkowo dużej odległości

– Are those Tom and Mary? – No, I don't think so.	*– Czy to (są) Tom i Mary?* *– Nie, chyba nie (= nie sądzę).*

Sytuacja V: rozmowa telefoniczna

This is Ted. Is that you, Ann?	*Tutaj Ted. Czy to ty, Ann?*

Uwaga

W ostatnim przykładzie użycie **that** podyktowane jest tym, że rozmówczyni jest daleko. W analogicznej sytuacji Amerykanie powiedzieliby jednak **this** (zamiast **that**), wskazując na bliski kontakt psychiczny.

28.1.3 Nawiązywanie do wypowiedzi

Sytuacja VI: kontynuujemy wypowiedź własną

This is my final offer.	*To jest moja ostateczna propozycja* *(= oferta).*
These are my conclusions.	*To są moje wnioski.*
This is a scandal.	*To jest skandal.*

Sytuacja VII: reagujemy na wypowiedź rozmówcy

That's right.	*Tak jest (= Zgadza się).*
That's impossible!	*To (jest) niemożliwe!*
Is that necessary/possible?	*Czy to (jest) konieczne/możliwe?*
Those are ambitious plans.	*To są ambitne plany.*
Are those your final conclusions?	*Czy to są pana ostateczne wnioski?*

28.1.4 Wiadomości

Sytuacja VIII: początek i zakończenie wiadomości w telewizji

This is BBC World. Here is the news.	*Tu* (dosł. *To jest*) *BBC World.* *Oto wiadomości.* • początek – wiadomości „przybliżają się"
That was the news.	*To były wiadomości.* • koniec – wiadomości „oddalają się"

28.2 Wyrazy wskazujące w funkcji określników

Określnik jest wyrazem, który występuje przed rzeczownikiem (do którego się odnosi), modyfikując (uściślając) jego znaczenie. Określnik nie występuje bez rzeczownika.

Natomiast zaimek występuje zamiast rzeczownika. Te same wyrazy (np. **this**, **that**, **these**, **those**) mogą występować w funkcji zaimków i określników:

This is nice. • **this** – zaimek	*To jest ładne.*
This picture is nice. • **this** – określnik	*Ten obraz jest ładny.*
This book is wonderful. • **this** – określnik	*Ta książka jest cudowna.*
That picture is interesting. • **that** – określnik	*Tamten obraz jest interesujący.*
These photos are the best. • **these** – określnik	*Te fotografie są najlepsze.*
Those people are drunk. • **those** – określnik	*Tamci ludzie są pijani.*

Zwróćmy uwagę na określenia czasu: **this morning/afternoon/evening** *dzisiaj ra-no/po południu/wieczorem*; **this week/month/year** *w tym tygodniu/miesiącu/roku*; **that evening** *tamtego wieczoru*; **in those years** *w tamtych latach*.

📖 These tedious old fools. (William Shakespeare)
   Ci *nudni* (= *nużący*) *starzy głupcy.*

WYRAZY DZIERŻAWCZE
THE POSSESSIVES

29.1 Określniki dzierżawcze; określnik no

Następujące wyrazy (określniki) występują zawsze łącznie z rzeczownikami, do których się odnoszą: **my** *mój*, **your** *twój*, *pana/pani*, **his** *jego – mężczyzny*, **her** *jej*, **its** *jego – rzeczy*, **our** *nasz*, **your** *wasz*, *panów/pań/państwa*, **their** *ich*, **no** *żaden* – sygnał braku.

Zaimki osobowe w funkcji podmiotu (kto? co?) i określniki dzierżawcze (czyj?)

Zaimki osobowe (kto? co?)	Określnik dzierżawczy (czyj?)
I	my
you	your
he	his
she	her
it	its
we	our
you	your
they	their

📖 Old and young, we are all on our last cruise. (R.L. Stevenson)
Starzy i młodzi, wszyscy jesteśmy na naszym ostatnim rejsie.

Każdy z określników dzierżawczych może być tłumaczony na polski również przez *swój*. W angielskim nie ma oddzielnego wyrazu, który byłby odpowiednikiem polskiego *swój*.

Porównajmy:

He is unable to solve <u>his</u> problems.	*On nie jest w stanie (= jest niezdolny) rozwiązać <u>swoich</u> problemów.*
She can solve <u>his</u> problems.	*Ona może (= potrafi) rozwiązać <u>jego</u> problemy.*
We are unable to solve <u>our</u> problems.	*Nie jesteśmy w stanie rozwiązać <u>swoich</u> problemów.*
Who can solve <u>our</u> problems?	*Kto potrafi rozwiązać <u>nasze</u> problemy?*
– Whose fault is it? – It's <u>their</u> fault.	*– Czyja to wina? – To <u>ich</u> wina.*

Formą ogólną dla określników dzierżawczych jest wyraz **one's**: **One is unable to solve one's problems**. *Człowiek nie potrafi rozwiązać swoich problemów*. (one, one's ☞ **31.2**).

Oddzielnym zagadnieniem jest określnik **no** *żaden* wykluczający istnienie czegoś: **Money is no problem**. *Pieniądze nie są problemem*.

Określnik **no** może również sygnalizować zakaz: **No smoking** *Zakaz palenia*; **No parking** *Zakaz parkowania*; **No entry** *Wstęp wzbroniony/Zakaz wjazdu* (no ☞ **32.1**).

📖 There is no sin except stupidity. (Oscar Wilde)
Nie ma grzechu z wyjątkiem głupoty.

29.2 Zaimki dzierżawcze; zaimek **none**

Zaimek dzierżawczy (**possessive pronoun**) zastępuje rzeczownik z określnikiem dzierżawczym.

Porównajmy:

This is my money. • **my** – określnik	*To są moje pieniądze.*
The money is mine. • **mine** – zaimek	*Te pieniądze są moje.*

Zaimki osobowe w funkcji podmiotu	Określniki dzierżawcze	Zaimki dzierżawcze
I	my	mine
you	your	yours
he	his	his
she	her	hers
it	its	—
we	our	ours
you	your	yours
they	their	theirs

Zwróćmy uwagę na identyczność form **his** i na brak zaimkowego odpowiednika określnika **its**.

Określnikowi **no** *żaden* odpowiada zaimek **none** *żaden*:

– No problems? – None.	– Nie ma (= żadnych) problemów? – Żadnych.
None of us/them knows anything* about it.	Nikt z nas/nich nic o tym nie wie.

* anything ☞ **32.3**

Porównajmy:

I'm pleased with mine.	Jestem ze swojego zadowolony.
– Are you pleased with yours? – Not quite.	– Czy jesteś ze swojego zadowolony? – Niezupełnie.
– Theirs is much better. – I'm not sure.	– Ich jest dużo lepsze. – Nie jestem pewien.

Porównajmy także:

He's my friend.	*On jest moim przyjacielem.*
He's a friend of mine.	*On jest jednym z moich przyjaciół.*
He's a friend of my brother's.	*On jest jednym z przyjaciół mojego brata.*

Uwaga

    A friend of mine/yours/ours znaczy to samo co **one of my/your/our friends** (☞ **24.4**).

My friends were poor but honest. (William Shakespeare)
Moi przyjaciele byli biedni, ale uczciwi.

All women become like their mothers. That is their tragedy. No man does. That's his. (Oscar Wilde)
Wszystkie kobiety stają się podobne do swoich matek. To jest ich tragedią.
Żaden mężczyzna nie (staje się podobny do swojej matki).
Na tym polega jego (tragedia).

ZAIMKI OSOBOWE, ZWROTNE I EMFATYCZNE
PERSONAL, REFLEXIVE AND EMPHATIC PRONOUNS

30.1 Forma

Zaimki osobowe występują w dwóch przypadkach: podmiotowym (**I/he** etc.) i dopełnieniowym (**me/him** etc.). Zaimki zwrotne i emfatyczne (podkreślające) natomiast nie różnią się formą, ale mają inne zastosowania (i znaczenia).

Zaimki osobowe		Określniki dzierżawcze	Zaimki zwrotne i emfatyczne
podmiot	dopełnienie		
I	me	my	myself
you	you	your	yourself
he	him	his	himself
she	her	her	herself
it	it	its	itself
we	us	our	ourselves
you	you	your	yourselves
they	them	their	themselves

30.2 Zastosowania

30.2.1 Zaimki zwrotne

Porównajmy:

He painted him.	*On go namalował.* • malarz kogoś namalował – w grę wchodzą dwie osoby
He painted himself.	*On namalował siebie.* • namalował autoportret – w grę wchodzi jedna osoba

She promised her to be good.	*Ona obiecała jej, że będzie grzeczna.* • w grę wchodzą dwie osoby
She promised herself to be good.	*Ona obiecała sobie, że będzie grzeczna.* • w grę wchodzi jedna osoba

W pierwszym i trzecim przykładzie (gdy w grę wchodzą dwie osoby) działanie skierowane jest od podmiotu (malarza, dziewczynki) do dopełnienia (osoby pozującej, kobiety).

W drugim i czwartym przykładzie (w grę wchodzi jedna osoba) podmiot i dopełnienie to jedna i ta sama osoba (ktoś maluje samego siebie, ktoś obiecuje coś sobie). Można powiedzieć, że działanie podmiotu zwraca się ku niemu samemu – stąd określenie **zaimki zwrotne**.

Dalsze przykłady:

I don't know myself.	*Nie znam siebie.*
Make yourself at home.	*Rozgość się.*
We enjoyed ourselves.	*Bawiliśmy się dobrze.*
It manifests itself in ...	*To przejawią się w ...*
– You were extremely pleased with yourselves. – That's not true.	*– Byliście z siebie ogromnie zadowoleni.* *– To nieprawda.*

📖 Only the shallow know themselves. (Oscar Wilde)
Tylko (ludzie) płytcy znają (samych) siebie.

Formą ogólną zaimków zwrotnych jest **oneself**:

One* sometimes admires oneself.	*Człowiek czasami podziwia samego siebie.*

* one ☞ **31.2**

Po przyimku sygnalizującym miejsce występuje zaimek osobowy w przypadku dopełnieniowym (nie zaimek zwrotny):

Did you take the money with you?	*Czy zabrałeś (te) pieniądze ze sobą?*
Do you have any money on you?	*Czy masz przy sobie jakieś pieniądze?*
They put the bag between them.	*Postawili torbę między siebie.*

Po **as for** co do, **but for** gdyby nie, **except for** z wyjątkiem, **for** dla, **like** jak zamiast zaimka osobowego możemy użyć zaimka zwrotnego (z nieco silniejszym akcentem).

Porównajmy:

As for me/myself, I don't mind sleeping on a bench.	*Jeżeli o mnie chodzi, to nie mam nic przeciwko spaniu na ławce.*
For someone like you/yourself, having a car is necessary.	*Dla kogoś takiego jak ty posiadanie samochodu jest konieczne.*

📖 Man's main task in life is to give birth to himself. (Erich Fromm)
Głównym zadaniem człowieka w życiu jest urodzić samego siebie.

📖 Art never expresses anything but itself. (Oscar Wilde)
Sztuka nigdy niczego nie wyraża poza sobą (= z wyjątkiem samej siebie).

📖 Mediocrity knows nothing higher than itself, but talent instantly recognizes genius. (A. Conan Doyle)
Miernota nie zna nic wyższego niż ona sama, ale talent natychmiast rozpoznaje geniusza.

30.2.2 Zaimki emfatyczne

Porównajmy:

He told me about himself.	*Opowiedział mi o sobie.*
• **himself** – zaimek zwrotny	

| He himself told me about it.
• himself – zaimek emfatyczny | *On sam mi o tym opowiedział.* |

Funkcją zaimka emfatycznego jest podkreślenie niektórych aspektów sytuacji. Zaimek emfatyczny pełni w zdaniu jedynie funkcję intensyfikującą znaczenie jednego z elementów tego zdania, dlatego możemy go opuścić – zdanie nie straci sensu.

Nie możemy natomiast opuścić zaimka zwrotnego, gdyż wtedy zdanie całkowicie straci sens.

Porównajmy dalej:

Alice opened the door.	*Alice otworzyła drzwi.*
Alice herself opened the door.	*Alice sama otworzyła drzwi.*
I spoke to the Prime Minister himself.	*Rozmawiałem z samym premierem.*
I did it myself.	*Zrobiłem to sam.* • ja, nikt inny
I did it by myself.	*Zrobiłem to sam.* • bez niczyjej pomocy

The most comfortable chair is the one I use myself when I have visitors. (Oscar Wilde)
Najwygodniejszym krzesłem jest to, z którego (sam) korzystam, kiedy mam gości.

30.3 Forma me/you/him etc. zamiast I/you/he etc.

W języku mówionym (styl potoczny) po formach czasownika be *być* często zamiast I/he/she/we/they występuje me/him/her/us/them.

Porównajmy:

– Who's there? – It's me.	*– Kto tam? – To ja.*
– Is that Tom? – Yes, that's him.	*– Czy to Tom (tam daleko)? – Tak, to on.*

| She isn't as intelligent as me. | Ona nie jest tak inteligentna jak ja. |
| She's older than me. | Ona jest starsza ode mnie (dosł. niż ja). |

W ostatnich dwóch zdaniach, które zawierają porównania, zamiast **as me** możemy użyć **as I am**, a zamiast **than me** – **than I am**.

| Tom and me are good friends. | Tom i ja jesteśmy dobrymi przyjaciółmi. |

Mówiąc **you and I** ty i ja, delikatnie zaznaczamy odrębność tych dwóch osób.

Mówiąc **you and me** ty i ja, wskazujemy na mniejszą odrębność, traktując te dwa elementy łącznie.

Warto zwrócić uwagę na dwa popularne wykrzyknienia:

| Poor him! | Biedaczek! |
| Lucky her! | Ta to ma szczęście! |

WYRAZ it JAKO DOPEŁNIENIE PUSTE

ZAIMKI one, you, they, we W ZNACZENIU OGÓLNYM

INNE ZASTOSOWANIA ZAIMKA **one**

31.1 **It** jako dopełnienie puste

Porównajmy:

It is difficult to concentrate. • it – podmiot pusty	*Trudno jest się skoncentrować.*
I find it difficult to concentrate. • it – dopełnienie puste	*Trudno mi jest* (dosł. *Znajduję trudnym*) *się skoncentrować.*

W pierwszym przykładzie **it** występuje jako podmiot pusty (☞ **5.1**), który „przygotowuje" pojawienie się podmiotu rzeczywistego (**to concentrate**).

W drugim przykładzie **it** występuje jako dopełnienie puste, które „przygotowuje" pojawienie się dopełnienia rzeczywistego (**to concentrate**). Podmiotem zdania jest oczywiście **I**.

Analogicznie w poniższym przykładzie dopełnieniem rzeczywistym jest **that she didn't want to come**. It pełni tu również funkcję dopełnienia pustego (**preparatory object**), które przygotowuje na odbiór zasadniczej informacji.

She made it clear that she didn't want to come. • it – dopełnienie puste	*Dała jasno do zrozumienia, że nie chce* *przyjść.*

31.2 Zaimki **one, you, oneself** i określnik **one's**

Porównajmy:

It is necessary to be careful.	*Trzeba być ostrożnym.* • styl neutralny
One has to be careful.	*Człowiek* (= *Każdy*) *musi być ostrożny.* • styl mniej potoczny

| You have to be careful. | Człowiek (= Każdy) musi być ostrożny. |
| | • styl bardziej potoczny |

Zaimek **one** w drugim przykładzie nie odnosi się do żadnej konkretnej osoby. Spełnia funkcję podmiotu w zdaniu będącym ogólnym stwierdzeniem.

Zamiast **one**, w stylu mniej oficjalnym, możemy użyć zaimka **you**.

Używając wyrazów **one** lub **you** w tym znaczeniu, wyrażamy swój punkt widzenia, formułujemy uogólnienie, które obejmuje również nas samych.

 In a dream you are never eighty. (Ann Sexton)
W marzeniu sennym nigdy nie ma się osiemdziesięciu lat.

Zaimek **one** może również funkcjonować jako dopełnienie: **He treats one as a child.** *On traktuje człowieka jak dziecko.* Także tutaj **one** możemy (zwłaszcza w języku mówionym) zastąpić zaimkiem **you**.

Porównajmy dalej:

| It is easy to lose one's way. | Łatwo zbłądzić (dosł. zgubić drogę). |
| It is easy to lose your way. | |

Forma **one's** (np. w **one's way**) jest ogólnym określnikiem dzierżawczym (☞ **29.1**), który zastępuje **my**, **your**, **his** etc. *mój, twój, jego* etc.

Forma **your** (np. w **your way**) jest odpowiednikiem (w języku mówionym) formy **one's**.

| One has to look after oneself. | Trzeba o siebie dbać. |
| You have to look after yourself. | |

Oneself jest formą ogólną zaimków zwrotnych (☞ **30.2.1**); **yourself** jest odpowiednikiem **oneself** w języku mówionym, potocznym.

31.3 Zaimki **they** i **we**

Porównajmy:

They say it's going to be a hard winter.	*Mówią, że będzie ciężka (= mroźna) zima.* • przytaczamy zdanie innych ludzi; **they** nie zastępuje żadnych konkretnych osób
We have to respect other people.	*Musimy szanować innych ludzi.* • „my" jako ludzie – stwierdzenie bardzo ogólne

31.4 Inne zastosowania zaimka **one**

Porównajmy:

This concerns every one of us.	*To dotyczy każdego z nas (= wszystkich).*
I need a computer, but a really good one.	*Potrzebuję komputera, ale naprawdę dobrego (komputera).*

W drugim zdaniu użycie zaimka **one** umożliwiło uniknięcie niezręcznego powtórzenia wyrazu **computer** (**one** wystąpiło zamiast rzeczownika **computer**).

Zwróćmy uwagę, że **one** zastępuje rzeczownik policzalny w liczbie pojedynczej poprzedzony przedimkiem **a(n)**, np. **a computer**.

These computers are too old. We need new ones.	*Te komputery są za stare. Potrzebujemy nowych (komputerów).*

Ones jest formą liczby mnogiej od **one** i zastępuje rzeczownik w liczbie mnogiej.

📖 Crying is the refuge of plain women but the ruin of pretty ones.
(Oscar Wilde)
Płacz jest schronieniem nieładnych kobiet, ale ruiną ładnych.

Zaimki **one** i **ones** zastępują rzeczowniki policzalne, odpowiednio w liczbie pojedynczej i mnogiej. Natomiast rzeczowniki niepoliczalne zastępowane są zaimkiem **some** *trochę*:

I need money. I'd like to borrow some.	*Potrzebuję pieniędzy. Chciałbym trochę pożyczyć.*

Porównajmy dalej:

I'd like to see your new computer. I'd very much like to see it.	*Chciałbym zobaczyć twój nowy komputer. Bardzo bym chciał go zobaczyć.*

W ostatnim przykładzie chodzi o konkretną rzecz: **your new computer (the computer)**, dlatego nie zastępuje jej **one**, lecz **it**.

32.1 Wyrazy **some, any, no** jako określniki; zasada pojedynczego przeczenia

Określnik **some** występuje przed rzeczownikami niepoliczalnymi i wtedy znaczy *trochę, niewielka ilość* oraz przed rzeczownikami policzalnymi w liczbie mnogiej i wtedy znaczy *kilka, niewielka liczba, niektórzy/niektóre*. Określnik ten może również wystąpić przed rzeczownikami policzalnymi w liczbie pojedynczej i znaczy wtedy *jakiś, pewien*. Są to podstawowe znaczenia tego wyrazu. Porównajmy: **some tea** *trochę herbaty*, **some stamps** *kilka znaczków pocztowych*, **some idiot** *jakiś idiota*.

Określnik **any** przed rzeczownikami niepoliczalnymi znaczy *jakakolwiek/dowolna/dowolnie mała ilość*, a przed rzeczownikami policzalnymi w liczbie mnogiej – *jakakolwiek/dowolna/dowolnie mała liczba*. Określnik ten może również wystąpić przed rzeczownikami policzalnymi w liczbie pojedynczej i znaczy wtedy *jakikolwiek, dowolny*. Są to podstawowe znaczenia tego wyrazu w zdaniach twierdzących.

Porównajmy:

Any help is better than no help.	*Jakakolwiek pomoc jest lepsza niż brak pomocy.*
Any questions are welcome.	*Wszystkie* (dosł. *Jakiekolwiek*) *pytania są mile widziane.*
Ask any girl.	*Zapytaj jakąkolwiek dziewczynę.*

Określnik **no** sygnalizuje brak i można go czasami przetłumaczyć jako *żaden*. Występuje on przed rzeczownikami niepoliczalnymi i przed policzalnymi w liczbie pojedynczej i mnogiej.

Porównajmy:

There's no doubt about it.	*Nie ma co do tego wątpliwości.*

We have no problems with that.	*Nie mamy z tym problemów.*
I've no idea.	*Nie mam pojęcia.*

Określnik **some** ma znaczenie pozytywne, **any** – neutralne, **no** – negatywne. Wynika z tego w sposób naturalny, że **some** występuje najczęściej w zdaniach twierdzących, **any** – w pytających i przeczących (z **not**), **no** – w przeczących.

Porównajmy:

I've read some books on the subject.	*Przeczytałem kilka książek na ten temat.*
Would you like some coffee?	*Czy chciałby pan trochę kawy?* • oczekiwana odpowiedź twierdząca
Have you read any books on the subject?	*Czy czytałeś jakieś książki na ten temat?* • pytanie neutralne
Does he have any money?	*Czy on ma jakieś (dosł. jakiekolwiek) pieniądze?* • pytanie neutralne
I haven't read any books on the subject.	*Nie przeczytałem żadnych (dosł. jakichkolwiek) książek na ten temat.*

Zaprzeczone **any** *jakiekolwiek* znaczy **no** *żadne*. Zwróćmy uwagę, że zaprzeczony jest czasownik (forma osobowa **have**). Element przed rzeczownikiem (tj. **any**) jest neutralny.

I've read no books on the subject.	*Nie przeczytałem żadnych książek na ten temat.*

Zauważmy, że czasownik nie jest zaprzeczony (**I've read** dosł. *przeczytałem*), dlatego można powiedzieć, że **not any** (**I have not read any books on the subject**) znaczy mniej więcej tyle co **no** (**I have read no books on the subject**).

– Is there* any tea left? – No, there isn't.	– Czy została jakaś herbata? – Nie, nie została.
– Were there* any questions? – There were no questions.	– Czy były jakieś pytania? – Nie było (żadnych) pytań.
I don't have any money. I have no money.	Nie mam pieniędzy.

* ☞ **5.2**

📖 No hero is mortal till he dies. (W.H. Auden)
Żaden bohater nie jest śmiertelny, dopóki nie umrze (dosł. *aż umrze*).

There was no discussion.	*Nie było dyskusji.*
There wasn't any discussion.	*Nie było dyskusji.*
Was there any discussion?	*Czy była jakaś dyskusja?*
Wasn't there any discussion?	*Czy nie było (żadnej/jakiejkolwiek) dyskusji?*

Element negatywny występuje w zdaniu tylko raz: albo **not** (z formą osobową czasownika), albo **no** (przed rzeczownikiem). Powyższe przykłady ilustrują **zasadę pojedynczego przeczenia**.

Dalsze przykłady zdań z pojedynczym przeczeniem:

He never comes here.	*On nigdy tu nie przychodzi.*
She has nothing.	*Ona nic nie ma.*
No one knows him.	*Nikt go nie zna.*

Elementy negatywne **never** *nigdy*, **nothing** *nic*, **no one** *nikt* nie występują z **not** w tej samej grupie wyrazów, ponieważ negację w języku angielskim wyraża się tylko raz.

📖 Questions are never indiscreet. Answers sometimes are. (Oscar Wilde)
Pytania nigdy nie są niedyskretne. Odpowiedzi czasami są.

32.2 Zaimki **some, any, none; too/either**

Porównajmy:

– I'd like to buy some books. – I'd like to buy some too.	*– Chciałbym kupić kilka książek.* *– Ja również chciałabym kupić kilka.*

- pierwsze **some** – określnik
- drugie **some** – zaimek

– I don't need any books. – I don't need any either.	*– Nie potrzebuję żadnych książek.* *– Ja również nie potrzebuję żadnych.*

- pierwsze **any** – określnik
- drugie **any** – zaimek

Uwaga

Określnik występuje przed rzeczownikiem, do którego się odnosi. Natomiast zaimek zastępuje rzeczownik.

Zwróćmy uwagę na użycie **too/either** *również, także*: **either** występuje w zdaniach przeczących, natomiast **too** – w zdaniach bez przeczenia.

– I have no illusions. – I have none either.	*– Nie mam żadnych złudzeń.* *– Ja także nie mam żadnych.*

Wyraz **no** jest określnikiem, a wyraz **none** zaimkiem.

Wyrazy **no, none** wyrażają negację i dlatego nie występują z **not** (zasada pojedynczego przeczenia ☞ **32.1**).

📖 We are all in the gutter, but some of us are looking at the stars.
(Oscar Wilde)
Wszyscy jesteśmy w rynsztoku, ale niektórzy z nas patrzą na gwiazdy.

32.3 Złożenia z **some-, any-, no-**

Przypomnijmy: **some** jest elementem pozytywnym, **any** – neutralnym, **no** – negatywnym. To samo dotyczy złożeń z tymi elementami.

Porównajmy:

something *coś*
someone *ktoś*
somebody *ktoś*
somewhere *gdzieś*
sometime *kiedyś*
somehow *jakoś*

Someone jest stylistycznie „lżejsze" (dwie sylaby) i częściej używane w języku mówionym niż **somebody** (trzy sylaby).

anything *cokolwiek*
anyone *ktokolwiek*
anybody *ktokolwiek*
anywhere *gdziekolwiek*
any time (= **anytime**) *kiedykolwiek*
anyhow *tak czy inaczej*

Anyone jest stylistycznie „lżejsze" i częściej używane w języku mówionym niż **anybody**.

nothing *nic*
no one (= **no-one**) *nikt*
nobody *nikt*
nowhere *nigdzie*

No one jest stylistycznie „lżejsze" i częściej używane w języku mówionym niż **nobody**.

Przykłady zastosowań:

I don't have anything to add.	*Nie mam nic do dodania.*
No one knows the answer.	*Nikt nie zna odpowiedzi.*
Nobody wants to help us.	*Nikt nie chce nam pomóc.*
We don't know anybody here.	*Nikogo tutaj nie znamy.*
I'm prepared to live anywhere.	*Jestem gotów mieszkać gdziekolwiek.*
We have nowhere to go.	*Nie mamy dokąd pójść.*

It's somewhere here.	*To jest gdzieś tutaj.*
I have nothing to declare.	*Nie mam nic do zgłoszenia.* • na cle

📖 I have nothing to declare except my genius. (Oscar Wilde)
Nie mam nic do zgłoszenia z wyjątkiem mojego geniuszu.

📖 "Is there anybody there?" said the Traveller,
Knocking on the moonlit door. (Walter de la Mare)
„Czy jest tam ktoś?" – powiedział Podróżny,
Stukając do drzwi oświetlonych księżycem.

📖 God made everything out of nothing. But the nothingness shows through.
(Paul Valéry)
Bóg uczynił wszystko z niczego. Ale nicość prześwieca.

WYRAZY I WYRAŻENIA **much, many, (a) little, (a) few, a lot of, lots of, plenty of, a great/good deal of, a large number of**

33.1 Wyrazy **much** i **many** jako określniki i zaimki

Porównajmy:

I don't have much time. • time *czas* – rzeczownik niepoliczalny	*Nie mam dużo czasu.*
I don't have many friends. • friends *przyjaciele* – rzeczownik policzalny w liczbie mnogiej	*Nie mam wielu przyjaciół.*

Określnik **much** *wiele, dużo* występuje przed rzeczownikami niepoliczalnymi, podczas gdy określnik **many** *wiele, wielu* występuje przed rzeczownikami policzalnymi w liczbie mnogiej.

Dalsze przykłady:

– Does he have many books at home? – No, he doesn't.	*– Czy on ma w domu dużo książek?* *– Nie, nie ma.*
– Do they have much money? – I don't know.	*– Czy oni mają dużo pieniędzy?* *– Nie wiem.*
– I don't need much. A thousand pounds will do. – You're very modest.	*– Nie potrzebuję dużo. Tysiąc funtów* *wystarczy. – Jesteś bardzo skromny.*
– I don't need many. Five will do. – No problem.	*– Nie potrzebuję wielu. Pięć wystarczy.* *– Żaden problem.*

W dwóch ostatnich przykładach **much** i **many** występują w funkcji zaimków (zamiast rzeczowników).

📖 For many are called, but few are chosen. (The Bible)
Albowiem wielu jest powołanych, ale niewielu wybranych.

33.2 Little, a little, few, a few

Wyraz **little** *mało* jest przeciwieństwem **much** *dużo*. Zarówno **little**, jak i **much** występują przed rzeczownikami niepoliczalnymi; podobnie **a little** *trochę*.

Wyraz **few** *niewiele/niewielu* jest przeciwieństwem **many** *wiele/wielu*. Zarówno **many**, jak i **few** występują przed rzeczownikami policzalnymi (w liczbie mnogiej); podobnie **a few** *kilka*.

Porównajmy:

| We have very little time. | *Mamy bardzo mało czasu.* |

• **time** – rzeczownik niepoliczalny

| We have too much work. | *Mamy zbyt dużo pracy.* |

• **work** – rzeczownik niepoliczalny

| We have a little money. | *Mamy trochę pieniędzy.* |

• **money** – rzeczownik niepoliczalny

| Tom has very few friends in London. | *Tom ma bardzo niewielu przyjaciół w Londynie.* |

• **friends** – rzeczownik policzalny w liczbie mnogiej

| Ann doesn't have many exams this year. | *Ann nie ma wielu egzaminów w tym roku.* |

• **exams** – rzeczownik policzalny w liczbie mnogiej

| There are a few things to discuss. | *Jest kilka rzeczy do przedyskutowania.* |

• **things** – rzeczownik policzalny w liczbie mnogiej

| I have a few books and a little time. | *Mam kilka książek i trochę czasu.* |

• **books** – rzeczownik policzalny w liczbie mnogiej
   time – rzeczownik niepoliczalny

A little learning is a dangerous thing. (Alexander Pope)
Trochę uczoności jest niebezpieczną rzeczą.

33.3 Wyrażenia a lot of, lots of, plenty of, a great/good deal of, a large number of

A lot of *dużo, wiele* występuje zarówno przed rzeczownikami niepoliczalnymi, jak i policzalnymi w liczbie mnogiej. Jest to wyrażenie typowe dla języka mówionego, w którym istnieje tendencja do używania **a lot of** w zdaniach twierdzących, a **much** i **many** w pytających i przeczących (**a lot of** jest mocniejsze od **much/many**).

Porównajmy:

He has a lot of money.	*On ma dużo pieniędzy.*
He doesn't have much time.	*On nie ma dużo czasu.*
– Does he have much money?	*– Czy on ma dużo pieniędzy?*
– Yes, he does. He has a lot of money.	*– Tak. Ma dużo pieniędzy.*

Użycie zaimkowe:

Few of us understand mathematics.	*Niewielu z nas rozumie matematykę.*
We don't need much. We need very little in fact.	*Nie potrzebujemy dużo. Potrzebujemy bardzo mało właściwie.*
How much? How many?	*Ile?*
I don't have many CDs at home, but I have a few.	*Nie mam w domu wielu płyt kompaktowych, ale mam kilka.*
– Does she have many art books at home?	*– Czy ona ma w domu dużo albumów sztuki?*
– Yes, she has a lot.	*– Tak. Ma dużo.*
We haven't got a lot, but we are happy.	*Nie mamy (specjalnie) dużo, ale jesteśmy szczęśliwi.*

Much, many, few i **little** występują dość często również w zdaniach twierdzących z przysłówkiem **very** *bardzo*. We współczesnej angielszczyźnie zaznacza się wyraźna tendencja do używania **not much** zamiast **little** i **not many** zamiast **few**.

W stylu bardziej oficjalnym **a lot of** bywa zastępowane przez **a great/good deal of** (przed rzeczownikami niepoliczalnymi) i przez **a large number of** (przed rzeczownikami policzalnymi w liczbie mnogiej).

W języku mówionym (styl potoczny) zamiast **a lot of** może również wystąpić **lots of** *mnóstwo* lub **plenty of** *dużo, więcej niż dosyć.*

Porównajmy:

a great/good deal of work *dużo pracy*
a large number of different problems *dużo różnych problemów*
lots of money *mnóstwo pieniędzy*
lots of people *mnóstwo ludzi*
plenty of food *dużo jedzenia*

Ninety-nine per cent of the people in the world are fools and the rest of us are in great danger of contagion. (Thornton Wilder)
Dziewięćdziesiąt dziewięć procent ludzi na świecie to głupcy, a reszta z nas jest w wielkim niebezpieczeństwie zarażenia się.

WYRAZY **another, (the) other(s); all, whole; every, each; each other, one another; both, either, neither, nor; either/too, so/neither/nor ...; else, such, so, (the) same**

34.1 Another, (the) other(s)

Wyrazy **another** *jeszcze jeden, (jakiś) inny* i **the other** *ten drugi* mogą funkcjonować jako określniki lub jako zaimki.

Porównajmy:

– Another cup of tea? – Yes, please.‖ No, thank you.	– *Jeszcze jedną filiżankę herbaty?* – *Tak, proszę.‖ Nie, dziękuję.*

• **another** – określnik

Another time perhaps.	*Może innym razem.*

• **another** – określnik

Give me another.	*Daj mi jeszcze jeden (= jakiś inny).*

• **another** – zaimek

Wyraz **another** odnosi się do jednej z wielu podobnych rzeczy – tak samo jak przedimek nieokreślony **a(n)**. Można zresztą spojrzeć na **another** jako na **an-other**.

Porównajmy dalej:

I'd like to explore other possibilities.	*Chciałbym zbadać inne możliwości.*

• **other** – określnik; forma liczby mnogiej od określnika **another**

Show me some others.	*Pokaż mi jakieś inne.*

• **others** – zaimek; forma liczby mnogiej od zaimka **another**

Określnik **other** lub zaimek **others** odnoszą się do nieograniczonej liczby podobnych rzeczy (analogicznie do **another**).

Porównajmy także:

| The other computer is more modern. | *Ten drugi komputer jest bardziej nowoczesny.* |

• **other** – określnik

| One is here, the other is there. | *Jeden jest tutaj, drugi jest tam.* |

• **the other** – zaimek

Half the pretty women in London smoke cigarettes. Personally I prefer the other half. (Oscar Wilde)
Połowa ładnych kobiet w Londynie pali papierosy. Osobiście wolę tę drugą połowę.

Zwróćmy uwagę, że **the other** znaczy *ten drugi* i że występują tu tylko dwa elementy (jeden i drugi – obojętne w jakiej kolejności). Kiedy jednak ważna jest kolejność, to mówimy: **the first and the second** *ten pierwszy i ten drugi*.

Porównajmy dalej:

| – Where are the other guests?
– They're in the garden. | *– Gdzie są pozostali goście?*
– Są w ogrodzie. |

• **other** – określnik

| – Where are the others?
– They're in the garden. | *– Gdzie są pozostali?*
– Są w ogrodzie. |

• **the others** – zaimek

Zauważmy, że również tutaj występuje podział na dwie grupy: goście, o których wiemy, gdzie są, i pozostali goście.

34.2   All, whole; every, each; each other, one another

Wyraz **all** *wszystko, wszyscy, wszystkie* funkcjonuje jako określnik i jako zaimek (w liczbie pojedynczej i mnogiej):

All people are equal.	*Wszyscy ludzie są równi.*

• **all** – określnik

Tell me all about it.	*Opowiedz mi wszystko o tym.*

• **all** – zaimek

   All for one and one for all. (A. Dumas)
   Wszyscy za jednego i jeden za wszystkich.

Wyraz **whole** *cały, całość* funkcjonuje jako przymiotnik i jako rzeczownik:

Tell me the whole truth.	*Powiedz mi całą prawdę.*

• **whole** – przymiotnik

The whole world will admire you.	*Cały świat będzie cię podziwiał.*

• **whole** – przymiotnik

Two halves make a whole.	*Dwie połowy tworzą całość.*

• **whole** – rzeczownik

We'll be on holiday the whole of next week.	*Będziemy na urlopie przez cały następny tydzień* (dosł. *całość następnego tygodnia*).

• **whole** – rzeczownik

Zamiast **the whole of next week** możemy powiedzieć **all of next week**.

Porównajmy:

I walked all the way.	*Całą drogę przeszedłem piechotą.*
I slept the whole way.	*Przespałem całą drogę.*
We danced all night. We danced the whole night.	*Tańczyliśmy całą noc.*

All animals are equal but some are more equal than others.
(George Orwell)
Wszystkie zwierzęta są równe, ale niektóre są bardziej równe niż inne.

Wyraz **every** *każdy, każdy i wszyscy zarazem* jest określnikiem. Występuje tylko w liczbie pojedynczej.

Porównajmy:

Every student has to take exams.	*Każdy student musi zdawać egzaminy.*
All students have to take exams.	*Wszyscy studenci muszą zdawać egzaminy.*
I study English every day.	*Uczę się angielskiego codziennie.*
I come here every other day.	*Przychodzę tutaj co drugi dzień.*

Określnik **every** występuje w złożeniach: **everything** *wszystko*, **everyone/everybody** *każdy, każdy człowiek*, **everywhere** *wszędzie*.

Everything depends on you.	*Wszystko zależy od ciebie.*

• wszystko bez wyjątku, każda rzecz i wszystkie rzeczy jednocześnie

ale:

Anything is possible.	*Wszystko jest możliwe.*

• dowolny element ze zbioru możliwości – ale tylko jeden, nie wszystkie jednocześnie

We find that everywhere.	*Spotykamy się z tym (dosł. Znajdujemy to) wszędzie.*

Everyone jest stylistycznie „lżejsze" i częstsze w języku mówionym:

Everyone/Everybody admires her.	*Każdy ją podziwia.*

   Everybody is ignorant, only on different subjects. (Will Rogers)
Każdy grzeszy niewiedzą, tyle tylko, że w różnych dziedzinach.

Odnosząc się do **everyone/everybody** *każdy* w języku tradycyjnym (i oficjalnym) używamy zaimka **he**. Obecnie wiele osób uważa to za przejaw dominacji mężczyzn. Nie chcąc nikogo urazić, możemy zamiast **he** użyć **they** (unikając niezgrabnego **he/she**). To samo dotyczy określników i zaimków dzierżawczych: **their(s)** zamiast **his/her(s)**:

Everyone thinks they know how to live. • **they know** zamiast **he knows**	*Każdy uważa, że wie, jak żyć.*
Everybody believes their point of view is correct. • **their** zamiast **his**	*Każdy wierzy, że jego punkt widzenia jest słuszny.*

   Everybody hates me because I'm so universally liked. (Peter de Vries)
Każdy mnie nienawidzi, ponieważ jestem tak powszechnie lubiany.

Wyraz **each** *każdy, każdy z osobna, każdy oddzielnie* jest określnikiem i zaimkiem:

Each person is different.	*Każda osoba jest inna.*

• **each** – określnik

Each (of them) has his own room.	*Każdy (z nich) ma swój własny pokój.*

• **each** – zaimek

Porównajmy:

They saw each other every day.	*Widywali się* (= *jedno drugie*) *codziennie.*
They held each other's hands.	*Trzymali się za ręce.* • chodzi o dwie osoby
They helped one another.	*Pomagali sobie wzajemnie.* • jeden pomagał drugiemu/innemu

They often stay at one another's flats.	*Oni często mieszkają jeden u drugiego (w mieszkaniu).*
	• chodzi o dwie lub więcej niż dwie osoby

Różnica między **each other** i **one another** jest nieostra. Możliwe jest ich zamienne stosowanie, choć **each other** odnosi się w zasadzie do dwóch osób.

📖 The proper basis for marriage is mutual misunderstanding. (Oscar Wilde)
Właściwą podstawą małżeństwa jest obustronne (= wzajemne) nieporozumienie.

📖 All happy families resemble one another, each unhappy family is unhappy in its own way. (Leo Tolstoy)
Wszystkie szczęśliwe rodziny są do siebie podobne, każda nieszczęśliwa rodzina jest nieszczęśliwa na swój własny sposób.

34.3 Both, either, neither, nor; either/too, so/neither/nor ...

Każdy z następujących wyrazów może funkcjonować jako określnik i jako zaimek:
both *obydwa*, **either** *dowolny, którykolwiek z dwóch*, **neither** *żaden z dwóch*.
Porównajmy:

Both methods are good.	*Obydwie metody są dobre.*

• **both** – określnik

Both of you are right.	*Oboje macie rację.*

• **both** – zaimek

📖 The doors of heaven and hell are adjacent and identical: both green, both beautiful. (Nikos Kazantzakis)
Drzwi do nieba i drzwi do piekła znajdują się obok siebie i niczym się nie różnią: jedne i drugie zielone, jedne i drugie piękne.

| Take either book. | *Weź którąkolwiek z tych (dwóch) książek.* |

• **either** – określnik

| Take either of the cassettes. | *Weź którąkolwiek z tych (dwóch) kaset.* |

• **either** – zaimek

| Neither solution is good. | *Żadne z tych dwóch rozwiązań nie jest dobre.* |

• **neither** – określnik

| I like neither. | *Nie podoba mi się ani jedno, ani drugie.* |

• **neither** – zaimek

Wyraz **neither** zawiera w swojej treści element przeczenia, dlatego nie występuje z **not** (zasada pojedynczego przeczenia ☞ **32.1**). Możemy pomyśleć o **neither** jako o **n(ot)either**.

Przysłówek **either** *również, także* występuje w zdaniach przeczących. W zdaniach bez przeczenia występuje **too** *również, także*:

– I like modern music.	*– Lubię muzykę nowoczesną.*
– I like it too.	*– Ja także ją lubię.*
– I don't like modern painting.	*– Nie lubię malarstwa nowoczesnego.*
– I don't like it either.	*– Ja również go nie lubię.*

W konstrukcjach z **so/neither/nor** w czasie PRESENT SIMPLE przed podmiotem występuje forma osobowa czasownika posiłkowego (☞ **3.3**, **8.3.3**), która służy również do tworzenia pytań i zdań przeczących.

– I like modern music.	*– Lubię nowoczesną muzykę.*
– So do I.	*– Ja też (ją lubię).*
– I don't like modern painting.	*– Nie lubię malarstwa nowoczesnego.*
– Neither/Nor do I.	*– Ja też nie.*

Porównajmy także:

– I'm going to Oxford on Monday. – So am I.	– *W poniedziałek jadę do Oksfordu.* – *Ja też.*
– I'm not going to London on Friday. – Neither/Nor am I.	– *Nie jadę w piątek do Londynu.* – *Ja też nie.*

Wyrazy **both, either, neither** stanowią elementy dwuwyrazowych spójników: **both** ... **and** ... *zarówno* ... *jak i* ...; **either** ... **or** ... *albo* ... *albo* ...; **neither** ... **nor** ... *ani* ... *ani* ... (spójniki ☞ **50.1**).

Porównajmy:

She's both pretty and intelligent.	*Ona jest zarówno ładna, jak i inteligentna.*
They are either naive or stupid.	*Oni są albo naiwni, albo głupi.*
It's neither here nor there.	*Tego nie ma ani tutaj, ani tam.*

34.4 Else, such, so, (the) same

Znaczenie przysłówka **else** najłatwiej zrozumieć na przykładach:

Who else?	*Kto jeszcze?*
What else?	*Co jeszcze?*
Where else?	*Gdzie jeszcze?*
Elsewhere.	*Gdzie indziej.*
Or else ...	*Albo .../Bo w przeciwnym razie ...*
Let's go or else we'll be late for dinner.	*Chodźmy, bo w przeciwnym razie spóźnimy się na obiad.*

34

Określnik **such** występuje przed rzeczownikami policzalnymi (w liczbie pojedynczej i mnogiej) i przed niepoliczalnymi.

| Such a nice day. | *Taki ładny dzień.* |

• **day** – rzeczownik policzalny w liczbie pojedynczej, stąd przedimek **a**

| Such nice weather. | *Taka ładna pogoda.* |

• **weather** – rzeczownik niepoliczalny, stąd przedimek zerowy

| They are such idiots. | *Oni są takimi idiotami.* |

• **idiots** – rzeczownik policzalny w liczbie mnogiej, stąd przedimek zerowy

Przysłówek **so** *tak/taki* występuje przed przymiotnikami.

| It was so nice. | *To było takie miłe.* |
| He was so brave. | *On był taki dzielny.* |

Wyraz **(the) same** *ten/taki sam* może funkcjonować jako przymiotnik lub jako zaimek.

| The same face, the same smile, the same words ... Nothing has changed. | *Ta sama twarz, ten sam uśmiech, te same słowa ... Nic się nie zmieniło.* |

• **same** – przymiotnik

| It's all the same to me. | *Dla mnie to bez różnicy (dosł. wszystko to samo).* |

• **same** – zaimek

A good book is the best of friends, the same today and for ever.
(Martin Tupper)
Dobra książka jest najlepszym z przyjaciół, tym samym dzisiaj i na zawsze.

PRZYMIOTNIKI
ADJECTIVES

35.1 Przymiotnik w funkcji orzecznika

Porównajmy:

a nice girl • nice – przydawka	*miła dziewczyna*
the girl is nice • nice – orzecznik	*ta dziewczyna jest miła*

Orzecznik (tutaj: **nice**) opisuje podmiot i razem z wyrazem łączącym (tutaj: **is**) tworzy orzeczenie złożone (tutaj: **is nice**). Wyraz łączący wiąże podmiot z orzecznikiem.

Dalsze przykłady:

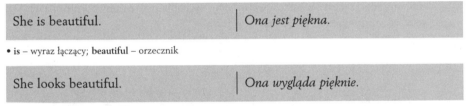

She is beautiful. | *Ona jest piękna.*

• **is** – wyraz łączący; **beautiful** – orzecznik

She looks beautiful. | *Ona wygląda pięknie.*

• **looks** – wyraz łączący; **beautiful** – orzecznik

Przymiotnik **beautiful** opisuje podmiot **she**. Forma **looks** jest takim samym wyrazem łączącym jak forma **is** i łączy **she** z **beautiful**.

ale:

She sings beautifully. | *Ona pięknie śpiewa.*

• **sings** – orzeczenie; **beautifully** – przysłówek sposobu

Tutaj orzeczenie nie składa się z orzecznika i wyrazu łączącego. **Beautifully** nie odnosi się do podmiotu **she**, ale do orzeczenia **sings** – *śpiewa* – jak? – *pięknie*.

W języku angielskim nie tylko formy czasownika **be** *być* mogą być wyrazami łączącymi podmiot z orzecznikiem. Wyrazami łączącymi są także np. **look** *wyglądać,*

seem/appear *wydawać się,* **sound** *brzmieć,* **taste** *smakować,* **die** *umrzeć.* Dlatego występują po nich formy przymiotnika (nie przysłówka!).

Zwróćmy uwagę na różnice między strukturą angielską i polską:

That's incredible. That sounds incredible.	*To jest niewiarygodne.* *To brzmi niewiarygodnie.*
It is good. It tastes good.	*To jest dobre. To smakuje dobrze.*
It was nice. It looked nice.	*To było ładne. To wyglądało ładnie.*
He died young.	*On umarł młodo.*

📖   Whom the gods love dies young. (Menander)
Kogo bogowie kochają, ten umiera młodo.

35.2   Przymiotnik w funkcji przydawki i orzecznika

Większość przymiotników występuje zarówno w funkcji przydawki (**modifier**), jak i orzecznika (**complement**). Są jednak wyjątki.

Porównajmy:

Ted is a healthy child.	*Ted jest zdrowym dzieckiem.*

• **healthy** – przydawka (odnosi się do **child**)

Ted is healthy.	*Ted jest zdrowy.*

• **healthy** – orzecznik

Ann isn't well.	*Ann nie czuje się dobrze* (= *nie jest zdrowa*).

• **well** – orzecznik

Wyraz **well** w znaczeniu *zdrowy, w dobrej formie* nie może wystąpić jako przydawka.

Tom is ill.	*Tom jest chory.*

• **ill** – orzecznik

Wyraz **ill** w znaczeniu *chory* z reguły nie występuje jako przydawka.

| Tom is a sick man. | *Tom jest chorym człowiekiem.* |

• **sick** – przydawka (odnosi się do **man**)

ale:

| Tom is sick. | *Toma mdli.* |

• **be sick** *mdlić* – **sick** jako orzecznik ma w angielszczyźnie brytyjskiej inne znaczenie niż w użyciu przydawkowym

| This is an ill omen. | *To jest zły znak* (= *omen*). |

• **ill** – przydawka (odnosi się do **omen**)

Przymiotnik **ill** ma inne znaczenie w użyciu przydawkowym niż w użyciu orzecznikowym (patrz wyżej).

Na uwagę zasługuje przymiotnik **lesser** *mniejszy* utworzony od przysłówka **less** *mniej*, występujący w szczególnym znaczeniu: **the lesser of two evils** *mniejsze zło*, **one of the lesser-known modern poets** *jeden z mniej znanych nowoczesnych poetów*, jak również przymiotniki **self-employed** *pracujący na własny rachunek, sam się zatrudniający* i **time-consuming** *czasochłonny*.

Warto także porównać przymiotniki **little** *mały* i **small** *mały*. Little, oprócz podstawowego znaczenia *mały* (*rozmiarem*), wyraża zdrobnienia, small również znaczy *mały*, ale nie zawiera dodatkowego ładunku emocjonalnego: **a little table** *stolik*, **a little boy** *chłopczyk*, **a little girl** *dziewczynka*, **a little room** *pokoik*; **a small table** *mały stół*, **a small room** *mały pokój*, **a small boy** *mały chłopiec* etc.

Przymiotniki w funkcji przydawki z reguły występują przed rzeczownikami, do których się odnoszą. Są jednak wyjątki.

Porównajmy:

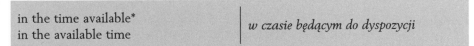

| in the time available* | |
| in the available time | *w czasie będącym do dyspozycji* |

* przymiotnik po rzeczowniku jest trochę mocniej akcentowany

W niektórych kolokacjach (= zestawieniach wyrazów) przymiotnik występuje zawsze po rzeczowniku: **Attorney General** *prokurator generalny*, **President elect** *prezy-*

dent elekt, **sum total** *łączna suma*, **from/since time immemorial** *od niepamiętnych czasów.*

35.3 Stopniowanie przymiotników

Konstrukcje stopnia równego (**positive degree**):

as ... as ...	*tak ... jak ...*
not as/so ... as ...	*nie tak ... jak ...*

Przykłady:

He is as tall as his father.	*On jest tak wysoki jak jego ojciec.*
She isn't as/so pretty as her mother.	*Ona nie jest taka ładna jak jej matka.*
This is as difficult as that.	*To jest tak (samo) trudne jak tamto.*
This isn't as/so nice as that.	*To nie jest tak ładne jak tamto.*

A man is as old as he's feeling, a woman as old as she looks.
(Mortimer Collins)
Mężczyzna ma tyle lat, na ile się czuje, kobieta tyle, na ile wygląda.

35.3.1 Stopniowanie regularne

Przymiotniki jednosylabowe

Stopień wyższy (**comparative degree**) tworzymy przez dodanie do formy stopnia równego przymiotnika końcówki -**er** [ə].
Stopień najwyższy (**superlative degree**) tworzymy przez dodanie do formy równego przymiotnika końcówki -**est** [ɪst].

Przykłady:

Stopień równy	Stopień wyższy	Stopień najwyższy
tall	taller	tallest
wysoki	*wyższy*	*najwyższy*

young	younger	youngest
młody	*młodszy*	*najmłodszy*

Przymiotnik w stopniu najwyższym poprzedzany jest zazwyczaj przedimkiem określonym **the** (to, co jest naj..., co jest jedyne w swoim rodzaju).

Przymiotniki trzysylabowe i dłuższe

W stopniu wyższym przed przymiotnikiem w stopniu równym występuje wyraz **more** [mɔ:] *bardziej*.

W stopniu najwyższym przed przymiotnikiem w stopniu równym występuje wyraz **most** [məust] *najbardziej*.

Przykłady:

Stopień równy	Stopień wyższy	Stopień najwyższy
difficult	more difficult	most difficult
trudny	*trudniejszy*	*najtrudniejszy*

Przed formą stopnia najwyższego z reguły występuje przedimek określony **the**.

Wyraz **most** może też znaczyć *niezwykle, w najwyższym stopniu*. Wtedy forma z **most** nie jest poprzedzana przedimkiem określonym **the**, lecz przedimkiem nieokreślonym **a(n)**: **a most enjoyable party** *niezwykle udane/miłe przyjęcie*.

Przymiotniki dwusylabowe

Przymiotniki dwusylabowe stopniują się jak jednosylabowe lub jak trzysylabowe.

Przykłady:

Stopień równy	Stopień wyższy	Stopień najwyższy
happy	happier	happiest
szczęśliwy	*szczęśliwszy*	*najszczęśliwszy*
modern	more modern	most modern
nowoczesny	*nowocześniejszy*	*najnowocześniejszy*

Przypominamy, że przed formą stopnia najwyższego z reguły występuje przedimek określony **the** (☞ przymiotniki trzysylabowe i dłuższe).

Przymiotniki dwusylabowe zakończone w stopniu równym na -er lub -y zwykle stopniują się jak jednosylabowe, np. **clever, cleverer, cleverest; pretty, prettier, prettiest**. Zwróćmy jednak uwagę, że w przypadku przymiotników zakończonych w stopniu równym na -y w stopniu wyższym i najwyższym zachodzi zmiana w pisowni – -y przechodzi w -i przed końcówkami -er i -est. Przymiotniki dwusylabowe zakończone w stopniu równym na -ful, -less, -ing, -ed stopniują się jak trzysylabowe, np. **more/most careful/useless/boring/surprised**.

W razie wątpliwości bezpieczniej jest stosować konstrukcję z **more/most**.

W tzw. stopniowaniu negatywnym występują wyrazy **less** [les] *mniej* i **least** [li:st] *najmniej* – bez względu na długość przymiotnika.

Stopień równy	Stopień wyższy	Stopień najwyższy
attractive *atrakcyjny*	less attractive *mniej atrakcyjny*	least attractive *najmniej atrakcyjny*

Konstrukcje ze stopniem wyższym z reguły zawierają spójnik **than** [ðən] *niż, od*, a konstrukcje ze stopniem najwyższym elementy **the ... in/of ...**
Przykłady:

He is taller than his father.	*On jest wyższy od swojego ojca.*
He is the tallest boy in his class.	*On jest najwyższym chłopcem w (swojej) klasie.*
She is prettier than her mother.	*Ona jest ładniejsza niż jej matka.*
She is the prettiest girl in her village.	*Ona jest najładniejszą dziewczyną w (swojej) wiosce.*
The problem is more difficult than I expected.	*Problem jest trudniejszy niż myślałem (dosł. oczekiwałem).*
This is the most difficult part of the journey.	*To jest najtrudniejsza część podróży.*
He isn't less intelligent than his father.	*On nie jest mniej inteligentny niż jego ojciec.*

| She is the least attractive of the three sisters. | *Ona jest najmniej atrakcyjna z (tych) trzech sióstr.* |

Porównajmy dalej:

You are taller than I am. • than I am – styl mniej potoczny	*Jesteś wyższy niż ja.*
You're taller than me. • than me – styl bardziej potoczny	*Jesteś wyższy ode mnie.*
I prefer Ann to Alice because she's less conceited. • prefer ... to ... *woleć ... od ...*	*Wolę Ann od Alice, ponieważ jest mniej zarozumiała.*

Porównajmy także użycie wyrazów **as** *jak, jako* i **like** *jak, podobnie*:

| He behaves like a child. | *On zachowuje się jak dziecko.* |
| As a child, he lived in Spain. | *Jako dziecko on mieszkał w Hiszpanii.* |

📖 A French five minutes is ten minutes shorter than a Spanish five minutes, but slightly longer than an English five minutes which is usually ten minutes. (Guy Bellamy)
Francuskie pięć minut jest o dziesięć minut krótsze niż hiszpańskie pięć minut, ale nieznacznie dłuższe niz angielskie pięć minut, które zwykle trwa dziesięć minut.

📖 We are none of us infallible – not even the youngest of us. (W.H. Thompson)
Nikt z nas nie jest nieomylny – nawet ci najmłodsi (z nas).

35.3.2 Stopniowanie nieregularne

Stopień równy	Stopień wyższy	Stopień najwyższy
bad *zły*	worse *gorszy*	worst *najgorszy*

ill	worse	—
chory	*bardziej chory*	
good	better	best
dobry	*lepszy*	*najlepszy*
well	better	—
zdrowy	*zdrowszy*	
little	less	least
mało	*mniej*	*najmniej*
many/much	more	most
dużo	*więcej*	*najwięcej*

Wyrazy **little/less/least** i **many/much/more/most** jako określniki są elementami przymiotnikowymi (występują przed rzeczownikiem lub przymiotnikiem). Mogą jednak również funkcjonować jako zaimki (zamiast rzeczownika).

Przymiotnik **old** *stary* ma po dwie formy w stopniu wyższym **older/elder** i najwyższym **oldest/eldest**. Formy **elder** i **eldest** opisują relacje w rodzinie: **my elder brother** *mój starszy brat*.

Również przymiotnik **far** *daleki* ma po dwie formy w stopniu wyższym **farther/further** i w stopniu najwyższym **farthest/furthest**. Formy **farther/farthest** odnoszą się tylko do odległości fizycznych, podczas gdy formy **further/furthest** odnoszą się również do relacji abstrakcyjnych, np. **further comments** *dalsze komentarze*. Formy **further/furthest** są zatem bardziej uniwersalne.

Wyraz **most** może również znaczyć *bardzo, niezwykle, ogromnie*:

You are most kind.	*Jest pan ogromnie miły.*
A most interesting lecture.	*Niezwykle interesujący wykład.*

Zwróćmy również uwagę na konstrukcję **the ... the ...** *im ... tym ...*:

The more money you earn, the more extravagant you become.	*Im więcej pieniędzy zarabiasz, tym bardziej rozrzutny się stajesz.*

Dalsze przykłady:

This is much better/worse than that.	*To jest dużo lepsze/gorsze niż tamto.*
He's much better/worse now.	*On jest teraz dużo zdrowszy/bardziej chory.*
Things are becoming more and more complicated.	*Sprawy stają się coraz bardziej skomplikowane.*
She is getting less and less tolerant.	*Ona staje się coraz mniej tolerancyjna.*

The optimist proclaims we live in the best of all possible worlds; and the pessimist fears this is true. (James Branch Cabell)
Optymista głosi, że żyjemy w najlepszym z wszystkich możliwych światów; a pesymista obawia się, że to jest prawda.

The ablest man I ever met is the man you think you are. (F.D. Roosevelt)
Najzdolniejszym człowiekiem, jakiego kiedykolwiek poznałem (dosł. spotkałem), jest człowiek, za którego pan się uważa.

Remember that the most beautiful things in the world are the most useless: peacocks and lilies for instance. (John Ruskin)
Pamiętaj, że najpiękniejsze rzeczy na świecie są najbardziej bezużyteczne: pawie i lilie na przykład.

Przysłówki uzupełniają treść czasowników, przymiotników, innych przysłówków, grup przyimkowych, całych zdań, a niekiedy nawet rzeczowników. Przysłówki angielskie są na ogół dokładnie przetłumaczalne na polski i pod tym względem nie stanowią problemu gramatycznego. Problemem jest czasami ich pozycja w zdaniu. Szyk zdania angielskiego jest mniej dowolny niż szyk zdania polskiego. Jest tak po części dlatego, że język angielski jest prawie całkowicie pozbawiony fleksji, czyli różnych zakończeń wyrazów spełniających funkcje gramatyczne. Funkcje fleksji przejął w znacznej mierze szyk zdania – stąd jego mniejsza dowolność.

W gramatyce polskiej przysłówek jest częścią mowy. Dla uproszczenia będziemy również używali tego terminu w odniesieniu do części zdania zwanej fachowo „okolicznikiem". Przysłówki mogą w zdaniu zajmować różne pozycje. Wiąże się to zazwyczaj z rozłożeniem akcentów, wyeksponowaniem pewnych elementów uznanych za ważne. Niekiedy pociąga to za sobą skomplikowane i subtelne zmiany w szyku zdania. Problemy te poruszamy w każdym podrozdziale w części poświęconej składni (szykowi wyrazów w zdaniu). Są jednak pozycje bezpieczne, a jednocześnie poprawne i znaczeniowo neutralne, tj. takie, które nie eksponują poszczególnych elementów zdania. Na nich skoncentrujemy się obecnie w naszych opisach i przykładach.

36.1 Przysłówki częstotliwości

Najważniejsze przysłówki częstotliwości: **always** *zawsze*, **often** *często*, **usually** *zwykle*, **sometimes** *czasami*, **continually** *stale*, *ciągle*, **frequently** *często*, **occasionally** *sporadycznie*, **once/twice** *raz/dwa razy*, **seldom/rarely** *rzadko*, **ever** *kiedykolwiek*, **hardly ever** *prawie nigdy*, **never** *nigdy*.

W zdaniach twierdzących przysłówki częstotliwości występują po formach osobowych czasownika be, tj. po **am**, **are**, **is**, **was**, **were**, ale przed formami innych czasowników głównych.

W czasach złożonych (w zdaniach twierdzących) – po formie osobowej czasownika posiłkowego; również między formą osobową czasownika modalnego a czasownikiem głównym; w pytaniach – po podmiocie.

📖 What we call the beginning is often the end. (T.S. Eliot)
To, co nazywamy początkiem, jest często końcem.

Porównajmy:

She is always at home in the evening.	*Ona jest wieczorem zawsze w domu.*
They were never satisfied.	*Nigdy nie byli zadowoleni.*
I sometimes work at night.	*(Ja) czasami pracuję w nocy.*
We often go to London at weekends.	*Często jeździmy do Londynu w weekendy.*
I've never seen it.	*Nigdy tego nie widziałem.*
I can never understand her.	*Nigdy nie potrafię jej zrozumieć.*
Have you ever seen it?	*Czy widziałeś to kiedykolwiek?*

📖 'Tis strange – but true; for truth is always strange. (Lord Byron)
To jest dziwne – ale prawdziwe; bo prawda jest zawsze dziwna.

36.2 Przysłówki miejsca

Przysłówki miejsca możemy podzielić na statyczne (gdzie?) i dynamiczne (skąd/dokąd?).

Porównajmy:

Tim is in London.	*Tim jest w Londynie.*

• dwuwyrazowy przysłówek statyczny **in London**

Tim went to London.	*Tim pojechał do Londynu.*

• dwuwyrazowy przysłówek dynamiczny **to London**

Przysłówek dwuwyrazowy składa się z przyimka (np. **in, to**) i rzeczownika (np. **London**). Nierzadko ten sam wyraz funkcjonuje jako przysłówek miejsca statyczny lub dynamiczny.

Porównajmy:

He is there.	*On tam jest.*

• **there** – przysłówek miejsca statyczny

He went there.	*On tam pojechał.*

• **there** – przysłówek miejsca dynamiczny

Przykłady przysłówków miejsca: **here** *tutaj,* **there** *tam,* **away** *nie tu, daleko stąd,* **back** *z powrotem,* **upstairs** *na górze, po schodach na górę,* **downstairs** *na dole, po schodach w dół,* **backwards** *do tyłu,* **forwards** *do przodu,* **somewhere** *gdzieś,* **anywhere** *gdziekolwiek,* **nowhere** *nigdzie,* **everywhere** *wszędzie,* **above** *u góry, na wysokości, wysoko,* **behind** *z tyłu,* **below** *poniżej,* **far away** *daleko stąd,* **on the right/left** *po prawej/lewej stronie,* **at my sister's** *u mojej siostry* etc.

Te same wyrazy często funkcjonują jako przysłówki i przyimki (elementy odnoszące się do rzeczownika), np. **above his head** *nad jego głową,* **behind him** *za nim* etc. (przyimki ☞ **49.1**).

Jeżeli po czasowniku nie występuje dopełnienie, to przysłówek występuje bezpośrednio po nim, np.

He lives in London.	*On mieszka w Londynie.*
They went away.	*Oni wyjechali.*

Jeżeli po czasowniku występuje dopełnienie, to przysłówek miejsca występuje po nim, np.

He met Ms Green at a party.	*Poznał panią Green na przyjęciu.*
Tom read the book on the train.	*Tom czytał tę książkę w pociągu.*

Przysłówek miejsca występuje z reguły przed przysłówkiem czasu, np. **She stayed at home all day.** *Siedziała cały dzień w domu.*

36.3 Przysłówki czasu

Przykłady przysłówków czasu: **today** *dzisiaj,* **tomorrow** *jutro,* **yesterday** *wczoraj,* **on Friday** *w piątek,* **recently** *ostatnio,* **early/late** *wcześnie/późno,* **some day** *pewnego dnia,* *kiedyś w przyszłości*, **since Tuesday** *od wtorku*, **by Friday** *do piątku*, **last/next week/ month/year** *w zeszłym/przyszłym tygodniu/miesiącu/roku* etc. (wyrazy wskazujące w funkcji określników ☞ **28.2**).

Przysłówek czasu może składać się z więcej niż jednego wyrazu. Normalna (neutralna) pozycja przysłówka czasu to koniec zdania. Może jednak wystąpić również na początku zdania (pod akcentem).

Porównajmy:

I visited New York last summer.	*Odwiedziłem zeszłego lata Nowy Jork.*
Last summer I visited New York.	*Zeszłego lata odwiedziłem Nowy Jork.*

Dalsze przykłady:

We've been here since Monday.	*Jesteśmy tutaj od poniedziałku.*
He worked there for ten years.	*Pracował tam przez dziesięć lat.*
I'll be back in ten minutes.	*Będę z powrotem za dziesięć minut.*

Krótki przysłówek czasu może zająć w zdaniu pozycję środkową (tj. wewnątrz zdania):

I now understand his motives.	*Rozumiem teraz jego motywy.*
We'll soon be at home.	*Wkrótce będziemy w domu.*
I've just seen Tom.	*Właśnie widziałem Toma.*

Jeżeli w zdaniu występuje więcej niż jeden przysłówek czasu, to są one uszeregowane od bardziej szczegółowego do bardziej ogólnego:

We met at 10:30 on Friday, August 24th 2001.	*Spotkaliśmy się o 10:30 w piątek, 24 sierpnia 2001 roku.*

Na szczególną uwagę zasługują przysłówki **yet** *już, jeszcze*, **still** *ciągle, jeszcze*, **already** *już*:

Have you seen that film yet?	*Czy już widziałeś ten film?* • neutralne pytanie o informację
The book hasn't been published yet.	*Książka jeszcze nie została wydana.* • neutralna informacja
I've already finished the work.	*Skończyłem już tę pracę.* • neutralna informacja
Have you already finished the work?	*Czy już skończyłeś tę pracę?* • zdziwienie, chęć upewnienia się

Already zwykle nie występuje w zdaniach przeczących. **Yet** z reguły nie występuje w zdaniach twierdzących. Wyjątek stanowi pozycja przed bezokolicznikiem:

It's yet* to be done.	*To jeszcze trzeba zrobić* (= *To jest jeszcze do zrobienia*).

* yet można tu zastąpić **still** bez zmiany znaczenia

Dalsze przykłady:

He's still in hospital.	*On jest ciągle jeszcze w szpitalu.*
We're still waiting for his reply.	*Ciągle jeszcze czekamy na jego odpowiedź.*
They still work in that factory.	*Oni ciągle jeszcze pracują w tamtej fabryce.*
He still hasn't finished his work.	*On ciągle jeszcze nie skończył swojej pracy.*

Przysłówki czasu omawiane są również w objaśnieniach dotyczących zastosowań poszczególnych czasów gramatycznych.

36.4 Przysłówki stopnia

Najważniejsze przysłówki stopnia: **almost/nearly** *prawie*, **altogether** *całkowicie, zupełnie*, **barely** *ledwo*, **a bit** *trochę, troszeczkę*, **a little** *trochę*, **enough** *dosyć, dostatecznie*, **fairly** *całkiem*, **hardly** *ledwie*, **quite** *zupełnie, całkiem*, **rather** *raczej*, **somewhat** *nieco, w pewnym stopniu*, **too** *zbyt, za*.

Większość z nich występuje przed wyrazami, do których się odnosi.

Przykłady:

We almost/nearly always have tea for breakfast.	*Prawie zawsze pijemy herbatę na śniadanie.*
That's an altogether different matter.	*To jest całkowicie inna sprawa.*
He has barely enough money to pay for the hotel.	*On ma ledwo wystarczającą ilość pieniędzy na zapłacenie hotelu.*
It's a fairly good book.	*To jest całkiem dobra książka.*
It's a bit/a little/somewhat expensive.	*To jest trochę/nieco drogie (= kosztowne).*

Porównajmy także:

He has enough money.	*On ma dosyć pieniędzy.*

Enough zwykle występuje przed rzeczownikiem, ale może również – choć bardzo rzadko – wystąpić po rzeczowniku.

This isn't good enough.	*To nie jest dostatecznie dobre.*

Enough występuje zawsze po przymiotniku – jest to jedyna możliwość użycia.

36.5 Przysłówki sposobu

Przysłówki sposobu odpowiadają na pytanie: jak? Przypomnijmy: przymiotniki odpowiadają na pytanie: jaki/jaka/jakie?

Większość przysłówków sposobu tworzymy od przymiotników przez dodanie końcówki -ly [lɪ].

36.5.1 Forma przysłówków sposobu

Porównajmy:
bad *zły* > **badly** *źle*
quick *szybki* > **quickly** *szybko*
careful *uważny, ostrożny* > **carefully** *uważnie, ostrożnie*
careless *nieuważny, niedbały* > **carelessly** *nieuważnie, niedbale*
public *publiczny* > **publicly** *publicznie*

Zwróćmy uwagę na niewielkie zmiany w ortografii będące następstwem dodania końcówki -ly:
full *pełny* > **fully** *w sposób pełny, całkowicie*
happy *szczęśliwy* > **happily** *szczęśliwie*
lucky *fortunny, mający szczęście* > **luckily** *fortunnie, na szczęście*
noble *szlachetny* > **nobly** *szlachetnie*
possible *możliwy, ewentualny* > **possibly** *ewentualnie*
true *prawdziwy* > **truly** *prawdziwie*
fantastic *fantastyczny* > **fantastically** *fantastycznie*
systematic *systematyczny* > **systematically** *systematycznie*

Inne przymiotniki zakończone na -e nie tracą go po dodaniu -ly:
extreme *skrajny, ekstremalny* > **extremely** *skrajnie, ogromnie, niezwykle*

Zmiany w ortografii nie mają wpływu na wymowę.

Niektóre przysłówki zakończone na -ly (funkcjonujące jako przysłówki sposobu i częstotliwości) nie różnią się w formie od odpowiednich przymiotników: **daily** *codzienny, codziennie,* **weekly** *tygodniowy, cotygodniowy, raz na tydzień, co tydzień,* **monthly** *miesięczny, miesięcznie,* **quarterly** *kwartalny, kwartalnie.*

Przykłady:

a weekly magazine	*tygodnik ilustrowany* *magazyn cotygodniowy*

Is he paid weekly or monthly?	*Czy on jest opłacany tygodniowo, czy miesięcznie?*

Nieliczna grupa przysłówków sposobu ma zakończenie inne niż -ly: **backwards** *do tyłu,* **forwards** *do przodu,* **upwards** *do góry,* **downwards** *do dołu,* **sideways** *bokiem,*

clockwise *zgodnie z ruchem wskazówek zegara,* **anticlockwise** *w kierunku przeciwnym do ruchu wskazówek zegara.*

Przymiotniki zakończone na **-ly**, np. **friendly/unfriendly** *przyjazny/nieprzyjazny,* **brotherly/sisterly** *braterski/siostrzany,* **likely/unlikely** *prawdopodobny/nieprawdopodobny,* **cowardly** *tchórzliwy,* **silly** *głupi,* **ugly** *brzydki,* nie mają jednowyrazowych odpowiedników przysłówkowych.

Tom is a friendly person.	*Tom jest osobą przyjazną.*
He behaves in a friendly way*.	*Zachowuje się przyjaźnie (= w sposób przyjazny).*

* Zamiast **way** (wariant stylistycznie neutralny) możemy użyć **manner/fashion** (styl bardziej oficjalny).

Pewna liczba przysłówków sposobu ma taką samą formę jak odpowiadające im przymiotniki: **fast** *szybki, szybko,* **hard** *ciężki, ciężko,* **better** *lepszy, lepiej,* **best** *najlepszy, najlepiej,* **early** *wczesny, wcześnie,* **late** *późny, późno,* **far** *daleki, daleko,* **farther/further** *dalszy, dalej,* **farthest/furthest** *najdalszy, najdalej,* **straight** *prosty, prosto* i in.

Przykłady zastosowań:

It's hard work.	*To jest ciężka praca.*
He works hard.	*On ciężko pracuje.*
It's a fast car.	*To jest szybki samochód.*
He drives fast.	*On jeździ szybko.*

Niektóre przysłówki sposobu występują w dwóch formach – w podobnych lub różnych znaczeniach:

I bought this computer cheap/cheaply.	*Kupiłem ten komputer tanio.*
She worked hard last week. He hardly worked.	*Ona ciężko pracowała w zeszłym tygodniu. On prawie wcale nie pracował.*
I worked late in the evening.	*Pracowałem późno wieczorem.*
I haven't done much work lately.	*Nie wykonałem (= zrobiłem) ostatnio dużo pracy.*

Bywa również tak, że jedna forma ma dwa znaczenia:

I saw him last week.	*Widziałem go w zeszłym tygodniu.*
I last saw him ten days ago.	*Ostatni raz widziałem go dziesięć dni temu.*

Porównajmy dalej:

It was a cold day.	*Był zimny dzień.*
She looked at me coldly*.	*Spojrzała na mnie zimno.*

* Przysłówek **coldly** występuje tu w znaczeniu przenośnym (w przeciwieństwie do przymiotnika **cold**).

Analogicznie:

It was a warm day.	*Był ciepły dzień.*
She greeted us warmly.	*Przywitała nas ciepło.*

Przysłówek sposobu występuje przeważnie albo po dopełnieniu, albo po formie czasownika:

He did the work carelessly. • przysłówek po dopełnieniu	*Wykonał tę pracę niedbale.*
It rained heavily last November. • przysłówek po czasowniku	*Padało mocno w listopadzie zeszłego roku.*

Uwaga

Należy pamiętać, aby nigdy nie umieszczać przysłówka sposobu między formą czasownika a dopełnieniem.

36.5.2 Stopniowanie przysłówków sposobu

Stopniowanie regularne

Tworząc formę stopnia wyższego, przed formą stopnia równego umieszczamy wyraz **more** *bardziej*, a tworząc formę stopnia najwyższego – **most** *najbardziej*. Przed formą stopnia najwyższego często występuje przedimek określony **the**.

Stopień równy	Stopień wyższy	Stopień najwyższy
quickly *szybko*	more quickly *szybciej*	most quickly *najszybciej*
discreetly *dyskretnie*	more discreetly *dyskretniej*	most discreetly *najdyskretniej*

Jednosylabowe przysłówki sposobu (o takiej samej formie jak odpowiadające im przymiotniki) i przysłówek **early** przybierają w stopniu wyższym końcówkę -**er** [ə], a w stopniu najwyższym – końcówkę -**est** [ɪst].

Stopień równy	Stopień wyższy	Stopień najwyższy
fast *szybko*	faster *szybciej*	fastest *najszybciej*
hard *ciężko*	harder *ciężej*	hardest *najciężej*
late *późno*	later *później*	at the latest *najpóźniej* (= *nie później niż*)
early *wcześnie*	earlier *wcześniej*	at the earliest *najwcześniej* (= *nie wcześniej niż*)

Przed formą stopnia najwyższego zwykle występuje przedimek określony **the**

Stopniowanie nieregularne

Stopień równy	Stopień wyższy	Stopień najwyższy
well *dobrze*	better *lepiej*	best *najlepiej*
badly *źle*	worse *gorzej*	worst *najgorzej*
little *mało*	less *mniej*	least *najmniej*

much	more	most
dużo, bardzo	*więcej, bardziej*	*najwięcej, najbardziej*
far	farther/further	farthest/furthest
daleko	*dalej*	*najdalej*

Przypominamy, że formy **farther/farthest** odnoszą się do odległości (fizycznych), natomiast **further/furthest** odnoszą się również do relacji abstrakcyjnych, np. **I'll inquire further into the matter.** *Zbadam dalej tę sprawę.*

📖   Every day, in every way, I am getting better and better. (Emile Coue)
Każdego dnia, pod każdym względem, czuję się coraz lepiej.

📖   An expert is one who knows more and more about less and less. (N.M. Butler)
Ekspert to ktoś, kto wie coraz więcej o coraz mniejszym zakresie rzeczy.

Porównajmy także: **better and better** *coraz lepiej,* **worse and worse** *coraz gorzej,* **faster and faster** *coraz szybciej,* **more and more slowly** *coraz wolniej* (☞ **35.3.2**).

Konstrukcje z porównaniami:

Stopień równy	Stopień wyższy	Stopień najwyższy
as ... as ...	**... than ...**	**(the) ... of ...**
tak ... jak ...	*... niż/od ...*	*naj... z ...*
not as/so ... as ...		
nie tak ... jak ...		

Porównajmy:

She walked as quickly as she was able to.	*Szła tak szybko, jak tylko mogła.*
He doesn't work as/so hard as you do.	*On nie pracuje tak ciężko, jak ty (pracujesz).*

She types more quickly than I do.	*Ona pisze na maszynie/komputerze szybciej niż ja (piszę).*
He arrived earlier than I expected.	*On przybył wcześniej niż oczekiwałem.*
He behaves most quietly in the afternoon.	*On zachowuje się najspokojniej po południu.*

Zwróćmy również uwagę na konstrukcję **the … the …** *im … tym …*:

the sooner the better*	*im wcześniej, tym lepiej*
the more the better	*im więcej, tym lepiej*

* stopniowanie przymiotników ☞ **35.3**

The best government is that which governs least. (J.L. O'Sullivan)
Najlepszy rząd to ten, który najmniej rządzi.

PAST PERFECT
CZAS ZAPRZESZŁY

37.1 Forma

W zdaniach twierdzących po podmiocie występuje posiłkowe **had** + imiesłów bierny czasownika głównego (3. forma czasownika).

W pytaniach forma osobowa **had** występuje przed podmiotem. W przeczeniach po **had** występuje **not** (por. PRESENT PERFECT ☞ **13**). Formy skrócone:

had → 'd
had not → hadn't

37.2 Zaznaczanie uprzedniości jednego z dwóch wydarzeń (czynności lub stanów) przeszłych

Porównajmy:

| He finished his work and went home. | *Skończył swoją pracę i poszedł do domu.* |

Obydwa czasowniki **finished** i **went** występują w czasie PAST SIMPLE. Kolejność, w jakiej występują w zdaniu, wystarcza do zaznaczenia, że najpierw skończył pracę, a potem poszedł do domu.

| He had finished his work and went home. | *Skończył swoją pracę i poszedł do domu.* |

Użycie czasu PAST PERFECT (**had finished**) podkreśla, że najpierw skończył pracę, a dopiero potem poszedł do domu. Osoba mówiąca miała widocznie powody, żeby podkreślić taką, a nie inną kolejność zdarzeń.

Porównajmy dalej:

| It had stopped raining so we went for a walk. | *Przestało padać, więc poszliśmy na spacer.* |

Poszliśmy na spacer, ponieważ przestało padać. Najpierw musiało przestać padać, a dopiero potem mogliśmy pójść na spacer. Tutaj zaznaczenie uprzedniości jednego wydarzenia przeszłego (ustanie deszczu) wobec drugiego (pójście na spacer) jest bardzo naturalne.

She had already finished cooking when I got there.	*Skończyła już gotować, kiedy tam dotarłem.*

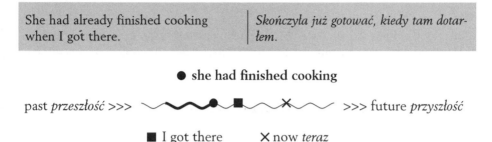

Dotarłem tam wtedy (punkt w przeszłości), a ona już skończyła gotowanie, tzn. przed moim przyjściem. Czas PAST PERFECT wyraża tu uprzedniość (zakończenie) czynności gotowania wobec wydarzenia „punktowego", jakim było moje przyjście.

When we arrived, Jim had already left.	*Kiedy przybyliśmy, Jim już wyjechał.*

Jim wyjechał, zanim przybyliśmy. Uprzedniość jednego wydarzenia przeszłego wobec innego spowodowała, że np. nie mogliśmy porozmawiać.

Professor White had hardly begun his lecture when he was interrupted.	*Profesor White ledwo zaczął swój wykład, kiedy mu przerwano.*

Najpierw zaczął, a dopiero potem mu przerwano. Mimo że przerwano mu zaraz na początku, to jednak wykład już się rozpoczął i trwał w chwili, gdy został przerwany. Profesorowi nie pozwolono spokojnie rozwinąć tematu, co prawdopodobnie wywołało dezaprobatę osoby wypowiadającej to zdanie.

📖   Oh the times! Oh the manners! (Cicero)
    O czasy! O zwyczaje!

Porównajmy także:

He hasn't finished the work.	*Nie skończył tej pracy.* • do teraz

| He hadn't finished the work by yesterday evening. | *Nie skończył tej pracy do wczoraj wieczór.*
• do wtedy |

W obu przykładach podkreślone jest, że dana czynność nie została zakończona do konkretnego momentu w czasie. W przypadku czasu PRESENT PERFECT tym momentem jest **now** *teraz*; w zdaniu w czasie PAST PERFECT jest to moment w przeszłości – **yesterday evening** *wczoraj wieczór*.

37.3 Czas PAST PERFECT w relacjonowaniu wypowiedzi

Porównajmy:

| He <u>says</u> (that) he <u>has seen</u> that film. | *On mówi, że widział ten film.* |

Teraz mówi (**says**), że przedtem widział (**has seen**): uprzedniość wobec chwili obecnej (kiedy to mówi).

| He <u>said</u> (that) he <u>had seen</u> that film. | *Powiedział, że widział ten film.* |

Wtedy (w przeszłości) powiedział (**said**), że przedtem widział (**had seen**) – powiedział o tym, jak już ten film obejrzał (następstwo czasów ☞ **9.2.3**).

| She <u>says</u> (that) she <u>has read</u> that book. | *Ona mówi, że przeczytała tę książkę.* |
| She <u>said</u> (that) she <u>had read</u> that book. | *Powiedziała, że przeczytała tę książkę.* |

Wypowiedź była poprzedzona przeczytaniem książki – ona najpierw książkę przeczytała, a później o tym powiedziała.

Dalsze przykłady:

| He <u>told</u> me (that) he <u>had bought</u> a car. | *Powiedział mi, że kupił samochód.* |
| She <u>told</u> us (that) she <u>had passed</u> all her exams. | *Powiedziała nam, że zdała wszystkie (swoje) egzaminy.* |

Przypomnijmy, że po **tell/told** występuje dopełnienie osobowe (np. **me/us**) i że po **say/said/tell/told** można opuścić spójnik **that** *że* (☞ **1.3**).

I <u>knew</u> that they <u>had left</u>.	*Wiedziałem, że oni wyjechali.*

37.4 Zawiedzione nadzieje i niespełnione oczekiwania

I had hoped to get a letter from her but I didn't.	*Miałem nadzieję dostać od niej list, ale nie dostałem.*

Czas PAST PERFECT wyraża tutaj zawiedzione nadzieje.

She had expected to hear from him but she didn't.	*Ona oczekiwała na wiadomość od niego, ale jej nie dostała.*

Czas PAST PERFECT wyraża tutaj niespełnione oczekiwania.

📖 The triumph of hope over experience. (Samuel Johnson)
O kolejnym małżeństwie: *Triumf nadziei nad doświadczeniem.*

PAST PERFECT CONTINUOUS
CZAS ZAPRZESZŁY W ASPEKCIE CIĄGŁYM

38.1 Forma

Posiłkowe **had been** + forma -**ing** czasownika głównego. Forma osobowa **had** (taka sama dla wszystkich osób) w pytaniach występuje przed podmiotem, a w przeczeniach łączy się z **not**.

Formy skrócone:

> had → 'd
> had not → hadn't

Czasy **continuous** opisują czynności (nie stany!), które trwają nieprzerwanie przez pewien czas.

38.2 Przekraczanie punktu w przeszłości

Porównajmy:

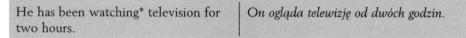

He has been watching* television for two hours. | *On ogląda telewizję od dwóch godzin.*

* PRESENT PERFECT CONTINUOUS ☞ **14**

he has been watching TV for two hours

past *przeszłość* >>> ⌇⌇⌇●━━✗⌇⌇⌇ >>> future *przyszłość*
●2 hours ago   ✗ now *teraz*

Oglądanie rozpoczęło się dwie godziny temu, trwa nadal, przekraczając punkt *teraz*. Wyeksponowany jest odcinek czasu do *teraz*.

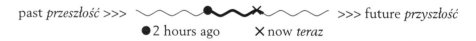

When I arrived, he had been watching* TV for two hours. | *Kiedy przybyłem, on oglądał TV od dwóch godzin.*

* PAST PERFECT CONTINUOUS

he had been watching TV for two hours

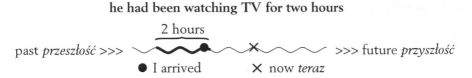

2 hours

past *przeszłość* >>> ● I arrived   ✗ now *teraz*   >>> future *przyszłość*

Moje przybycie nastąpiło w pewnym punkcie w przeszłości. Do tego punktu nieprzerwanie przez dwie godziny on oglądał telewizję. Kiedy przybyłem, jeszcze przynajmniej przez moment ją oglądał. Oglądanie trwało do mojego przyjścia, swoim trwaniem przekroczyło moment mojego przyjścia i trwało jeszcze chwilę. Wyeksponowany jest odcinek czasu do mojego przyjścia.

Zwróćmy uwagę na analogie między sytuacją opisywaną przez czas PRESENT PERFECT CONTINUOUS (pierwszy przykład) i sytuacją opisywaną przez czas PAST PERFECT CONTINUOUS (drugi przykład). W obydwu sytuacjach czynność zaczęła się przed pewnym punktem (odpowiednio *teraz*/*wtedy*), trwa nieprzerwanie do tego punktu i przekracza go.

Ancient times were the youth of the world. (Francis Bacon)
Czasy starożytne były młodością świata.

Porównajmy dalej:

| He had been working in a bank for two years when he got married. | *Pracował w banku od dwóch lat, kiedy się ożenił.* |

Zanim się ożenił, pracował w banku (nieprzerwanie) przez dwa lata i można się domyślać, że pracował tam również po ślubie. Wyeksponowany jest jednak odcinek czasu przed małżeństwem.

She had been writing a book on feminism when she met her future husband.	*Pisała książkę na temat feminizmu, kiedy poznała swego przyszłego męża.*
– Hello, Jim! I hope you haven't been waiting long.	*– Cześć, Jim! Mam nadzieję, że nie czekasz długo.*
On the following day. Jim: When she arrived, I had been waiting for two hours.	*Następnego dnia. Jim: Gdy ona przybyła, ja czekałem (już) dwie godziny.*

38.3 Skutki sytuacji przeszłych

Porównajmy:

Sorry! I'm out of breath. I've been running.	*Przepraszam! Nie mogę złapać tchu. Biegłem.*

Mimo że w tej chwili już nie biegnę, to skutki tego, że biegłem, są bardzo widoczne – nie mogę złapać tchu. Skutki są jakby przedłużeniem sytuacji sprzed kilku chwil.

Ann's comment on the following day: He was out of breath. He'd been running.	*Komentarz Ann następnego dnia:* *On nie mógł złapać tchu.* *Biegł (przedtem).*

Porównajmy dalej:

We're completely exhausted. We've been overworking for weeks.	*Jesteśmy zupełnie wyczerpani.* *Przepracowujemy się od tygodni.*
At that time we were completely exhausted. We'd been overworking for weeks.	*Wówczas byliśmy całkowicie wyczerpani. Przepracowywaliśmy się od tygodni.*

Zwróćmy uwagę na analogie w opisach sytuacji obecnej i przeszłej.

📖 The past is a foreign country: they do things differently there.
(L.P. Hartley)
Przeszłość jest obcym krajem: oni tam wszystko robią inaczej.

38.4 Czas PAST PERFECT CONTINUOUS w opisach czynności przeszłych z perspektywy przeszłości

Przykłady:

He said he'd been trying to write a play.	*Powiedział, że (od pewnego czasu) próbuje napisać sztukę (teatralną).*

She told me she'd been looking for a job for some time.	*Powiedziała mi, że od pewnego czasu szuka pracy.*
I knew they had been studying philosophy for years.	*Wiedziałem, że od lat studiują filozofię.*

FUTURE IN THE PAST
CZAS PRZYSZŁY Z PUNKTU WIDZENIA PRZESZŁOŚCI

FUTURE IN THE PAST CONTINUOUS
CZAS PRZYSZŁY CIĄGŁY Z PUNKTU WIDZENIA PRZESZŁOŚCI

KONSTRUKCJA **be going to** W CZASIE PRZESZŁYM

39.1 Czas FUTURE IN THE PAST

Forma: posiłkowe **would** (forma osobowa taka sama dla wszystkich osób) + forma bazowa czasownika głównego.
Forma skrócona:
  would → 'd

W pytaniach **would** występuje przed podmiotem. W przeczeniach – przed **not**, z którym tworzy formę skróconą:
  would not → wouldn't

W angielszczyźnie brytyjskiej w pierwszej osobie liczby pojedynczej i mnogiej **I/we** zamiast **would** czasami występuje **should**. Jest to o tyle nieistotne, że **would** i **should** mają taką samą formę skróconą: 'd. **Would** i **should** to formy osobowe czasu PAST SIMPLE od **will** i **shall** (FUTURE SIMPLE ☞ **11.1**).

39.1.1 Formy will i would w wyrażaniu przyszłości

Porównajmy:

He says he will do it tomorrow.	*On mówi, że zrobi to jutro.* • teraz mówi, że zrobi jutro
He said he would do it the following day.	*Powiedział, że zrobi to następnego dnia.* • wówczas powiedział, że zrobi następnego dnia

Jeżeli np. miesiąc temu powiedział, że zrobi coś następnego dnia, to dzień ten nie jest dzisiaj dla nas przyszłością. Jest przeszłością. Dla niego jednak wtedy był przyszłością (jutrem). Dlatego biorąc pod uwagę jego ówczesny punkt odniesienia – *teraz* – i pamiętając, że jego ówczesna przyszłość jest już przeszłością, możemy mówić o przyszłości z punktu widzenia przeszłości. Do wyrażania takiej perspektywy czasowej służy właśnie czas FUTURE IN THE PAST.

Nie jest błędem powiedzieć **He said he will do it tomorrow.** *Powiedział, że zrobi to jutro.*, jeżeli jego jutro jest również (w tej chwili) naszym jutrem, jeżeli od jego wypowiedzi minęło np. pół godziny. Nie jest również błędem powiedzieć **He said he would do it tomorrow.** *Powiedział, że zrobi to jutro.* Używając **would** zamiast **will**, dystansujemy się w pewnym stopniu od jego wypowiedzi. Na ogół przeważa nawet tendencja do używania **would** w zdaniu podrzędnym rzeczownikowym (odpowiedź na pytanie: powiedział co?), jeżeli tylko orzeczenie zdania głównego wyrażone jest w czasie PAST (SIMPLE) (np. **said**), tj. tendencja do używania czasu FUTURE IN THE PAST.

📖 We knew the world would not be the same. (J. Robert Oppenheimer)
Zdanie wypowiedziane po pierwszej próbie atomowej: *Wiedzieliśmy, że świat nie będzie ten sam.*

Dalsze przykłady:

He hoped she would write to him.	*Miał nadzieję, że ona do niego napisze.*
She promised she would help us.	*Obiecała, że nam pomoże.*

39.2 Czas FUTURE IN THE PAST CONTINUOUS

Porównajmy:

He says he will be going* to America next week.	*Mówi, że będzie w przyszłym tygodniu jechał do Ameryki.*
He said he would be going to America the following week.	*Powiedział, że będzie w następnym tygodniu jechał do Ameryki.*

* FUTURE CONTINUOUS

Zwróćmy uwagę na analogie między FUTURE CONTINUOUS i FUTURE IN THE PAST CONTINUOUS. Porównaj także objaśnienia do FUTURE IN THE PAST (☞ **39.1**).

📖 I never think of the future. It comes soon enough. (Albert Einstein)
Nigdy nie myślę o przyszłości. Ona przychodzi wystarczająco wcześnie.

Dalsze przykłady:

She promised she'd be coming on Friday.	*Obiecała, że przyjdzie w piątek.*
He said he wouldn't be seeing her on Sunday.	*Powiedział, że nie będzie się z nią widział w niedzielę.*

39.3 Konstrukcja **be going to** w czasie przeszłym

Porównajmy:

He says he's going to buy a car.	*Mówi, że ma zamiar kupić samochód.*
He said he was going to buy a car.	*Powiedział, że ma zamiar kupić samochód.*

Być może powiedział to bardzo dawno temu i sprawa jest nieaktualna. Dlatego przyjmujemy konwencję przytaczania wypowiedzi przeszłych: orzeczenie zdania głównego w czasie PAST (SIMPLE) (np. **said**) – orzeczenie zdania podrzędnego rzeczownikowego również w czasie **past** (np. **was/were**) (konstrukcja **be going to** ☞ **11.2**).

Dalsze przykłady:

She said she wasn't going to put up with* that.	*Powiedziała, że nie będzie (= nie ma zamiaru) tego tolerować.*
They said they were going to look for* a new flat.	*Powiedzieli, że będą (= mają zamiar) szukać nowego mieszkania.*
– What did he say he was going to do? – He said he was going to get married.	*– Powiedział, że co ma zamiar zrobić?* *– Powiedział, że ma zamiar się ożenić.*
– Where did she say she was going to stay? – She said she was going to stay with friends.	*– Powiedziała, że gdzie ma zamiar mieszkać (= zatrzymać się)?* *– Powiedziała, że ma zamiar mieszkać u przyjaciół.*

* put up with, look for – czasowniki wielowyrazowe (☞ **19**, **49.3**)

40.1 Czas FUTURE PERFECT

Forma: posiłkowe **will** + **have** + 3. forma czasownika głównego.

Zamiast **will** może w pierwszej osobie liczby pojedynczej i mnogiej (**I/we**) wystąpić **shall** (szczególnie w angielszczyźnie brytyjskiej).

W pytaniach forma osobowa **will/shall** występuje przed podmiotem. W przeczeniach po **will/shall** występuje **not**.

Formy skrócone:
   will/shall → **'ll**
   will not → **won't**
   shall not → **shan't**

Przykłady:

We'll have completed the experiments by next Friday.	*Zakończymy (te) eksperymenty do przyszłego piątku.*
– Will you have taken the exam by next Wednesday? – Yes, I think so.	*– Czy do przyszłej środy będziesz już po tym egzaminie? Tak, sądzę, że tak*
They won't have published the results until next week.	*Nie ogłoszą tych wyników aż do przyszłego tygodnia.*

If you can look into the seeds of time,
And say which grain will grow and which will not. (William Shakespeare)
Jeżeli potrafisz wejrzeć w nasiona czasu,
I powiedzieć, które ziarno wyrośnie, a które nie.

Wszystkie czasy **perfect** mają co najmniej jedną cechę wspólną: przedstawiają opisywaną czynność (lub stan) *dopunktowo* (do konkretnego momentu w czasie). Różnią się między sobą przede wszystkim ustawieniem punktów w czasie.

Porównajmy:

He has finished the work.	*Skończył tę pracę.* • do teraz
He had finished the work by yesterday evening.	*Skończył tę pracę (do) wczoraj wieczorem.* • do wtedy
He will have finished the work by tomorrow evening.	*Skończy tę pracę do jutra wieczór.* • do wtedy

Dla czasu PRESENT PERFECT punktem orientacyjnym (docelowym) jest punkt *teraz*.

Dla PAST PERFECT – punkt *wtedy* (w przeszłości). Dla FUTURE PERFECT – punkt *wtedy* (w przyszłości).

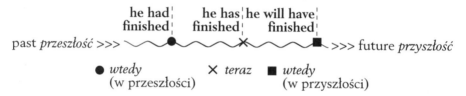

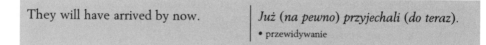

Czasu FUTURE PERFECT używa się między innymi do wyrażania przewidywań:

They will have arrived by now.	*Już (na pewno) przyjechali (do teraz).* • przewidywanie

The empires of the future are the empires of the mind.
(Winston Churchill)
Imperia przyszłości są imperiami umysłu (= ducha).

40.2 Czas FUTURE PERFECT CONTINUOUS

Forma: posiłkowe **will** (forma osobowa taka sama dla wszystkich osób) + posiłkowe **have been** (nieosobowe) + forma **-ing** czasownika głównego.

W angielszczyźnie brytyjskiej zamiast **will** w pierwszej osobie liczby pojedynczej i mnogiej (**I/we**) może wystąpić **shall** (FUTURE PERFECT ☞ **40.1**).

Przykłady:

He will have been studying philosophy for fifty years when he retires.	Będzie studiował filozofię przez pięćdziesiąt lat (w chwili), gdy przejdzie na emeryturę. • do tego czasu i dalej
She will have been learning to drive for ten years when she takes the next test.	Będzie się uczyła prowadzić samochód przez dziesięć lat (w chwili), gdy będzie zdawała kolejny (= następny) test. • do tego czasu i dalej
By the end of this year they will have been living here for twenty years.	Pod koniec tego roku będą (już) tu mieszkać przez dwadzieścia lat. • do tego czasu i dalej

Zwróćmy uwagę, że po **when** *gdy* nie występuje **will**, a przyszłość wyrażana jest przez odpowiednią formę czasu PRESENT SIMPLE (spójniki ☞ **50.5.1** i zdania podrzędne czasowe ☞ **51.1**, **51.2**).

Wszystkie czasy **perfect continuous** mają co najmniej jedną cechę wspólną: przedstawiają czynność odbywającą się nieprzerwanie od pewnego czasu, przekraczającą pewien punkt i wykraczającą poza ten punkt w kierunku przyszłości. Czasy te różnią się między sobą ustawieniem czasowym punktów, które przekraczają.

Dla czasu PRESENT PERFECT CONTINUOUS punktem do przekraczania jest punkt *teraz*. Dla czasu PAST PERFECT CONTINUOUS – punkt *wtedy* (w przeszłości). Dla czasu FUTURE PERFECT CONTINUOUS – punkt *wtedy* (w przyszłości).

Porównajmy:

She has been working* at the bank for ten years now.	Ona pracuje w (tym) banku już (teraz) od dziesięciu lat.
Last spring she had been working** at the bank for nine years.	Zeszłej wiosny pracowała w (tym) banku od dziewięciu lat.

* PRESENT PERFECT CONTINUOUS
** PAST PERFECT CONTINUOUS

Next spring she will have been working* at the bank for eleven years.

Przyszłej wiosny będzie pracowała w (tym) banku przez jedenaście lat.

* FUTURE PERFECT CONTINUOUS

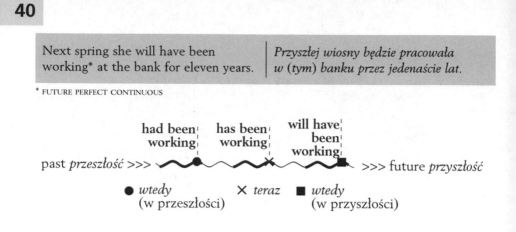

ZDANIA PODRZĘDNE RZECZOWNIKOWE
NOUN CLAUSES

PYTANIA ZALEŻNE
INDIRECT QUESTIONS

PYTANIE JAKO REAKCJA NA WYPOWIEDŹ
COMMENT TAGS

PYTANIA ROZŁĄCZNE
QUESTION TAGS

41.1 Zdania podrzędne rzeczownikowe

Zdania podrzędne rzeczownikowe spełniają w zdaniu funkcje podobne do tych, które spełnia rzeczownik: mogą być podmiotem, dopełnieniem lub orzecznikiem.

Porównajmy:

| It's wonderful that you've won that scholarship. | *Cudownie, że zdobyłeś to stypendium.* |

Podmiot pusty it (☞ **5.1**) przygotowuje pojawienie się podmiotu rzeczywistego **that you've won that scholarship**. Można również powiedzieć: **That you've won that scholarship is wonderful.** Nie jest to jednak zdanie naturalne.

Zdanie podrzędne rzeczownikowe odpowiada na pytanie: co? (podobnie jak rzeczownik – kto? co?): *Cudownie (Jest cudowne)* ... Co jest cudowne? *Że zdobyłeś to stypendium.*

Konstrukcja ta jest bardzo podobna do analogicznej konstrukcji polskiej i dlatego jest stosunkowo łatwa do opanowania. Należy tylko pamiętać, że spójnik that że bywa często opuszczany (zwłaszcza w języku mówionym), a także, że przed that nie występuje przecinek.

Dalsze przykłady:

It's strange (that) he didn't phone.	*Dziwne, że nie zadzwonił.*
• co jest dziwne? that he didn't phone	
It's a great pity (that) you didn't talk to Ann.	*Wielka szkoda, że nie rozmawiałeś z Ann.*
• wielka szkoda, że co? that you didn't talk to Ann	

It's a wonder (that) he managed to escape.	To cud, że udało mu się uciec.
cud, że co? that he managed to escape	
It's no wonder (that) you've got a headache.	Nic dziwnego, że masz ból głowy.
nic dziwnego, że co? that you've got a headache	
The idea is that we go there tomorrow.	Pomysł polega na tym, żebyśmy pojechali tam jutro.
pomysł polega na czym? na tym that we go there tomorrow	

Zdania podrzędne rzeczownikowe występują także po pewnych przymiotnikach (podobnie jak w języku polskim):

I'm sorry (that) you missed the bus.	Przykro mi, że spóźniliście się na (ten) autobus.
przykro mi z powodu czego? that you missed the bus	
I'm glad (that) you've been able to come.	Rad jestem/Cieszę się, że udało ci się przyjść.
cieszę się z czego? that you've been able to come	
I'm convinced that she's telling the truth.	Jestem przekonany, że ona mówi prawdę.
co do czego jestem przekonany? that she's telling the truth	

Zdanie podrzędne rzeczownikowe może również wystąpić po niektórych rzeczownikach (podobnie jak po polsku):

| The announcement that a new motorway was to be built ... | Ogłoszenie, że nowa autostrada ma być wybudowana ... |
| The proposal/suggestion that they should be dismissed ... | Propozycja/Sugestia, że oni powinni być zwolnieni ... |

Zdania podrzędne rzeczownikowe występują także po pewnych czasownikach:

He warned me that ...	*Ostrzegł mnie, że ...*
They proved that ...	*Udowodnili, że ...*
I think/hope that ...	*Myślę/Mam nadzieję, że ...*

Na uwagę zasługują następujące konstrukcje:

It appears/seems that we have made a mistake.	*Wydaje się, że popełniliśmy błąd.*
It occurred to me that perhaps he was a spy.	*Przyszło mi do głowy, że być może on jest szpiegiem.*
It turned out that nobody knew him.	*Okazało się, że nikt go nie zna.*

Zdanie rzeczownikowe może być zastąpione przez **so/not**:

I think so.	*Sądzę, że tak.*
I don't think so.	*Sądzę, że nie. (dosł. Nie sądzę, że tak.)*
I hope so/not.	*Mam nadzieję, że tak/nie.*
I'm afraid so/not.	*Niestety tak/nie. (dosł. Obawiam się, że tak/nie.)*

41.2 Pytania zależne

Specjalną klasą zdań podrzędnych rzeczownikowych są pytania zależne.

Porównajmy:

She is disappointed. • zdanie twierdzące	*Ona jest rozczarowana.*

I don't know why. • zdanie przeczące	*Nie wiem dlaczego.*
I don't know why she is disappointed. • zdanie przeczące zawierające w sobie pytanie zależne	*Nie wiem, dlaczego ona jest rozczarowana.*

Pytanie zależne jest rodzajem zdania podrzędnego rzeczownikowego (w funkcji dopełnienia) wprowadzonego przez spójnik inny niż **that** *że*, np. przez spójnik **why**.

Porównajmy dalej:

She is sad. • zdanie twierdzące	*Ona jest smutna.*
Why is she sad? • pytanie wprost	*Dlaczego ona jest smutna?*
I don't know why she is sad. • pytanie zależne	*Nie wiem, dlaczego ona jest smutna.*

Zwróćmy uwagę, że szyk podmiotu i formy osobowej czasownika w pytaniu zależnym jest taki sam jak w odpowiednim zdaniu twierdzącym (np. **she is sad**) i inny od szyku tych elementów w pytaniu wprost (**is she sad**).

Pytanie wprost samo w sobie jest zdaniem (nie tylko częścią dłuższego zdania, jak to ma miejsce w wypadku pytania zależnego).

Porównajmy także:

She is disappointed.	*Ona jest rozczarowana.*
Is she disappointed?	*Czy ona jest rozczarowana?*
I don't know if she is disappointed.	*Nie wiem, czy ona jest rozczarowana.*

Zwróćmy uwagę, że w pytaniu wprost odpowiednikiem funkcjonalnym polskiego *czy* jest odwrócenie szyku podmiotu i formy osobowej czasownika (np. umieszczenie formy osobowej **is** przed podmiotem **she**). W pytaniu zależnym odpowiednikiem polskiego *czy* jest spójnik **if**. Zamiast **if** może wystąpić spójnik **whether** *czy* (zwłaszcza w stylu bardziej oficjalnym).

Dalsze przykłady:

I wonder if/whether he is satisfied.	*Ciekaw jestem, czy on jest zadowolony.*
I wonder if/whether she likes modern music.	*Ciekawa jestem, czy ona lubi muzykę nowoczesną.*
I wonder if/whether they went to the concert last night.	*Ciekaw jestem, czy oni poszli na (ten) koncert wczoraj (późnym) wieczorem.*

It is not clear whether or not the offer was accepted. • if nie może wystąpić bezpośrednio przed **or not**	*Nie jest jasne, czy oferta została przyjęta, czy nie.*
It is not clear whether/if the offer was accepted or not. • niebezpośrednio przed **or not**, if jest możliwe, ale rzadkie	*Nie jest jasne, czy oferta została przyjęta, czy nie.*
I can't decide whether to buy it. • przed bezokolicznikiem (np. **to buy**) może wystąpić tylko **whether**	*Nie mogę się zdecydować, czy to kupić.*
There are doubts about whether he is honest.	*Są wątpliwości co do tego, czy on jest uczciwy.*
No one knows whether he is alive or dead. • z **or** (alternatywa) z reguły występuje **whether**	*Nikt nie wie, czy on jest żywy, czy martwy.*
Whether I'll do it I don't know at the moment. • na początku wypowiedzi (fronting ☞ **54.2**) występuje **whether**	*Czy to zrobię, nie wiem w tej chwili.*

Porównajmy dalej:

How did she do it? • pytanie wprost	*Jak ona to zrobiła?*

Do you know how she did it? • how she did it – pytanie zależne	Czy *wiesz, jak ona to zrobiła?*
Why have you done it? • pytanie wprost	Dlaczego *to zrobiłeś?*
Tell me why you've done it. • why you've done it – pytanie zależne	Powiedz *mi, dlaczego to zrobiłeś.*
When did he see it? • pytanie wprost	Kiedy *on to widział?*
I wonder when he saw it. • when he saw – pytanie zależne	Ciekaw *jestem, kiedy on to widział.*

   📖   Tell me what you eat and I will tell you what you are. (A. Brillat Savarin)
      Powiedz mi, co jesz, a ja ci powiem, kim (dosł. czym) jesteś.

Podsumujmy:
Pytania zależne mają taki sam szyk podmiotu i formy osobowej czasownika jak odpowiadające im zdania twierdzące i tę samą formę osobową czasownika. Pytania zależne wprowadzane są spójnikami: **if/whether** czy oraz **why, when, where, how, what, who(m), which.** Zwróćmy uwagę, że te same wyrazy pytające, które w pytaniach wprost funkcjonują jako przysłówki i zaimki, tutaj funkcjonują jako spójniki (tj. elementy wprowadzające zdanie podrzędne).

   📖   Go directly – see what she's doing, and tell her she mustn't. (Punch)
      Idź od razu – zobacz, co robi i powiedz jej, że nie wolno.

41.3 Pytanie jako reakcja na wypowiedź

Przykłady:

– I went to the cinema yesterday. – Did you? – Yes. I saw a good film.	– *Poszedłem wczoraj do kina.* – *Tak?* – *Tak. Widziałem dobry film.*

Pytanie **Did you?** podtrzymuje rozmowę, sygnalizuje zainteresowanie. Taka jest główna funkcja tego rodzaju pytań.

– The lecture wasn't interesting. – Wasn't it? – No. It was boring.	– *Wykład nie był interesujący.* – *Nie był? – Nie. Był nudny.*
– I don't like Picasso. – Don't you? – No, I don't. He's awful.	– *Nie lubię Picassa. – Nie lubisz?* – *Nie lubię. Jest okropny.*
– I love jazz. – Do you? – Yes. It's wonderful.	– *Kocham jazz. – Tak?* – *Tak. Jest cudowny.*

Krótkie pytania będące reakcją na wypowiedź rozmówcy zawierają początek pytania utworzonego od tej wypowiedzi.

Przeanalizujmy:

– I went to the cinema last night.
– Did you (go to the cinema last night)?

– The lecture wasn't interesting.
– Wasn't it (interesting)?
• it zastąpiło tutaj the lecture

– I don't like Picasso.
– Don't you (like Picasso)?

41.4 Pytania rozłączne

Krótkie pytania na końcu zdania (po przecinku), będące najczęściej odpowiednikami polskich wyrazów *prawda?*, *nieprawdaż?*, *przecież* i in. nazywamy pytaniami rozłącznymi (**question tags**).

41.4.1 Pytania rozłączne po zdaniach niezaprzeczonych (twierdzących)

Przykłady:

You are tired, aren't you?	*Jesteś zmęczony, nieprawdaż?*
I'm right, aren't I*?	*Przecież mam rację.*

* aren't I ☞ **1.2.4**

Pytanie rozłączne może mieć intonację wznoszącą i wtedy wymaga odpowiedzi (pytanie rzeczywiste). Może też mieć intonację opadającą i wtedy w zasadzie nie wymaga odpowiedzi (pytanie retoryczne). Z tłumaczenia można się domyślać, że pierwsze pytanie jest rzeczywiste, a drugie retoryczne.

You like modern music, don't you?	*Lubisz muzykę nowoczesną, czyż nie?*
He liked the concert, didn't he?	*Przecież podobał mu się (ten) koncert.*
She lives in London, doesn't she?	*Ona mieszka w Londynie, prawda?*

W podanych przykładach przed pytaniem rozłącznym występuje zdanie twierdzące. Pytanie rozłączne składa się z zaimka osobowego, który nawiązuje do podmiotu zdania przed pytaniem rozłącznym, oraz poprzedzającej go zaprzeczonej formy osobowej czasownika posiłkowego. Forma ta wystąpiłaby przed podmiotem, gdyby ze zdania twierdzącego (np. **She lives in London**) utworzyć pytanie z przeczeniem (np. **Doesn't she live in London?**).

Przeanalizujmy:

Tom is busy.

• zdanie twierdzące; **Tom** = **he**

Is he busy?

• pytanie tworzymy przez inwersję

Isn't he busy?

• zaprzeczamy pytanie

Isn't he?

• pozostawiamy tylko zaprzeczoną formę osobową **isn't** i zaimek **he**

Tom is busy, isn't he?

• dodajemy otrzymane pytanie rozłączne do zdania

Ann likes music.

• zdanie twierdzące w czasie PRESENT SIMPLE; **Ann** = **she**

> ## Does she like music?

• ze zdania twierdzącego tworzymy pytanie

> ## Doesn't she like music?

• zaprzeczamy pytanie

> ## Doesn't she?

• pozostawiamy pierwsze dwa elementy – pytanie rozłączne

> ## Ann likes music, doesn't she?

• dodajemy pytanie rozłączne do zdania

Tom and Mary liked the concert.

• zdanie twierdzące w czasie PAST SIMPLE; Tom and Mary = they

Did they like the concert?
Didn't they like the concert?
Didn't they?
Tom and Mary liked the concert, didn't they?

Wniosek:
Jeśli zdanie przed pytaniem rozłącznym jest zdaniem twierdzącym, pytanie rozłączne jest zaprzeczone.

Dalsze przykłady:

You've seen the film.
Have you seen the film?
Haven't you seen the film?
Haven't you?
You've seen the film, haven't you?

Tom has been to America.
He has been to America.
Has he been to America?
Hasn't he been to America?
Hasn't he?
Tom has been to America, hasn't he?

41.4.2 Pytania rozłączne po zdaniach przeczących

Jeżeli zdanie przed pytaniem rozłącznym jest zdaniem przeczącym, to pytanie rozłączne nie jest zaprzeczone. Pozostałe elementy i zasady tworzenia ☞ **41.4.1.**

Przykłady:

You aren't busy tomorrow, are you?	*Nie jesteś jutro zajęty, prawda?*
You don't like modern music, do you?	*Przecież nie lubisz muzyki nowoczesnej.*
Tom didn't like the concert, did he?	*Tomowi nie podobał się koncert, prawda?*

Przeanalizujmy:

Alice doesn't like modern music.

• zdanie przeczące; **Alice = she**

Doesn't she like modern music?

• tworzymy pytanie zaprzeczone

Does she like modern music?

• odrzucamy **n't** – mamy pytanie niezaprzeczone

Does she?

• zachowujemy formę osobową czasownika posiłkowego i podmiot

Alice doesn't like modern music, does she?

• dodajemy pytanie rozłączne

Tom and Mary didn't go to the cinema.
They didn't go to the cinema.
Didn't they go to the cinema?
Did they go to the cinema?
Did they?
Tom and Mary didn't go to the cinema, did they?

Jim hasn't been to Paris.
He hasn't been to Paris.
Hasn't he been to Paris?
Has he been to Paris?
Has he?
Jim hasn't been to Paris, has he?

Ann can't speak Russian.
She can't speak Russian.
Can't she speak Russian?
Can she speak Russian?
Can she?
Ann can't speak Russian, can she?

Dalsze przykłady:

We don't have to wait, do we?	*Przecież nie musimy czekać.*
I'm not late, am I?	*Nie jestem spóźniony, prawda?*

W przypadku konstrukcji **let's** (☞ **17.2.1**, **11.1.3**) pytanie rozłączne ma formę **shall we?**

Let's go to the cinema, shall we?	*Chodźmy do kina, dobrze?*

41.4.3 Pytania rozłączne niezaprzeczone po zdaniach twierdzących

Przykłady:

You talked to him, did you?	*Więc z nim rozmawiałaś.*
You've sold your car, have you?	*Więc sprzedałeś swój samochód.*

Używając tej konstrukcji, potwierdzamy to, co już wiemy, albo wyrażamy dezaprobatę, zdziwienie itp. Tego rodzaju pytanie rozłączne przypomina pytanie jako reakcję na wypowiedź (☞ **41.3**).

BEZOKOLICZNIK I RZECZOWNIK ODSŁOWNY (FORMA -ing)
INFINITIVE AND GERUND

42.1 Bezokolicznik

Bezokolicznik może wyrażać różne treści w zależności od formy, w której występuje, a także od pozycji, jaką zajmuje w zdaniu (wstępne informacje na temat formy bazowej czasownika i bezokolicznika ☞ **16.1**).

42.1.1 Bezokolicznik (prosty) po wyrazach pytających

Porównajmy:

What to do?	*Co robić?*
Where to go?	*Dokąd iść?*
How to respond?	*Jak zareagować?*
When to go?	*Kiedy iść?*
Who(m) to ask?	*Kogo zapytać?*
Who(m) to turn to?	*Do kogo się zwrócić?*

ale:

Why wait?	*Dlaczego/Po co czekać?*

• zakwestionowanie sensowności takiej opcji

Why not go to the cinema?	*Dlaczego nie pójść do kina?*

• propozycja

Zwróćmy uwagę, że po **why** bezokolicznik występuje bez **to** (a więc równy jest w tym wypadku formie bazowej czasownika).

📖 The object of art is to give life a shape. (Jean Anouilh)
Przedmiotem (= Celem) sztuki jest nadać życiu (jakiś) kształt.

42.1.2 Konstrukcja **too ... to ...**

Porównajmy:

It's too late to go to the cinema.	*Jest zbyt późno, żeby iść do kina.*
He's too lazy to do anything.	*On jest zbyt leniwy, żeby cokolwiek zrobić.*

📖 Life is too important a thing ever to talk seriously about it. (Oscar Wilde)
Życie jest zbyt ważną rzeczą, żeby kiedykolwiek mówić o nim poważnie.

42.1.3 Bezokolicznikowy równoważnik zdania celowego

Przykłady:

She went to town (in order) <u>to do</u> some shopping.	*Poszła do miasta (po to), <u>żeby zrobić</u> trochę zakupów.*
He went to England (in order) <u>to learn</u> some English.	*Pojechał do Anglii (po to), <u>żeby poduczyć się</u> angielskiego.*
She went to town in <u>order not to be</u> at home.	*Poszła do miasta <u>po to, żeby nie być</u> w domu.*
He went to England <u>so as not to forget</u> his English.	*Pojechał do Anglii <u>po to, żeby nie zapomnieć</u> swojej angielszczyzny.*

Zwróćmy uwagę, że w omawianej konstrukcji przed zaprzeczonym bezokolicznikiem występują **in order/so as** *po to, żeby.* Mogą one wystąpić również przed bezokolicznikiem niezaprzeczonym dla podkreślenia, że chodzi o wyrażenie celu.

In order (to) wyraża dwa aspekty: chęć zrobienia czegoś lub spowodowania, żeby coś się stało. **So as (to)** wyraża tylko ten drugi aspekt, dlatego jest mniej uniwersalne (zdania podrzędne celu ☞ **53**).

Warto pamiętać, że bezokolicznikowy równoważnik zdania celowego trzeba traktować jako konstrukcję samą w sobie, a nie wynik przekształceń zdania podrzędnego celu.

We read to say that we have read. (Charles Lamb)
Czytamy, żeby powiedzieć, że przeczytaliśmy.

42.1.4 Bezokolicznikowy równoważnik zdania względnego

Porównajmy:

I have to do a lot of work. • have to *musieć*	*Muszę zrobić dużo pracy.*
I have a lot of work to do. • work to do *praca, którą trzeba zrobić*	*Mam dużo pracy do zrobienia.*

Drugi przykład zawiera bezokolicznikowy równoważnik zdania względnego (zdania względne ☞ **47**).
Porównajmy dalej:

There is work to do. • work to do *praca, którą trzeba zrobić*	*Jest praca do zrobienia.*
There are problems to discuss. • problems to discuss *problemy, które trzeba przedyskutować*	*Są problemy do przedyskutowania.*

She gave us some photos to look at. • photos to look at *fotografie, które można/trzeba obejrzeć*	*Dała nam kilka fotografii do obejrzenia.*

Zwróćmy uwagę na pozycję przyimka at (**to look at photos** *oglądać fotografie*).

She is looking for a place to live in. • a place to live in *miejsce, gdzie można zamieszkać*	*Ona szuka jakiegoś lokum do zamieszkania.*

Zwróćmy uwagę na pozycję przyimka in (**to live in a place** *mieszkać w jakimś miejscu*).

I need someone to play chess with.	Potrzebuję kogoś do gry w szachy.
• someone to play chess with *ktoś, z kim można grać w szachy*	

Zwróćmy uwagę na pozycję przyimka **with** (**to play chess with someone** *grać z kimś w szachy*).

I have some documents to look through.	Mam trochę dokumentów do przejrzenia.
• documents to look through *dokumenty, które trzeba przejrzeć*	

Zwróćmy uwagę na pozycję przyimka **through** (**to look through some documents** *przeglądać jakieś dokumenty*).

There was no one to talk to.	Nie było z kim porozmawiać.
• no one to talk to *nikt, z kim można porozmawiać*	

Zwróćmy uwagę na pozycję przyimka **to** (**to talk to no one** *z nikim nie rozmawiać*).

Zauważmy, że konstrukcje bezokolicznikowe występują tutaj zamiast zdań względnych (tj. takich, które zawierają element **that/which/who** etc.). Mimo to należy je traktować jako struktury same w sobie i stosować bezpośrednio i niezależnie od innych konstrukcji. Pokazane relacje z innymi konstrukcjami mają tylko pomóc w lepszym ich zrozumieniu.

42.1.5 Relacjonowanie poleceń i próśb

Porównajmy:

He said: "Give me her address".	On powiedział: „Daj mi jej adres".
He told me to give him her address.	Kazał mi dać sobie jej adres.

Pierwsze zdanie występuje w mowie wprost (dokładne przytoczenie wypowiedzianych słów). Drugie zdanie występuje w mowie zależnej (relacjonowanie treści wypowiedzi; mowa zależna ☞ **48**). Zwróćmy uwagę na użycie bezokolicznika w funkcji relacjonowania przebiegu wydarzeń.

Dalsze przykłady:

He didn't ask me to come in.	*Nie poprosił mnie, żebym weszła.*
She told me to* bring the documents.	*Kazała mi przynieść (te) dokumenty.*
They invited us to have dinner with them.	*Zaprosili nas, żebyśmy zjedli z nimi obiad.*
She asked me not to tell her boss about it.	*Prosiła mnie, żebym nie mówił o tym jej szefowi.*

* she told me to ... dosł. *powiedziała mi, żebym ...*

Zwróćmy uwagę na bezokolicznik zaprzeczony (not to tell; bezokolicznik zaprzeczony ☞ 16.1.2).

Warto pamiętać, że relacjonowanie wypowiedzi to nie mechaniczne przekształcanie jednej konstrukcji w inną (np. mowy wprost w mowę zależną), ale posługiwanie się od razu konstrukcją odpowiednią do wyrażenia tego, co akurat chcemy powiedzieć.

42.1.6 Bezokolicznik prosty i bezokolicznik czasu przeszłego w stronie czynnej i biernej; bezokolicznik czasu teraźniejszego i przeszłego w aspekcie ciągłym

Czasownik modalny ought (to) ☞ 15.5.

Forma bezokolicznika czasu przeszłego (the perfect infinitive): posiłkowe (to) have + imiesłów bierny czasownika głównego (3. forma czasownika).

Porównajmy:

You ought to phone her today. • to phone – bezokolicznik prosty	*Powinieneś dzisiaj do niej zadzwonić.*
You ought to have phoned her yesterday. • to have phoned – bezokolicznik czasu przeszłego	*Powinieneś był do niej wczoraj zadzwonić.*

Zwróćmy uwagę na polski ekwiwalent bezokolicznika w czasie przeszłym: (*powinieneś*) *był zadzwonić*. Polski czasownik *powinien/powinna* etc. jest czasownikiem ułomnym (podobnie jak **ought**) i nie ma form czasu przeszłego. W języku angielskim brak ten kompensuje się użyciem bezokolicznika czasu przeszłego.

Dalsze przykłady:

He ought to have written to us.	*On powinien (był) do nas napisać.*
– She ought to have taken the exam on Friday. – Why didn't she? – I've no idea.	*– Powinna (była) zdawać ten egzamin w piątek. – Dlaczego nie zdawała?* *– Nie mam pojęcia.*
– They ought to have invited us to the party. – But they didn't.	*– Powinni (byli) nas zaprosić na to przyjęcie. – Ale nie zaprosili.*

📖 We have left undone those things which we ought to have done;
And we have done those things which we ought not to have done.
(Prayer Book, 1662)
Pozostawiliśmy niezrobione te rzeczy, które powinniśmy byli zrobić;
A zrobiliśmy te rzeczy, których nie powinniśmy byli robić.

📖 A classic is something that everybody wants to have read and nobody
wants to read. (Mark Twain)
Utwór klasyczny jest czymś, co każdy chciałby mieć już przeczytane,
a nikt nie chce przeczytać.

📖 'Tis* better to have loved and lost, than never to have loved at all.
(Samuel Butler)
Lepiej było kochać i przegrać, niż nigdy nie kochać.
* 'Tis – It is (archaiczne)

Porównajmy dalej:

She ought to be informed* about it tomorrow. • **to be informed** – bezokolicznik prosty w stronie biernej	*Ona powinna być o tym jutro poinformowana.*
She ought to have been informed about it yesterday. • **to have been informed** – bezokolicznik czasu przeszłego w stronie biernej	*Ona powinna (była) wczoraj być o tym poinformowana.*

* strona bierna ☞ **18, 45**

📖 To offend is my pleasure. I love to be hated. (Edmund Rostand)
Obrażać – to dla mnie przyjemność. Kocham być nienawidzony.

📖 History is too serious to be left to historians. (Iain Macleod)
Historia jest zbyt poważna, żeby pozostawić ją historykom.

Porównajmy także:

She ought to be working now. • **to be working** – bezokolicznik czasu teraźniej-szego w aspekcie ciągłym	*Powinna teraz pracować.*

Bezokolicznik czasu teraźniejszego w aspekcie ciągłym składa się z posiłkowego **(to) be** + forma **-ing** czasownika głównego.

She ought to have been working yesterday. • **to have been working** – bezokolicznik czasu przeszłego w aspekcie ciągłym	*Powinna była wczoraj pracować.*

Bezokolicznik czasu przeszłego w aspekcie ciągłym składa się z posiłkowego **(to) have been** + forma **-ing** czasownika głównego.

Zarówno bezokolicznik czasu teraźniejszego w aspekcie ciągłym, jak i przeszłego w tym aspekcie, wyrażają czynności trwające nieprzerwanie przez pewien czas.

Mamy zatem sześć form bezokolicznika. Przypomnijmy je wszystkie na przykładzie czasownika **to write** *pisać*:

simple infinitive
> **(to) write**

present continuous infinitive
> **(to) be writing**

perfect infinitive
> **(to) have written**

perfect continuous infinitive
> **(to) have been writing**

simple infinitive passive*
   (to) be written

perfect infinitive passive*
   (to) have been written

* strona bierna ☞ **18, 45.1**

42.2 Forma -ing w czasie przeszłym w stronie czynnej i biernej

42.2.1 Strona czynna

Porównajmy:

I remember meeting him. • **meeting** – forma -ing prosta I remember having met him. • **having met** – forma -ing w czasie przeszłym	*Pamiętam, że go poznałem.*

Forma czasu przeszłego podkreśla, że wydarzenie miało miejsce w przeszłości (prawdopodobnie przed jakimś innym wydarzeniem przeszłym).

42.2.2 Strona bierna

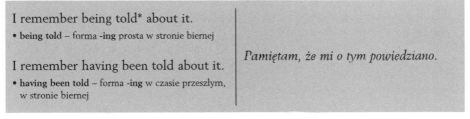

I remember being told* about it. • **being told** – forma -ing prosta w stronie biernej I remember having been told about it. • **having been told** – forma -ing w czasie przeszłym, w stronie biernej	*Pamiętam, że mi o tym powiedziano.*

* strona bierna ☞ **18, 45.1**

Forma czasu przeszłego podkreśla, że wydarzenie miało miejsce w przeszłości (prawdopodobnie przed jakimś innym wydarzeniem przeszłym).

CZASOWNIKI MODALNE (II)
CZASOWNIKI **need** ı **dare**

43.1 Formy osobowe **may** i **might**

Wprowadzenie czasowników modalnych ☞ **15**.

43.1.1 Wyrażanie przyzwolenia

Porównajmy:

– May I come in? – Yes, of course. Please take a seat.	– *Czy mogę wejść?* – *Tak, naturalnie. Proszę, niech pani usiądzie.*
– May I use your printer? – Yes, you may.‖ No, you may not.	– *Czy mogę skorzystać z twojej drukarki?* – *Tak, możesz.‖ Nie, nie możesz.*

W stylu bardziej potocznym zamiast **may** można użyć **can** (☞ **15.3.3**).

Udzielając pozwolenia albo proponując skorzystanie z czegoś, używamy zazwyczaj **can/could**. Na przykład: **You can/could use my computer.** *Możesz skorzystać z/użyć mojego komputera.*

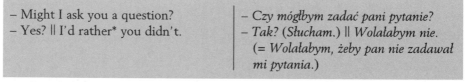

– Might I ask you a question? – Yes? ‖ I'd rather* you didn't.	– *Czy mógłbym zadać pani pytanie?* – *Tak? (Słucham.) ‖ Wolałabym nie.* *(= Wolałabym, żeby pan nie zadawał mi pytania.)*

* would rather ☞ **15.2.4**

Might jest formą trybu warunkowego od **may**. W pytaniach o pozwolenie **may** występuje zdecydowanie częściej. W stylu bardziej potocznym można zastąpić **might** przez **could**, a **may** przez **can**.

43.1.2 Wyrażanie prawdopodobieństwa i możliwości

Porównajmy:

He may be at home.	*On może być w domu.* • w tej chwili – duże prawdopodobieństwo
He may not be at home.	*Może go nie być w domu.* • w tej chwili – duże prawdopodobieństwo
He might be at home.	*Nie jest wykluczone, że on jest w domu.* • w tej chwili – mniejsze prawdopodobieństwo niż przy użyciu **may**

Możliwość można również wyrazić za pomocą **could: He could be at home.** *Być może (on) jest w domu.* W pytaniach występuje **be likely to** (☞ **15.3.2**).

He might not be at home.	*Nie jest wykluczone, że nie ma go w domu.* • w tej chwili – mniejsze prawdopodobieństwo niż przy użyciu **may**
He can't be at home.	*Jego nie może być w domu.* • w tej chwili – wykluczona możliwość
He may have been at home.	*On mógł być w domu.* • wówczas, w przeszłości – domniemanie obecne
He may not have been at home.	*Mogło go nie być w domu.* • wówczas, w przeszłości – domniemanie obecne
He might have been at home.	*Nie jest wykluczone, że był w domu.* • wówczas, w przeszłości – domniemanie obecne, prawdopodobieństwo mniejsze niż przy użyciu **may**

Możliwość przeszłą można również wyrazić za pomocą **could** + bezokolicznik czasu przeszłego: **He could have been at home.** *Mógł być (wówczas) w domu.*

He might not have been at home.	*Mogło go nie być w domu.*
	• wówczas, w przeszłości – domniemanie obecne, prawdopodobieństwo mniejsze niż przy użyciu **may**
He can't have been at home.	*Nie mogło go być w domu.*
	• obecne wykluczenie możliwości przeszłej

Porównajmy również:

Mówimy o możliwości i prawdopodobieństwie jakiegoś wydarzenia w przyszłości.

It's possible but not very probable.	*To jest możliwe, ale nie bardzo prawdopodobne.*

Możemy przyjąć analogię, że **can** odpowiada **possible**, a **may** odpowiada **probable**.

It can be very cold here in winter.	*Zimą potrafi tu być bardzo zimno.*
	• sytuacja możliwa
It may be very cold tomorrow.	*Jutro może być bardzo zimno.*
	• prawdopodobieństwo

📖 Everything that can be said can be said clearly. (Ludwig Wittgenstein)
Wszystko, co można powiedzieć (dosł. *może być powiedziane*), *można powiedzieć w sposób jasny* (= *jasno*).

Porównajmy także:

He must* finish the work. He simply has to finish it.	*On musi skończyć tę pracę. On po prostu musi ją skończyć.*
	• konieczność, obowiązek
He had to finish the work. He had no choice.	*Musiał skończyć tę pracę. Nie miał wyboru.*
	• konieczność przeszła

He can't be right. He must* be wrong.	*On nie może mieć racji. On musi się mylić.* • w tej chwili – nasze przypuszczenie/przekonanie
He can't have been right. He must have been wrong.	*On nie mógł mieć racji. On musiał się mylić.* • nasze obecne przypuszczenie/przekonanie dotyczące przeszłości

* must ☞ **15.4**

📖 Hamlet's experiences simply could not have happened to a plumber. (G.B. Shaw)
Przeżycia Hamleta po prostu nie mogłyby się były przydarzyć hydraulikowi.

43.2 Forma osobowa **should**

Formalnie **should** jest formą osobową czasu PAST SIMPLE od **shall** (☞ **11.1**).

Forma osobowa **should** (taka sama dla wszystkich osób) jest synonimem **ought (to)** i wyraża: obowiązek, radę, przypuszczenie (☞ **15.5**).

Forma osobowa **should** ma wiele znaczeń i zastosowań:

– może wyrażać warunek, którego szansa na spełnienie jest minimalna:

If you should see her ...	*Gdyby się tak złożyło, że byś ją zobaczył ...*

– występuje po pewnych czasownikach wyrażających sugestie, propozycje, żądania, zalecenia itp.:

He suggested that she should come.	*On zaproponował, żeby ona przyszła.*
He insisted that she should come.	*On nalegał, żeby ona przyszła.*
He demanded that she should come.	*On żądał, żeby ona przyszła.*
He recommended that she should come.	*On zalecił, żeby ona przyszła.*

Forma osobowa **should** występuje również po pewnych przymiotnikach wyrażających konieczność, ważność, zdziwienie, niepokój itp.:

It is <u>necessary</u> that he <u>should</u> know about it.	*Jest konieczne, żeby on o tym wiedział.*
It is <u>advisable</u> that he <u>should</u> know about it.	*Jest wskazane, żeby on o tym wiedział.*
It is <u>important</u> that he <u>should</u> know about it.	*Jest ważne, żeby on o tym wiedział.*
It is <u>astonishing</u> that he <u>shouldn't</u> tell the truth.	*To zdumiewające, że on nie powiedział prawdy.*

43.3 Czasowniki **need** i **dare**

43.3.1 Czasownik **need**

Czasownik **need** *potrzebować, musieć* ma dwie formy: zwykłą i modalną, przy czym modalne użycie **need** jest bardziej typowe dla brytyjskiego angielskiego. Czasownik modalny ma tylko formę osobową (czasu PRESENT SIMPLE) – need (taką samą dla wszystkich osób), która łącząc się z **not**, tworzy **needn't**. W pytaniach modalne **need** występuje przed podmiotem. Forma **needn't** wyraża brak konieczności (☞ **15.4**). Czasownik po modalnym **need** występuje w formie bazowej (bezokolicznik bez **to**). Niepotrzebne działania przeszłe wyraża **needn't** + bezokolicznik czasu przeszłego.

📖 Need we say it wasn't love,
Just because it perished?
(Edna St. Vincent Millay)
Czy musimy mówić, że to nie była miłość,
dlatego tylko, że umarła?

Porównajmy:

He needn't do it.	*On nie musi tego robić.*
He needn't have done it.	*On nie musiał tego robić.* • ale zrobił

He doesn't have/need to do it.	On nie musi tego robić.
• need (to) – czasownik główny, niemodalny	
He didn't have/need to do it.	On nie musiał tego robić.
• need (to) – czasownik główny	• i najprawdopodobniej nie zrobił
He needs to get Mr Brown's permission.	On musi otrzymać pozwolenie pana Browna.
– Do we need to wait? – No, we don't.	– Czy musimy czekać? – Nie, nie musimy.

Zwróćmy uwagę, że po niemodalnym **need** występuje bezokolicznik poprzedzony wyrazem gramatycznym **to**. Czasownik główny (niemodalny) **need** ma w formie trzeciej osoby liczby pojedynczej (**he**, **she**, **it**) końcówkę -s, a w formie osobowej czasu PAST SIMPLE – końcówkę -ed. W pytaniach i przeczeniach forma bazowa **need** występuje z **do/don't**, **does/doesn't**, **did/didn't**.

Tylko po czasowniku niemodalnym **need** może wystąpić rzeczownik w funkcji dopełnienia:

He needs a lot of money.	On potrzebuje dużo pieniędzy.
She doesn't need our help.	Ona nie potrzebuje naszej pomocy.
They didn't need anything.	Niczego nie potrzebowali.

📖 A gentleman need not know Latin, but he should at least have forgotten it. (Brander Matthews)
Dżentelmen nie musi znać łaciny, ale powinien (był) ją przynajmniej zapomnieć.

43.3.2 Czasownik **dare**

Czasownika **dare** *ośmielać się* można, podobnie jak **need**, używać jako czasownika głównego lub modalnego. Forma osobowa czasownika modalnego **dare** jest taka sama dla wszystkich osób, w pytaniach występuje przed podmiotem, w przeczeniach łączy się z **not**, tworząc **daren't**. Modalnej formy czasownika **dare** używa się przede wszystkim w czasie PRESENT SIMPLE.

Jako czasownik niemodalny w trzeciej osobie liczby pojedynczej czasu PRESENT SIM-
PLE **dare** przybiera końcówkę **-s**, a w formie osobowej czasu PAST SIMPLE – końcówkę **-ed**. W pytaniach i przeczeniach forma bazowa **dare** występuje z **do/don't,
does/doesn't, did/didn't**.

Porównajmy:

I daren't ask her.	*Nie śmiem jej zapytać.*
How dare you?!	*Jak śmiesz?!*
Does he dare to tell her about it?	*Czy on ma odwagę jej o tym powiedzieć?*

📖 Enter these enchanted woods,
You who dare. (George Meredith)
Wejdźcie w te zaczarowane lasy,
wy, którzy macie odwagę.

Czasownik **dare** często zastępowany jest przez inne czasowniki i wyrażenia, takie jak:
to have the courage to ... *mieć odwagę, by* ..., **not to be afraid to** ... *nie bać się* ... .

I daresay (przede wszystkim angielszczyzna brytyjska) znaczy *sądzę, przypuszczam,*
np.: **I daresay you're right.** *Sądzę, że masz rację.*

📖 Boldness, more boldness, and perpetual boldness! (Georges Danton)
Śmiałości, więcej śmiałości i nieustannej śmiałości!

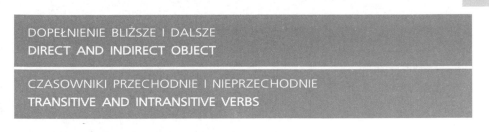

**DOPEŁNIENIE BLIŻSZE I DALSZE
DIRECT AND INDIRECT OBJECT**

**CZASOWNIKI PRZECHODNIE I NIEPRZECHODNIE
TRANSITIVE AND INTRANSITIVE VERBS**

44.1 Dopełnienie bliższe i dalsze

Porównajmy:

| She gave him a book. | *Ona dała mu książkę.* |

- co? **a book** – dopełnienie bliższe; komu? **him** – dopełnienie dalsze

| He showed her the photo. | *Pokazał jej (tę) fotografię.* |

- co? **the photo** – dopełnienie bliższe; komu? **her** – dopełnienie dalsze

Dopełnienia bliższe i dalsze mogą występować w różnych pozycjach:

| Ted gave Ann a book. He gave it to her. | *Ted dał Ann książkę. On dał ją jej.* |

- zdanie neutralne – bez podkreślania czegokolwiek

| Ted gave a book to Ann. He gave it (to) her. | *Ted dał książkę Ann. Dał jej ją.* |

- Podkreślamy (lekko), że dał tę książkę Ann, a nie komu innemu.

Zwróćmy uwagę na przyimek **to** (dosł. *do*) przed **Ann/her** w przykładzie drugim. Przyimek można opuścić jedynie przed zaimkiem (np. **her**), jednak ze względów stylistycznych lepiej tego nie robić.

Zauważmy także, że w naszych przykładach dopełnienie dalsze jest jednocześnie dopełnieniem osobowym.

44.2 Czasowniki przechodnie i nieprzechodnie

Czasownik, po którym występuje dopełnienie (lub dopełnienia) nazywa się czasownikiem przechodnim.

Czasownik, po którym nie występuje dopełnienie, nazywa się czasownikiem nieprzechodnim.

Ten sam czasownik może funkcjonować jako czasownik przechodni lub nieprzechodni.

She's reading.	*Ona czyta.*

• **read** – czasownik nieprzechodni

She's reading a book.	*Ona czyta książkę.*

• **read** – czasownik przechodni

Porównajmy dalej:

Are you coming?	*Czy przychodzisz?*

• **come** – czasownik nieprzechodni

She smiled.	*Uśmiechnęła się.*

• **smile** – czasownik nieprzechodni

I like classical music.	*Lubię muzykę klasyczną.*

• **like** – czasownik przechodni; **classical music** – dopełnienie

Did you enjoy the party?	*Czy dobrze się bawiłeś na przyjęciu?*

• **enjoy** – czasownik przechodni; **the party** – dopełnienie

He's waiting.	*On czeka.*

• **wait** – czasownik nieprzechodni

He's awaiting her answer.	*Czeka na jej odpowiedź.*

• **await** – czasownik przechodni; **her answer** – dopełnienie

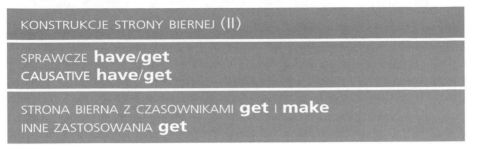

KONSTRUKCJE STRONY BIERNEJ (II)

SPRAWCZE **have/get**
CAUSATIVE **have/get**

STRONA BIERNA Z CZASOWNIKAMI **get** I **make**
INNE ZASTOSOWANIA **get**

45.1 Konstrukcje strony biernej trudne dla Polaków

Wiadomości wstępne na temat strony biernej ☞ **18**.

Porównajmy:

Someone gave Tom a computer.	*Ktoś dał Tomowi komputer.*

• strona czynna: podmiot – **someone**

The computer was given to Tom.	*Komputer ten dano* (dosł. *był dany*) *Tomowi.*

• strona bierna: podmiot – **the computer**

Tom was given the computer.	*Tom otrzymał* (dosł. *był dany*) *komputer.*

• strona bierna: podmiot – **Tom**

Przykłady drugi i trzeci nawiązują do sytuacji z przykładu pierwszego, parafrazując go – stąd przedimek określony **the**.

W przykładzie pierwszym wyraz **someone** jest elementem znaczeniowo nieważnym, dlatego nie występuje w konstrukcjach biernych (przykłady drugi i trzeci) – nie ma tam sprawcy działania (nie dodajemy **someone**).

Kontekst do przykładów drugiego i trzeciego można sobie wyobrazić w sposób następujący. Była jakaś uroczystość, podczas której rozdano trzy prezenty: komputer (**a computer**), aparat fotograficzny (**a camera**) i rower (**a bicycle**). Tom otrzymał komputer. W przykładach tych osoba wypowiadająca zdania zakłada, że rozmówca wie, jakie prezenty były do rozdania. Dlatego używa przedimka określonego **the** (**the computer**). Posługując się konstrukcją strony biernej, komunikat możemy sformułować na dwa sposoby: jak w przykładzie drugim lub jak w przykładzie trzecim. W każdym wypadku trochę inaczej rozkładamy akcenty: w przykładzie **The computer was given to Tom** interesuje nas przede wszystkim to, co się stało z komputerem. Dlatego **the computer** jest podmiotem zdania. W przykładzie **Tom was given the computer** interesuje nas przede wszystkim to, co spotkało Toma. Dlatego **Tom** jest podmiotem zdania.

Podmiot osobowy występuje w konstrukcjach strony biernej częściej niż podmiot nieosobowy – to, co przytrafia się osobom jest prawdopodobnie bardziej interesujące niż to, co dzieje się z rzeczami.

Politics is perhaps the only profession for which no preparation is thought necessary. (R.L. Stevenson)
Polityka jest być może jedynym zawodem, do którego żadne przygotowanie nie jest uważane za konieczne.

She hasn't been told about it.	*Nie powiedziano jej o tym.*
They were asked to wait.	*Poproszono ich, żeby zaczekali.*
She is thought to be ‖ to have been a genius.	*Uważa się, że ona jest ‖ była geniuszem.*
He is said to be ‖ to have been very talented.	*Mówi się o nim, że jest ‖ był bardzo utalentowany.*

The doctor has been sent for [fɔ:]*.	*Posłano po lekarza.*
What has he been accused of [ɒv]*?	*O co został oskarżony?*
The children were well looked after.	*Dziećmi dobrze się opiekowano.*
I don't like being talked about.	*Nie lubię, kiedy o mnie mówią.*

* Przyimki, mające mocną i słabą formę wymowy, na końcu zdania występują w formie mocnej (☞ **1.2.1**, **46.2**).

Konstrukcje strony biernej są częściej używane w języku pisanym niż mówionym.

A man who is much talked about is always attractive. (Oscar Wilde)
Mężczyzna, o którym dużo się mówi, jest zawsze atrakcyjny.

45.2 Sprawcze **have/get**

Konstrukcja ta omawiana jest w jednym rozdziale ze stroną bierną, ponieważ wyraża sytuację, w której sprawiamy, że coś zostaje zrobione przez osoby trzecie. Inaczej mówiąc, zlecamy zrobienie czegoś.

Forma: posiłkowe **have/get (something)** + imiesłów bierny czasownika głównego.

Porównajmy:

I want to type the text.	*Chcę przepisać ten tekst na maszynie/komputerze.*
I want to have the text typed.	*Chcę dać ten tekst do przepisania na maszynie/komputerze.*

Dalsze przykłady:

I'm going to have my car repaired.	*Mam zamiar dać swój samochód do naprawy.*
He wants to have his flat renovated.	*On chce kazać odnowić swoje mieszkanie.*
She had her hair cut.	*Kazała sobie obciąć włosy.*
She managed to get her book published.	*Udało jej się doprowadzić do wydania swojej książki.*
We managed to get our visas renewed.	*Udało się nam odnowić nasze wizy.*

Zwróćmy uwagę, że podobnie jak w zwykłych konstrukcjach strony biernej, imiesłów bierny (3. forma czasownika głównego) daje się oddzielnie przetłumaczyć na polski: **repaired** *naprawiony*, **renovated** *odnowiony, wyremontowany*, **cut** *obcięty*, **published** *opublikowany, wydany*, **renewed** *odnowiony*.

Natomiast **have/get** wyraża moc sprawczą. **Get** częściej niż **have** występuje w języku mówionym (styl potoczny) i wyraża pewną zdolność pokonywania przeszkód (patrz przykłady). **Have** ma jednak bardziej uniwersalne zastosowania (różne style).

45.3   Strona bierna z czasownikami **get** i **make**; inne zastosowania **get**

Porównajmy:

He killed himself.	*On się zabił.* • zabił się sam
He got killed.	*On się zabił.* • został zabity, np. w wypadku
The computer got damaged.	*Komputer został uszkodzony.*
The man got caught by the police.	*Ten człowiek został złapany przez policję.*

W ostatnich trzech zdaniach podmiot jest poddawany działaniu z zewnątrz. Dlatego konstrukcje tego rodzaju zaliczamy do konstrukcji strony biernej.

Porównajmy dalej:

He got her to accept the offer.	*Skłonił/Zmusił ją do przyjęcia tej propozycji.*
He made her accept the offer.	*Skłonił/Zmusił ją do przyjęcia tej propozycji.*

W drugim zdaniu konstrukcja **make somebody do something** wyraża tę samą treść co **get somebody to do something** w zdaniu pierwszym. Zwróćmy jednak uwagę, że po **make** (tutaj: **made**) w stronie czynnej nie występuje **to**. Użycie **to** jest natomiast konieczne w stronie biernej, np.:

She was made to accept the offer.	*Została zmuszona do przyjęcia tej propozycji.*

Porównajmy także sposoby wyrażania zmiany stanu:

He got divorced.	*On się rozwiódł.*
They got engaged.	*Oni się zaręczyli.*

She got married.	*Ona wyszła za mąż.*
It's getting late.	*Robi się późno.*

Zmianę stanu wyrażają także inne czasowniki:

He grew old.	*On się zestarzał.*
Her dreams never came true.	*Jej marzenia nigdy nie zostały spełnione.*
The situation became intolerable.	*Sytuacja stała się nie do zniesienia.*

📖 Art does not reproduce what we see. Rather, it makes us see. (Paul Klee)
Sztuka nie odtwarza tego, co widzimy. Raczej sprawia, że widzimy.

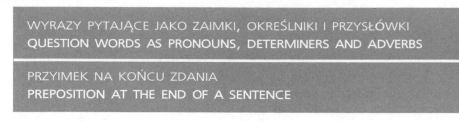

46.1 Wyrazy pytające jako zaimki, określniki i przysłówki

Zaimek zastępuje rzeczownik (np. **he** może zastąpić **the boy**). Określnik występuje razem z rzeczownikiem (a dokładniej przed nim), np. **this** może być określnikiem dla **boy** (**this boy**). Przysłówek odnosi się do czasownika, np. **yesterday** jest przysłówkiem w zdaniu **he came yesterday** – odnosi się do czasownika **came**: *przyszedł* kiedy? *wczoraj*.

Przyimek odnosi się do rzeczownika lub zaimka, np. **for** jest przyimkiem w zdaniu **This is for him** – odnosi się do zaimka **him** (dla kogo? *dla niego*). Jednemu przyimkowi angielskiemu odpowiada często kilka przyimków polskich i odwrotnie. Te same wyrazy mogą funkcjonować jako różne części mowy – dlatego tak ważny jest kontekst. W niniejszym rozdziale przyjrzymy się wyrazom pytającym i funkcjom, jakie mogą pełnić w zdaniu.

46.1.1 Zaimki pytające w funkcji podmiotu

Porównajmy:

– Who helped her? – Tom helped her.	– *Kto jej pomógł? – Tom jej pomógł.*

Zaimek pytający w funkcji podmiotu (**who**) zajmuje tę samą pozycję w zdaniu co podmiot rzeczownikowy (**Tom**).

– It happened yesterday. – What happened yesterday?	– *To się stało wczoraj.* – *Co się wczoraj stało?*

Zaimek pytający w funkcji podmiotu (**what**) zajmuje tę samą pozycję w zdaniu co podmiot zaimkowy (**it**).

– Which is better? – This is better.	– *Który jest lepszy? – Ten jest lepszy.*

Zaimek pytający w funkcji podmiotu (**which**) zajmuje tę samą pozycję w zdaniu co podmiot zaimkowy (**this**).

– Whose is better? – Tom's is better.	– *Czyj jest lepszy? – Toma jest lepszy.*

Zaimek pytający dzierżawczy (**whose**) w funkcji podmiotu zajmuje tę samą pozycję w zdaniu co podmiot rzeczownikowy w dopełniaczu (**Tom's**).

46.1.2 Zaimki i przysłówki pytające w funkcji dopełnienia

Porównajmy:

– Who helped her? – He helped her. • who/he – podmiot	– *Kto jej pomógł?* – *On jej pomógł.*
– Who(m) did he help? – He helped her. • who(m)/her – dopełnienie	– *Komu on pomógł?* – *On jej pomógł.*

Zaimek **who(m)** funkcjonuje jako dopełnienie (komu?). Forma **who** zamiast **whom** występuje w języku mówionym (styl potoczny). Jednak tylko **whom** może wystąpić po przyimku: **For whom is it?** *Dla kogo to jest?*, ale **Who is it for?** Zauważmy również, że po zaimku pytającym w funkcji dopełnienia zmienia się szyk zdania (na pytający), co nie ma miejsca po zaimku pytającym w funkcji podmiotu.

Dalsze przykłady użycia zaimków i przysłówków pytających w funkcji dopełnienia:

Who/What/Which did he see? • who/what/which – zaimki	*Kogo/Co/Które on widział?*
When/Why did he come? • when/why – przysłówki	*Kiedy/Dlaczego on przyszedł?*
Where/How did he go? • where/how – przysłówki	*Dokąd/Jak on pojechał?*

📖 What is this life if, full of care,
We have no time to stand and stare? (W.H. Davies)
Czym jest to życie, jeżeli, pełni troski,
Nie mamy czasu zatrzymać się i dłużej popatrzeć?

46.1.3 Wyrazy pytające w funkcji określników

Przykłady:

What time did he come? • what – określnik	*O której przyszedł?*
What book are you reading? • what – określnik	*Jaką książkę czytasz?*
Whose money is this? • whose – określnik	*Czyje to są pieniądze?*
Which book do you want? • which – określnik	*Którą książkę chcesz?*
Which girl do you mean? • which – określnik	*Którą dziewczynę masz na myśli?*

46.2 Przyimek na końcu zdania

Porównajmy:

From whom is this? • styl oficjalny Who's this from [frɒm]*? • język mówiony	*Od kogo to jest?*

Dalsze przykłady:

What's the book about?	*O czym jest ta książka?*
What are you looking for [fɔ:]*?	*Czego szukasz?*
Where do you come from [frɒm]*?	*Skąd pochodzisz?*
Who did she talk to [tu:]*?	*Z kim ona rozmawiała?*
What's he aiming at [æt]*?	*Do czego on zmierza?*

* Przyimek na końcu zdania ma mocną formę wymowy (☞ **1.2.1**).

Uwaga
Wyrazy pytające mogą również wystąpić w funkcji spójników (pytania zależne ☞ **41.2**).

ZAIMKI WZGLĘDNE, ZDANIA WZGLĘDNE
RELATIVE PRONOUNS, RELATIVE CLAUSES

47.1 Zaimki względne **who, which, that** w funkcji podmiotu; zdania względne utożsamiające i klasyfikujące

Porównajmy:

Who phoned?	*Kto dzwonił?*

* **who** – zaimek pytający

The man who phoned.	*Mężczyzna, który dzwonił.*

* **who** – zaimek względny

Which train?	*Który pociąg?*

* **which** – określnik pytający

The train which arrived late.	*Pociąg, który przybył z opóźnieniem.*

* **which** – zaimek względny

Zwróćmy uwagę, że w zdaniu **The man who phoned** element **who phoned** utożsamia **the man**. Inaczej mówiąc, wyrazy **who phoned** *który dzwonił* określają człowieka, precyzują, o którego człowieka chodzi.

Analogicznie w zdaniu **The train which arrived late** element **which arrived late** utożsamia **the train**. Inaczej mówiąc, wyrazy **which arrived late** *który przybył z opóźnieniem* określają pociąg, precyzują, o który pociąg chodzi.

Zwróćmy uwagę, że przed **who/which** nie ma przecinka!

Omawiane zdania, zawierające zaimek względny, nazywane są zdaniami względnymi utożsamiającymi (**identifying relative clauses**).

Porównajmy dalej:

Which girl do you mean?	*Którą dziewczynę masz na myśli?*

* **which** – określnik pytający

| The girl who phoned. | *Dziewczyna, która dzwoniła.* |

- **who** – zaimek względny

| Whose car is that? | *Czyj to jest samochód?* |

- **whose** – określnik dzierżawczy

| The woman whose car was stolen. | *Kobieta, której samochód skradziono.* |

- **whose** – zaimek względny

| The rocket whose engine failed. | *Rakieta, której silnik zawiódł.* |

- **whose** – zaimek względny

| The rocket the engine of which failed. | *Rakieta, której silnik zawiódł.* |

- **of which** – zaimek względny

Zaimek względny odnosi się do elementu, który go poprzedza, np. w **The girl who phoned** zaimek względny **who** odnosi się do **the girl**. Można powiedzieć, że zaimek względny funkcjonuje w z g l ę d e m elementu, który go poprzedza (i do którego się odnosi) – stąd nazwa w z g l ę d n y.

Zaimek względny **who** odnosi się do osób, natomiast zaimek względny **which** odnosi się do nie-osób (patrz przykłady wyżej).

Przypomnijmy: określnik pytający **which** *który* odnosi się zarówno do osób, jak i do nie-osób: **Which girl?**, **Which film?**

Zaimek względny **whose** *którego* odnosi się zarówno do osób, jak i nie-osób.

Natomiast **of which** *którego* odnosi się tylko do nie-osób (ograniczony zakres).

Zdania względne klasyfikujące

| I like cities which have character. | *Lubię miasta, które mają charakter.* |
| People who study English grammar live longer. | *Ludzie, którzy uczą się gramatyki angielskiej, żyją dłużej.* |

Ann is a girl who always behaves tactfully.	*Ann jest dziewczyną, która zawsze zachowuje się taktownie.*

W powyższych zdaniach występują opisy klas (= rodzajów) osób i rzeczy.

📖 I'm an optimist, but an optimist who carries a raincoat. (Harold Wilson)
Jestem optymistą, ale optymistą, który nosi ze sobą płaszcz przeciwdeszczowy.

Zarówno zaimek względny **who** *który*, jak i zaimek względny **which** *który* mogą być zastąpione przez zaimek względny **that** *który*. Wybór między **who/which** a **that** jest często kwestią stylu. Zaimek **that** jest stylistycznie „lżejszy" – nie jest akcentowany. Występuje on w zdaniach względnych utożsamiających i klasyfikujących. Nie może wystąpić bezpośrednio po przyimku.

Porównajmy:

The man **who/that** phoned.
The train **which/that** arrived late.
The girl **who/that** talked to me.
The people **who/that** live here.

Zaimki **who**, **which**, **that** występują w funkcji utożsamiającej – stąd **the** przed rzeczownikami.

W języku mówionym zaimek względny **that** występuje na ogół częściej niż **who/which**. Dużo częściej **that** występuje po **something** *coś*, **anything** *cokolwiek, nic*, **everything** *wszystko*. Prawie zawsze występuje po **all** *wszystko*, **little** *mało*, **much** *dużo*, **none** *żaden* (zaimek), **no** *żaden* (określnik), po złożeniach z **no** (np. **nothing** *nic*), po **only** *jedyny*, jak również po przymiotniku w stopniu najwyższym.

📖 Art is the most intense mode of individualism that the world has known. (Oscar Wilde)
Sztuka jest najbardziej intensywnym rodzajem indywidualizmu, jaki zna świat.

📖 I am very interested in the Universe – I am specializing in the Universe and all that surrounds it. (Peter Cook)
Bardzo interesuję się Wszechświatem – specjalizuję się we Wszechświecie i we wszystkim, co go otacza.

📖 Solitaire is the only thing in life that demands absolute honesty.
(Hugh Wheeler)
Pasjans jest jedyną rzeczą w życiu, która wymaga absolutnej uczciwości.

47.2 Zdania względne nieutożsamiające (zawierające dodatkową informację)

Porównajmy:

– He's been arrested. – Who? – The man who stole my car.	– *On został aresztowany.* – *Kto?* – *Człowiek, który ukradł mój samochód.*
– Is that the woman who wants to teach you to dance? – Yes, that's her.	– *Czy to jest kobieta, która chce cię nauczyć tańczyć? – Tak, to ona.*

Przykłady zdań względnych utożsamiających: **who stole my car; who wants to teach you to dance.** Bez nich sens wypowiedzi załamuje się. Dlatego nazywa się je również zdaniami definiującymi.

Ms Brown, who is an ambitious person, has decided to become famous.	*Pani Brown, która jest osobą ambitną, postanowiła stać się sławna.*
Mr Brown, who has a superiority complex, has decided to visit a psychoanalyst.	*Pan Brown, który ma kompleks wyższości, postanowił odwiedzić psychoanalityka.*
London, which is a big city, has a large number of art galleries and museums.	*Londyn, który jest wielkim miastem, ma dużą liczbę galerii sztuki i muzeów.*

Przykłady zdań względnych nieutożsamiających (**non-identifying relative clauses**): **who is an ambitious person; who has a superiority complex; which is a big city.** Ich opuszczenie nie powoduje załamania sensu wypowiedzi. Są one informacją dodatkową, wzbogaceniem sensu, ale nie jego podstawą. Dlatego nazywa się je również zdaniami niedefiniującymi. Zwróćmy uwagę na przecinki przed **who/which**.

W zdaniach tego typu nie może wystąpić zaimek względny **that.**

Porównajmy dalej:

| The man who wants to meet you will be at the party. | Człowiek, który chce cię poznać, będzie na tym przyjęciu. |

Zdanie względne **who wants to meet you** utożsamia (określa, definiuje) człowieka, o którego chodzi (**the man**).

| Mr Brown, who very much wants to meet you, will be at the party. | Pan Brown, który bardzo chce cię poznać, będzie na tym przyjęciu. |

Zdanie względne **who very much wants to meet you** nie utożsamia (nie określa, nie definiuje) osoby, o którą chodzi, ponieważ utożsamia ją nazwisko (**Mr Brown**). Dlatego zdanie takie nazywamy nieutożsamiającym. Jego funkcją jest podanie dodatkowej informacji.

Analogicznie:

| The remark that annoyed me ...
• that annoyed me utożsamia i konkretyzuje | Uwaga, która mnie zirytowała ... |
| Mr Brown's remark, which was out of place, annoyed me.
• which was out of place podaje dodatkowe informacje | Uwaga pana Browna, która była nie na miejscu, zirytowała mnie. |

A converted cannibal is one who, on Friday, eats only fishermen. (Emily Lotney)
Nawrócony ludożerca to taki, który w piątek zjada tylko rybaków.

47.3 Zaimki względne w funkcji dopełnienia (zdania względne utożsamiające i klasyfikujące)

Porównajmy:

| Who(m) did you phone? | Do kogo dzwoniłeś? |

• who(m) – zaimek pytający w funkcji dopełnienia

| The man who(m)/that I phoned. | Człowiek, do którego dzwoniłem. |

- who(m)/that – zaimek względny w funkcji dopełnienia

| The man I phoned. | Człowiek, do którego dzwoniłem. |

- zaimek względny w funkcji dopełnienia opuszczony – styl bardzo naturalny, zarówno oficjalny, jak i potoczny

| The film which/that I saw. | Film, który widziałem. |

- which/that – zaimek względny w funkcji dopełnienia

| The film I saw. | Film, który widziałem. |

- zaimek względny w funkcji dopełnienia opuszczony

Wariant zerowy zaimka względnego występuje wtedy, gdy zaimek funkcjonuje jako dopełnienie.

Porównajmy:

| The girl who saw me. | Dziewczyna, która mnie widziała. |

- who – zaimek względny w funkcji podmiotu; nie opuszcza się

| The girl (who(m)/that) I saw. | Dziewczyna, którą widziałem. |

- zaimek względny w funkcji dopełnienia; można opuścić

Zaimek względny w funkcji podmiotu jest odpowiedzią na pytanie: kto? co?, np. dziewczyna, k t ó r a ... . Forma osobowa czasownika (**saw**) występuje bezpośrednio po zaimku względnym w funkcji podmiotu (**who saw**).

Zaimek względny w funkcji dopełnienia jest odpowiedzią na pytanie: kogo? co? (komu? czemu? etc.), np. dziewczyna, k t ó r ą ... . Forma osobowa czasownika nie występuje bezpośrednio po zaimku względnym w funkcji dopełnienia (np. po **who/that**), ale po podmiocie, np. po zaimku osobowym (**the girl I saw**).

Porównajmy także:

| The book which/that amused me. | Książka, która mnie ubawiła. |

- zaimka względnego **which/that** w funkcji podmiotu nie opuszcza się

| The book (which/that) I've read. | *Książka, którą przeczytałem.* |

• zaimek względny w funkcji dopełnienia można opuścić

| London is a city I've always wanted to visit. | *Londyn jest miastem, które zawsze chciałem odwiedzić.* |
| Politicians are people I trust. | *Politycy są ludźmi, którym ufam.* |

• funkcja klasyfikująca – chodzi o rodzaj miasta/ludzi

📖 The fickleness of the women I love is only equalled by the infernal constancy of the women who love me. (G.B. Shaw)
Niestałości kobiet, które ja kocham, dorównuje tylko piekielna stałość kobiet, które mnie kochają.

47.4 Zdania względne z przyimkiem na końcu

Porównajmy:

To whom did she talk? Who(m) did she talk to?	*Z kim ona rozmawiała?*
The man to whom she talked. The man she talked to.	*Człowiek, z którym rozmawiała.*
The book for which she was looking The book she was looking for.	*Książka, której szukała.*

Styl potoczny charakteryzuje się tym, że przyimek występuje na końcu zdania. Dalsze przykłady z przyimkiem na końcu zdania:

I've seen the film you told me about.	*Widziałem film, o którym mi mówiłeś.*
We visited the house Shakespeare was born in.	*Odwiedziliśmy dom, w którym urodził się Szekspir.*
They visited the village I come from*.	*Odwiedzili wioskę, z której pochodzę.*

* mocna forma wymowy ☞ 1.2.1; przyimek na końcu zdania ☞ 46.2

I've met the man you worked with in America.	*Poznałem (tego) człowieka, z którym pracowałaś w Ameryce.*

When a stupid man is doing something he is ashamed of, he always declares it is his duty. (G.B. Shaw)
Kiedy głupiec robi coś, czego się wstydzi, zawsze oświadcza, że jest to jego obowiązek.

47.5 Konstrukcje względne z **it is/was ... who/which/that ...**

Porównajmy:

It was Jim who told us about it.	*To Jim nam o tym powiedział.*
It was Alice we saw.	*To Alice widzieliśmy.*
It's the manager we want to speak to.	*To z kierownikiem chcemy mówić.*
It's smoking that causes cancer.	*To palenie powoduje raka.*

Konstrukcja ta akcentuje, podkreśla ważność eksponowanego elementu (tutaj: **Jim, Alice, the manager, smoking; it** jako podmiot pusty ☞ **5.1**).

It is the spectator, and not life, that art mirrors. (Oscar Wilde)
To widz (= odbiorca), a nie życie, jest tym, co odzwierciedla sztuka.

Porównajmy zaimki względne:

	podmiot	dopełnienie	przynależność
osoby	who/that*	who(m)/that* (można pominąć)	whose
nie-osoby	which/that*	which/that* (można pominąć)	whose/of which

* **that** nie występuje w zdaniach względnych zawierających dodatkowe informacje

Przypomnijmy: po **all** i po przymiotniku w stopniu najwyższym używamy zaimka względnego **that** (lub pomijamy go, jeśli występuje w funkcji dopełnienia):

All cars that are sold increase the number of road accidents.	*Wszystkie samochody, które są sprzedawane, zwiększają liczbę wypadków drogowych.*
It was the best film (that) I've ever seen.	*To był najlepszy film, jaki kiedykolwiek widziałem.*

An idea isn't responsible for the people who believe in it. (Don Marquis)
Idea nie jest odpowiedzialna za ludzi, którzy w nią wierzą.

47.6 Konstrukcje względne z **where, when, why**

Porównajmy:

Where are they staying?	*Gdzie oni się zatrzymali (= mieszkają)?*

• **where** – przysłówek pytający

The hotel where they are staying is very expensive.	*Hotel, w którym* (dosł. *gdzie*) *się zatrzymali, jest bardzo drogi.*

• **where** – przysłówek względny

When was she born?	*Kiedy ona się urodziła?*

• **when** – przysłówek pytający

I remember the year when she was born.	*Pamiętam rok, w którym* (dosł. *kiedy*) *się urodziła.*

• **when** – przysłówek względny

Why did they do it?	*Dlaczego oni to zrobili?*

• **why** – przysłówek pytający

The reason why they did it is unclear.	*Powód, dla którego* (dosł. *dlaczego*) *to zrobili jest niejasny.*

• **why** – przysłówek względny

Jak widzimy, wyrazy pytające **where**, **when** i **why** mogą funkcjonować jako przysłówki względne.

📖 There even are places where English completely disappears.
In America they haven't used it for years. (A.J. Lerner)
Są nawet miejsca, gdzie angielski zupełnie zanika. W Ameryce nie używają go od lat.

47.7 Konstrukcje względne z **that's, all, what; which** w odniesieniu do całego zdania

Porównajmy:

What you need is love.	*To, czego człowiekowi* (dosł. *tobie*) *potrzeba, to miłość.*
All you have to do is press this button.	*Wszystko, co musisz zrobić, to nacisnąć ten guzik.*
A good computer, that's what you need.	*Dobry komputer, oto czego ci potrzeba.*

Zwróćmy uwagę, że **what** i **all** w powyższych zdaniach „zawierają w sobie" zaimek względny – *to/wszystko, co*.

They got married, which was a mistake.	*Pobrali się, co było błędem.*

Which po przecinku odnosi się do całego zdania – w takim użyciu jest zawsze poprzedzone przecinkiem.

📖 To know what everybody knows is to know nothing.
(Rémy de Gourmont)
Wiedzieć to, co każdy wie, to tyle, co nic nie wiedzieć.

MOWA ZALEŻNA
INDIRECT/REPORTED SPEECH

48.1   Uwagi ogólne

To, co tradycyjnie nazywamy mową zależną, obejmuje szereg zagadnień. Najważniejsze z nich to sposoby relacjonowania wypowiedzi innych osób (również wypowiedzi własnych; ☞ **9.2.3**), formułowania pytań zależnych (☞ **41.2**) i relacjonowania poleceń i próśb (☞ **42.1.5**). Wszystkie te zagadnienia zostały częściowo omówione przy okazji prezentowania różnych konstrukcji, które występują również w strukturach mowy zależnej.

Porównajmy:

"I'm tired," Jim said.	*„Jestem zmęczony" – powiedział Jim.* • przytaczamy wypowiedź – mowa wprost
Jim said (that) he was tired.	*Jim powiedział, że jest zmęczony.* • relacjonujemy wypowiedź – mowa zależna
"Life is complicated," said Ann.	*„Życie jest skomplikowane" –* *powiedziała Ann.* • przytaczamy wypowiedź – mowa wprost
Ann said (that) life was complicated.	*Ann powiedziała, że życie jest* *skomplikowane.* • relacjonujemy wypowiedź – mowa zależna

Zwróćmy uwagę, że można powiedzieć **Jim/Ann said**, albo **said Jim/Ann**.

Gdybyśmy jednak chcieli użyć zaimka, to mamy tylko jedną możliwość: **he/she said**.

Mowa wprost jest rodzajem zapisu wypowiedzi, który występuje np. w sztukach teatralnych i scenariuszach filmowych: aktor wypowiada/przytacza kwestie swojego bohatera. Niekiedy krótka wypowiedź odsłania sytuację emocjonalną postaci. Nie zawsze istnieje potrzeba powtarzania **X/Y said** – często kontekst czyni to zbędnym. Mową wprost posługują się czasem, chociaż tylko fragmentarycznie, dziennikarze dla ożywienia swoich tekstów. Dokładne cytowanie, zwłaszcza dłuższych wypowiedzi, bywa trudne, a czasami wręcz niemożliwe. Relacjonowanie wypowiedzi ma wiele zalet – pozwala na selekcję i spuentowanie. Relacjonując wypowiedzi innych osób, nie tylko podajemy ich treść, lecz również wyrażamy pewną postawę wobec wydarzeń. Jest to niekiedy postawa dystansu, mniejszej pewności, niejawnej krytyki lub tolerancji.

Porównajmy:

Jim says (that) our involvement isn't necessary.	*Jim mówi, że nasze zaangażowanie nie jest konieczne.*
Ann says that life is senseless.	*Ann mówi, że życie jest bez sensu (= bezsensowne).*

Relacjonując wypowiedź Jima, podajemy pewną informację, z której wynika, że według niego niepotrzebnie się w coś angażujemy. Jim może mieć rację, ale może jej też nie mieć. Warto się nad tym zastanowić – skoro relacjonujemy wypowiedź Jima, to znaczy, że bierzemy jego zdanie pod uwagę. Jednocześnie sami nie opowiadamy się za żadną opcją. Raczej stwarzamy możliwość zastanowienia się. Relacjonując wypowiedź Jima, możemy też chcieć (świadomie, półświadomie lub nieświadomie) osiągnąć inny efekt. Chcemy być może pokazać, jakim człowiekiem jest Jim (bojaźliwym, leniwym, może zmęczonym), nie mówiąc o tym wprost. Może nami też kierować chęć porozmawiania o czymkolwiek, ponieważ odczuwamy taką potrzebę. Inaczej mówiąc, mając do wyboru różne strategie wypowiedzi, wybieramy tę mniej wyraźną, bardziej niejednoznaczną, zachowując sobie swobodę manewru, łącznie z możliwością wycofania się z zachowaniem twarzy, bez powodowania konfliktu. Podobne opcje mamy zresztą w języku polskim. W przypadku Ann, zamiast powiedzieć, że jest niepoprawną pesymistką albo nawet osobą niezbyt mądrą, relacjonujemy jej wypowiedź. Być może chcemy zwrócić uwagę na jej trudną sytuację z zamiarem niesienia pomocy, a może chcemy ją pogrążyć w oczach rozmówcy. Tak czy inaczej sami nie wygłaszamy sądów – przyjmujemy jedynie bezpieczną pozycję osoby relacjonującej wypowiedź.

Celem tego komentarza było zwrócenie uwagi na fakt, że relacjonowanie wypowiedzi jest funkcją samą w sobie, wynikiem wyboru konstrukcji podyktowanego chęcią takiego, a nie innego sformułowania komunikatu. Nie chodzi tutaj o zamianę mowy wprost na mowę zależną albo odwrotnie. Zestawianie tych dwóch konstrukcji ma tylko służyć uwypukleniu różnic i podobieństw – strukturalnych i znaczeniowych – także z odwołaniem się do języka polskiego.

📖   I hate quotations. Tell me what you know. (R.W. Emerson)
      Nie cierpię cytatów. Powiedz mi, co wiesz.

Porównajmy dalej:

Are you free this afternoon?	*Czy jest pani wolna dziś po południu?* • pytanie wprost
I wonder if you are free this afternoon.	*Ciekaw jestem, czy pani jest wolna dziś po południu.* • pytanie zależne

Pytanie wprost jest dość obcesowe. Pytanie zależne jest bardziej delikatne. Zwrot **I wonder** jest trudno przetłumaczyć na polski – zwroty *ciekaw jestem, zastanawiam się, chciałbym się dowiedzieć, jeżeli to możliwe* są tylko przybliżeniami.

Mając dwie możliwości zadania pytania, możemy wybrać tę bardziej stosowną. O wyborze decyduje sytuacja i stopień zażyłości z osobą, do której się zwracamy. Warto jednak pamiętać, że taka możliwość istnieje. Umiejętne z niej korzystanie świadczy o dobrej znajomości języka.

Relacjonując swoje pytanie, możemy powiedzieć: **I asked her if she was free that afternoon.**

W konstrukcjach mowy zależnej występuje to, co nazywamy następstwem czasów (☞ **9.2.3**). Od reguł następstwa czasów są wyjątki.

Porównajmy:

Jim said he was/is interested in the idea.	*Jim powiedział, że jest zainteresowany tym pomysłem.*

Jeżeli chcemy podkreślić aktualność opisywanej sytuacji, to zamiast **was**, możemy użyć **is**.

She said she wants/wanted to emigrate.	*Powiedziała, że chce wyemigrować.*

Dla podkreślenia aktualności sprawy możemy użyć **wants** zamiast normalnego w tej konstrukcji **wanted**.

She promised she would/will write soon.	*Obiecała, że wkrótce napisze.*

Chcąc podkreślić, że otrzymanie od niej listu jest jeszcze przed nami, możemy użyć **will** zamiast normalnego w tej konstrukcji **would** (☞ **39.1.1**).

Takie odstępstwa od zasad są dość częste w języku mówionym. Wyboru jednej z form należy dokonać z pełną świadomością odcieni znaczeniowych, które chcemy wyrazić.

48.2   Zdania twierdzące

Porównajmy:

"I need money," he said to me.	*„Potrzebuję pieniędzy" – powiedział do mnie.*
He <u>told</u> me he <u>needed</u> money.	*Powiedział mi, że potrzebuje pieniędzy.*

Zwróćmy uwagę, że **he said to me** występuje na końcu wypowiedzi. Jest to naturalna pozycja w zdaniu dla tej grupy wyrazów. Patrz również niżej.

"I need a good car," she said to me.	*„Potrzebuję dobrego samochodu" – powiedziała do mnie.*
She <u>told</u> me she <u>needed</u> a good car.	*Powiedziała mi, że potrzebuje dobrego samochodu.*
"We have no time," they said.	*„Nie mamy czasu" – powiedzieli.*
They <u>said</u> they <u>had</u> no time.	*Powiedzieli, że nie mają czasu.*

Zapamiętajmy, że po **tell** występuje dopełnienie osobowe (**me/us/him** etc.); po **say** występuje od razu relacjonowana wypowiedź (bez dopełnienia osobowego). Wyjątek stanowi **say to** (**me/us/him** etc.) po przytoczonej wypowiedzi.

Dalsze przykłady:

I said, "I'm sorry".	*Powiedziałem: „Przepraszam".*
I <u>said</u> I <u>was</u> sorry.	*Przeprosiłem.*

"I'm waiting for Linda," he said.	„Czekam na Lindę" – powiedział.
He <u>told</u> me he <u>was</u> waiting for Linda.	Powiedział mi, że czeka na Lindę.

Po **say** i **tell** bardzo często opuszczamy **that** *że*. Nie opuszczamy go z reguły po innych czasownikach, np. **complain** *skarżyć się*, **explain** *wyjaśniać*, **object** *sprzeciwiać się* (*twierdząc*), **point out** *zwrócić uwagę* (= *zauważyć*), **protest** *zapewniać, utrzymywać coś przeciwnego* i in.:

She <u>complained</u> that she <u>was</u> badly treated.	Narzekała, że jest źle traktowana.
He <u>explained</u> that he <u>was</u> a political refugee.	Wyjaśnił, że jest uchodźcą politycznym.

48.3   Zdania pytające

"Why are you sad?" she asked.	„Dlaczego jesteś smutny?" – zapytała.
She <u>asked</u> me/him why I/he <u>was</u> said.	Ona zapytała mnie/go, dlaczego jestem/jest smutny.
"Where is he?" she asked.	„Gdzie on jest?" – zapytała.
She <u>wanted</u> to know where he <u>was</u>.	Chciała wiedzieć, gdzie on jest.
"Are you sure you want to buy it?" he asked.	„Czy jesteś pewien, że chcesz to kupić?" – zapytał.
He <u>asked</u> me whether I <u>was</u> sure I <u>wanted</u> to buy it.*	Zapytał mnie, czy jestem pewien, że chcę to kupić.

* pytania zależne ☞ **41.2**

48

48.4 Prośby i polecenia

"Wait for me," he said.	„Zaczekaj na mnie" – powiedział.
He told me to wait for him.*	Kazał mi na siebie czekać.
"Don't wait for me," she said.	„Nie czekaj na mnie" – powiedziała.
She told me not to wait for her.*	Powiedziała, żebym na nią nie czekał.

* relacjonowanie poleceń i próśb ☞ **42.1.5**

48.5 Dalsze porównania mowy wprost z mową zależną (czasowniki posiłkowe i modalne)

"I saw it," he said. He <u>said</u> he <u>had seen</u> it.	„Widziałem to" – powiedział. Powiedział, że to widział.
"I've seen it," he said. He <u>told</u> me he <u>had seen</u>* it.	„Widziałem to" – powiedział. Powiedział mi, że to widział.
"I'll phone you," he said. He <u>promised</u> that he <u>would phone</u>** me.	„Zadzwonię do ciebie" – powiedział. Obiecał, że zadzwoni do mnie.
"I'd be grateful," she said. She <u>said</u> she<u>'d be</u> grateful.	„Byłabym wdzięczna" – powiedziała. Powiedziała, że byłaby wdzięczna.

* PAST PERFECT ☞ **37.3**
** FUTURE IN THE PAST ☞ **39.1.1**

Zwróćmy uwagę, że **would** ('d) w mowie zależnej pozostaje niezmienione.

"I used to work in a bank," he said. He <u>said</u> he <u>used to</u>* work in a bank.	„Kiedyś pracowałem w banku" – powiedział. Powiedział, że kiedyś pracował w banku.

* used to ☞ **9.2.2**

Zauważmy, że **used** w mowie zależnej pozostaje niezmienione.

He said, "You may/can* use my printer". He <u>said</u> I <u>might/could use</u> his printer.	*Powiedział: „Możesz skorzystać z mojej drukarki".* *Powiedział, że mogę skorzystać z jego drukarki.*
She said, "Tom might phone today". She <u>said</u> Tom <u>might phone</u> today.	*Powiedziała: „Możliwe, że Tom dzisiaj zadzwoni".* *Powiedziała, że to możliwe, że Tom dzisiaj zadzwoni.*
He said, "I can/could come on Monday". He <u>said</u> he <u>could come</u> the following Monday.	*Powiedział: „Mogę/Mógłbym przyjść w poniedziałek".* *Powiedział, że może/mógłby przyjść w następny poniedziałek.*
"You should do it," he said. He <u>said</u> I <u>should do</u> it.	*„Powinieneś to zrobić" – powiedział.* *Powiedział, że powinienem to zrobić.*

* czasowniki modalne ☞ **15; 43**

Zwróćmy uwagę, że w mowie zależnej **may** przechodzi w **might**, **can** w **could**, a formy **might** i **could** nie ulegają zmianie. **Should** zachowuje tę samą formę w mowie zależnej.

"You must be wrong," she said. She said I must be wrong.	*„Na pewno się mylisz" – powiedziała.* *Powiedziała, że na pewno się mylę.*

Must wyrażające przekonanie nie zmienia się w mowie zależnej.

"You must be on time," she said. She said I must/had to be on time.	*„Musisz przyjść punktualnie (dosł. być na czas)" – powiedziała.* *Powiedziała, że muszę przyjść punktualnie.*

Must wyrażające konieczność w mowie zależnej może być przekształcone w **had to**.

48.6 Określenia miejsca i czasu

Relacjonując wypowiedź, musimy mieć wyczucie kontekstu (również sytuacyjnego). Jeżeli np. miejsce, o którym jest mowa, nie jest miejscem, gdzie akurat jesteśmy, to powinniśmy je określić jako **there** *tam*, a nie **here** *tutaj*. Tak jednak być nie musi.

Porównajmy:

"Wait for me here," he said.	*„Zaczekaj tu na mnie" – powiedział.*
He told me to wait for him there/here.	*Kazał mi tam/tutaj na siebie czekać.*

There w mowie zależnej sygnalizuje, że osoba relacjonująca w chwili mówienia jest w innym miejscu niż to, gdzie wydano polecenie. Forma *zaczekaj* sugeruje, że polecenie odnosiło się do jednej osoby (forma **wait** może równie dobrze znaczyć *zaczekajcie*). Wszystko to składa się na szeroko rozumiany kontekst.

To samo dotyczy czasu. *Jutro* osoby, której wypowiedź relacjonujemy może, ale nie musi, być naszym *jutrem*:

"I'll come tomorrow," he said.	*„Przyjdę jutro" – powiedział.*
He promised he would come tomorrow.	*Obiecał, że przyjdzie jutro.* • jego i nasze *jutro* pokrywają się
He promised that he would come the following day.	*Obiecał, że przyjdzie następnego dnia.* • to, co dla niego było jutrem, z naszej perspektywy jest już następnym dniem – **the following day**

Zamiast **the following day** możemy powiedzieć **the next day**.

"I'm going to do it today," she said.	*„Mam zamiar zrobić to dzisiaj" – powiedziała.*
She said she was going to do it today/that day.	*Powiedziała, że ma zamiar zrobić to dzisiaj/tego (samego) dnia.*

Zachowanie **today** w zdaniu relacjonującym wypowiedź znaczy, że *dzisiaj* z mowy wprost jest nadal *dzisiaj* w momencie relacjonowania. Relacjonowanie wypowiedzi nastąpiło tego samego dnia, co wypowiedź wprost.

Gdyby relacjonowanie nastąpiło dzień (kilka dni, tydzień) później, zamiast **today** wystąpiłoby określenie **that day** dosł. *tamtego dnia*.

He said, "I'll phone you next week".	*Powiedział: „Zadzwonię do ciebie w przyszłym tygodniu".*
He said he would phone me the following week.	*Powiedział, że zadzwoni do mnie w następnym tygodniu.*

Użycie **the following week** w mowie zależnej w miejsce **next week** w mowie wprost sygnalizuje, że relacjonowanie wypowiedzi nastąpiło co najmniej jeden tydzień po jej sformułowaniu. Gdyby nastąpiło w tym samym tygodniu, **next week** zostałoby zachowane. Jak widać, mamy tu do czynienia z perspektywą czasu – horyzonty mogą, ale nie muszą się pokrywać. Za każdym razem musimy kierować się wyczuciem sytuacji i kontekstu.

Podsumujmy:
W mowie zależnej wypowiedzi przytaczane są najczęściej z innej perspektywy czasowej. Aby skutecznie zaznaczyć różne punkty odniesienia (wypowiadającego zdanie i przytaczającego wypowiedź), musimy często skorzystać z innych określeń czasu, np.:

yesterday *wczoraj* – **the previous day, the day before** *poprzedniego dnia, dzień wcześniej;*
the day before yesterday *przedwczoraj* – **two days before** *dwa dni przedtem/wcześniej;*
tomorrow *jutro* – **the next/following day** *następnego dnia;*
the day after tomorrow *pojutrze* – **in two days' time** *za dwa dni;*
next week/year etc. *w przyszłym tygodniu/roku* etc. – **the following week/year** etc.
w następnym tygodniu/roku etc.;
last week/year etc. *w zeszłym tygodniu/roku* etc. – **the previous week/year** etc.
w poprzednim tygodniu/roku etc.;
a week/year ago *tydzień/rok temu* – **a week/year before, the previous week/year** *tydzień/rok wcześniej, w poprzednim tygodniu/roku.*

Znając takie określenia i mając w polu widzenia konkretną sytuację, możemy formułować wypowiedzi adekwatne do naszych intencji.

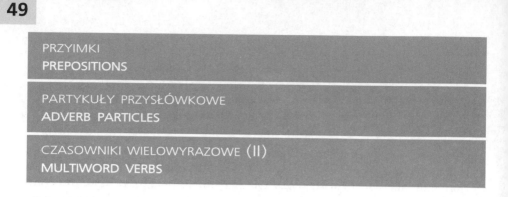

PRZYIMKI
PREPOSITIONS

PARTYKUŁY PRZYSŁÓWKOWE
ADVERB PARTICLES

CZASOWNIKI WIELOWYRAZOWE (II)
MULTIWORD VERBS

49.1 Przyimki

Przyimek jest wyrazem, który wyraża relacje między osobami, rzeczami, wydarzeniami etc.

Przyimki występują zazwyczaj przed rzeczownikami, zaimkami i formą -ing (rzeczownik odsłowny). Mogą też wystąpić na końcu zdania (☞ **46.2, 47.4, 42.1.4**).

Przykłady:

at the station *na stacji* – **at** przed rzeczownikiem
from him *od niego* – **from** przed zaimkiem
before leaving *przed wyjazdem* – **before** przed formą -ing
What are you talking about? *O czym mówisz?* – **about** na końcu zdania
What are you waiting for? *Na co czekasz?* – **for** na końcu zdania

Przyimki występują jako:

– pojedyncze wyrazy (jedno- i wielosylabowe), np. **in** *w*, **behind** *za*;
– grupy wyrazów, np. **according to** *według*, **in front of** *przed*.

Przyimki wyrażają różne relacje, m.in.:

– przestrzenne, np. **opposite the station** *naprzeciwko stacji*;
– czasowe, np. **before/after the meeting** *przed/po zebraniu*;
– przyczynowe, np. **because of the strike** *z powodu strajku*;
– instrumentalne, np. **by means of a crane** *za pomocą dźwigu*.

📖 At fifty, everyone has the face he deserves. (George Orwell)
W wieku lat pięćdziesięciu każdy ma twarz, na jaką zasłużył.

49.1.1 Przyimki miejsca, kierunku, odległości

O miejscu w przestrzeni możemy myśleć jako o punkcie, linii, powierzchni, układzie posiadającym głębię. Za pomocą przyimków możemy wyrazić relacje takie jak: miejsce (**prepositions of place**), kierunek (**prepositions of direction**) i odległość (**prepositions of distance**).

📖 O God! I could be bounded in a nutshell, and count myself a king of infinite space, were it not that I have bad dreams.
(William Shakespeare)
O Boże! Mógłbym być zamknięty w skorupie orzecha i uważać się za jakiegoś króla nieskończonej przestrzeni, gdyby nie to, że miewam złe sny.

Przykłady:

Let's meet at the hotel.	*Spotkajmy się w hotelu.* • hotel jako punkt w mieście
They are in the hotel.	*Oni są w hotelu.* • hotel jako budynek
They are in London.	*Oni są w Londynie.* • miasto jako zabudowana przestrzeń, struktura
They stopped at London on the way to Sydney.	*Zatrzymali się w Londynie w drodze do Sydney.* • Londyn jako punkt na trasie podróży, np. port lotniczy
We walked along the path.	*Szliśmy wzdłuż (tej) ścieżki.* • ścieżka jest linią
She arrived at the party with him.	*Przybyła na (to) przyjęcie z nim.* • przyjęcie jako punktowe wydarzenie w czasie
She arrived in London without him.	*Przybyła do Londynu bez niego.* • Londyn jako zabudowana przestrzeń, struktura

📖 To travel hopefully is a better thing than to arrive, and the true success is to labour. (R.L. Stevenson)
Podróżować z nadzieją jest lepszą rzeczą, niż przybyć (na miejsce), a prawdziwym sukcesem jest (ciężko) pracować.

Dalsze przykłady:

It's on the table.	To jest na stole.
• on – blat stołu jako powierzchnia	
He went to London.	Pojechał do Londynu.
• to – kierunek *do*	
She came from America.	Ona przyjechała z Ameryki.
• from – kierunek *od/z*	
They live near Oxford.	Oni mieszkają blisko Oksfordu.
• near – odległość	

The distance is nothing; it is only the first step that is difficult.
(Mme du Deffand)
Odległość jest niczym; to tylko pierwszy krok jest tym, co jest trudne.

Porównajmy dalej:

They walked into the forest.	Weszli do lasu (dosł. w las).
	• ruch w kierunku *do*, przekroczenie granicy, znalezienie się wewnątrz
They walked in the forest.	Spacerowali po/w lesie.
	• miejsce, gdzie spacerowali – już tam byli
I put the ticket in(to) my pocket.	Włożyłem bilet do kieszeni.
	• ruch *do*, umieszczenie *w*
The ticket is still in my pocket.	Bilet jest ciągle w mojej kieszeni.
	• miejsce, gdzie jest

That is the road we all have to take – over the Bridge of Sighs into eternity. (S. Kierkegaard)
To jest droga, którą wszyscy musimy pójść – przez Most Westchnień w wieczność.

Dalsze przykłady:

They ran out of the house.	*Wybiegli z domu.* • czynność
They are out of danger.	*Nie grozi im niebezpieczeństwo* (dosł. *Są poza niebezpieczeństwem*). • stan
We flew above/below the clouds.	*Lecieliśmy nad/pod chmurami.*
It's under/over the table.	*To jest pod/nad stołem.*
They jumped onto the stage.	*Wskoczyli na scenę.* • w teatrze
They jumped on the stage.	*Wskoczyli na scenę.*‖ *Skakali po scenie.* • o różnicy w znaczeniu decyduje kontekst
We turned off Green Street onto Hill Road.	*Skręciliśmy z Green Street w Hill Road.*

Zwróćmy uwagę, że czasami te same przyimki mogą być użyte w opisach sytuacji dynamicznych (zmiennych) lub statycznych (stałych).

Porównajmy także:

to get on/off the bus *wsiąść do/wysiąść z autobusu*
to be/meet on the bus *być/spotkać się w autobusie*

Dalsze przykłady relacji przestrzennych oraz przykłady relacji instrumentalnych:

The book was on the table. It fell off the table. It fell on(to) the floor.	*Książka była na stole. Spadła ze stołu. Spadła na podłogę.*
The train went through a tunnel.	*Pociąg przejechał przez (jakiś) tunel.*
We walked across the fields.	*Szliśmy przez pola.*
They travelled by bus/train/plane/car.	*Podróżowali autobusem/pociągiem/ samolotem/samochodem.*

She did it by mistake/accident.	*Ona to zrobiła przez pomyłkę/ przypadek.*
He came by the back door.	*Wszedł tylnymi drzwiami.*
You eat it with a spoon.	*To się je łyżką.*

Porównajmy także:

by the window *przy oknie;*
inside/outside the building *wewnątrz/na zewnątrz budynku;*
round the corner *za rogiem ulicy;*
within the London area *w obrębie/w granicach Londynu.*

📖 Anyone can stop a man's life, but no one his death; a thousand doors open on to it. (Seneca)
Byle kto może zatrzymać życie człowieka, ale nikt (nie powstrzyma) jego śmierci; tysiąc drzwi wychodzi (= otwiera się) na nią.

📖 Theatre is like operating with a scalpel. Film is operating with a laser. (Michael Caine)
Teatr jest jak operowanie skalpelem. Film jest operowaniem za pomocą lasera.

49.1.2 Przyimki czasu

Przyimki **at, in, within, inside, on, by** i in. mogą wyrażać nie tylko relacje przestrzenne, lecz również czasowe (**prepositions of time**).

Przykłady:

It starts at nine o'clock.	*To się zaczyna o godzinie dziewiątej.*
I'll be seeing you at lunch/tea/dinner time.	*Zobaczymy się w czasie lunchu/ podwieczorku/obiadu.*
It happened at dawn/noon/midnight/night.	*To wydarzyło się o świcie/ w południe/o północy/w nocy.*
I'll go there at the weekend*.	*Pojadę tam w weekend.*

* Amerykanie mówią **on the weekend**.

| We'll do it during the weekend. | *Zrobimy to w czasie (= podczas) weekendu.* |

W języku mówionym opuszczamy zazwyczaj przyimek **at** w wyrażeniach dotyczących czasu:

| – (At) what time do you start work? | – *O której godzinie zaczynasz pracę?* |
| – (At) eight o'clock in the morning. | – *O (godzinie) ósmej rano.* |

Podając przybliżony czas, możemy powiedzieć:

| I'll be here about/around six. | *Będę tutaj około szóstej.* |
| The shots were heard at approximately 5:30. | *Strzały słyszano mniej więcej o 5:30.* |

📖 It was the time of roses,
We plucked them as we passed. (Thomas Hood)
To był czas róż,
Zrywaliśmy je, przechodząc.

Porównajmy dalej:

on **Monday(s)** *w poniedziałek/poniedziałki;*
on **Tuesday morning** *we wtorek rano;*
on **Wednesday afternoon** *w środę po południu;*
on **Thursday evening** *w czwartek wieczorem;*
on **Friday week** ‖ a week on **Friday** *od piątku za tydzień;*
on **April 1st** *pierwszego kwietnia;*
on **Saturday, June 2nd** *w sobotę drugiego czerwca;*
on **that day/evening** *tamtego dnia/wieczoru;*
on **my birthday** *w moje urodziny;*
on **Christmas Day** *w pierwszy dzień Bożego Narodzenia;*
on **New Year's Day** *w dzień Nowego Roku.*

Ale: **this/last/next Monday** *w ten/zeszły/przyszły poniedziałek*, **this/last/next week/month** *w tym/zeszłym/przyszłym tygodniu/miesiącu.* Zwróćmy uwagę na opuszczanie **on**.

Porównajmy dalej:

in the morning/afternoon/evening *rano/po południu/wieczorem;*
in July/August/1989/2001 *w lipcu/sierpniu/1989/2001 (roku);*

in (the) spring/summer/autumn/winter *wiosną/latem/jesienią/zimą;*
in the 20th/21st century *w 20./21. wieku;*
in that time/age, in the holidays *w tamtym czasie/wieku, w wakacje.*

📖 In the real dark night of the soul it is always three o'clock in the
morning. (F. Scott Fitzgerald)
W prawdziwej ciemnej nocy duszy jest zawsze trzecia godzina nad ranem.

Porównajmy dalej:

in ten minutes *w ciągu dziesięciu minut, za dziesięć minut*

You can't learn English in ten days.	*Nie można nauczyć się angielskiego w dziesięć dni.*
The work will be finished in ten days.	*Praca (ta) zostanie zakończona za dziesięć dni.*

over the past few weeks *w ciągu ostatnich kilku tygodni;*
within the next few hours *w ciągu następnych kilku godzin;*
by Friday *do piątku;*
until/till next week *do przyszłego tygodnia;*
from morning till night *od rana do nocy;*
from now on *od teraz;*
since Sunday *od niedzieli;*
for two weeks *przez dwa tygodnie.*

49.1.3 Inne przyimki

between you and me *między tobą a mną* – w grę wchodzą dwie osoby;
among(st) young people *wśród młodych ludzi.*

Przyimek **among(st)** w języku bardziej oficjalnym bywa zastępowany przez **amid(st)**.

Are you for or against the plan?	*Jesteś za czy przeciw temu planowi?*

📖 He said he was against it. (Calvin Coolidge)
Kaznodzieja zapytany o to, co sądzi na temat grzechu: *Powiedział, że jest temu przeciwny.*

Przykłady często używanych struktur wielowyrazowych, które zawierają przyimki:

ahead of *przed, z wyprzedzeniem;*
apart from *oprócz, niezależnie od;*
as for *jeżeli chodzi o;*
as from/of *od (dnia);*
as regards *co do;*
as a result *skutkiem tego;*
as well as *zarówno ..., jak ...;*
away from *daleko od;*
because of *z powodu;*
by means of *za pomocą;*
due to *z powodu;*
except for *z wyjątkiem;*
for the sake of *ze względu na, dla dobra;*
from among *spośród;*
from under *spod;*
in addition to *oprócz;*
in between *między jednym a drugim;*
in case of *w przypadku, gdyby;*
in charge of *odpowiedzialny za, zarządzający;*
in common with *wspólny z;*
in comparison with *w porównaniu z;*
in connection with *w związku z;*
in favour of *na korzyść, za;*
in front of *przed;*
in spite of *wbrew, mimo;*
instead of *zamiast;*
in view of *biorąc pod uwagę;*
on account of *z powodu, ze względu na;*
on behalf of *w imieniu;*
on the right/left of *po prawej/lewej stronie;*
owing to *z powodu, dzięki;*
regardless of *bez względu na;*
together with *razem/łącznie z;*
with the exception of *z wyjątkiem;*
with reference to *w nawiązaniu do;*
with regard to *w odniesieniu do.*

📖 Long is the way and hard that out of hell leads up to light. (John Milton)
Długa i trudna jest droga, która z piekła prowadzi do światła.

Przyimki w tej samej mierze należą do gramatyki, co do słownictwa. Sygnalizują relacje, a jednocześnie oddzielnie są przetłumaczalne na inne języki (mogą być traktowane jako słówka do nauki). Ich dokładne znaczenie wynika z kontekstu. Stosunkowo częste występowanie przyimków w języku angielskim związane jest niewątpliwie z ogólnym zanikiem fleksji (końcówek w odmianie rzeczownika).

49.2 Partykuły przysłówkowe

Partykuła przysłówkowa (**adverb particle**) jest szczególnym rodzajem przysłówka. Jest to zazwyczaj krótki wyraz, który odnosi się do czasownika.

Często partykuła przysłówkowa pod względem formy nie różni się od przyimka.

Przykłady wyrazów, które funkcjonują jako przyimki i jako partykuły przysłówkowe (lub przysłówki): **about, above, across, after, along, around, before, behind, below, beneath, beyond, by, down, in, inside, near, off, on, opposite, outside, over, past, round, through, to, under, underneath, up, without**.

Przykłady wyrazów, które funkcjonują tylko jako przyimki (nie jako partykuły przysłówkowe): **against, at, beside, despite, during, except, for, from, into, of, onto, per, since, till/until, toward(s), upon, via, with**.

Przykłady wyrazów, które funkcjonują tylko jako partykuły przysłówkowe (nie jako przyimki): **away, back, backward(s), downward(s), forward(s), out** (z wyjątkiem bardzo potocznego zastosowania, takiego jak **he went out the door**), **upward(s)**.

Porównajmy:

He walked up the hill.	*Szedł pod górę.*

• **up** – przyimek odnoszący się do **the hill**

He stood up.	*Wstał.*

• **up** – partykuła przysłówkowa odnosząca się do **stood**

We're going to the mountains.	*Jedziemy w góry.*

• **to** – przyimek odnoszący się do **the mountains**

We're going away.	*Wyjeżdżamy.*

• **away** – partykuła przysłówkowa odnosząca się do **going**

| When will you be back? | *Kiedy wracacie* (dosł. *będziecie z powrotem*)? |

• **back** – partykuła przysłówkowa

| The car broke down. | *Samochód miał awarię* (= *przestał działać*). |

• **down** – partykuła przysłówkowa

| No one knows how the information leaked out. | *Nikt nie wie, jak ta informacja wydostała się na zewnątrz.* |

• **out** – partykuła przysłówkowa

📖 I love children – especially when they cry and somebody takes them away. (Nancy Mitford)
Kocham dzieci – zwłaszcza gdy płaczą i ktoś je zabiera (ode mnie).

Partykuły przysłówkowe odgrywają szczególną rolę w strukturze czasowników frazowych (patrz niżej).

49.3 Czasowniki wielowyrazowe (II)

Wiadomości wstępne na temat czasowników wielowyrazowych ☞ **19**.

49.3.1 Czasowniki frazowe

Czasownik frazowy (**phrasal verb**) składa się z czasownika głównego i partykuły przysłówkowej. Te dwie części tworzą całość znaczeniową.

Czasami partykuła przysłówkowa jest tylko elementem stylistycznym dynamizującym wypowiedź – nie zmienia zasadniczego znaczenia czasownika.

| Drink up your tea. | *Dopij swoją herbatę.* |
| Hurry up! | *Pospiesz się!* |

Czasami jednak jej obecność zmienia znaczenie czasownika w stopniu mniej lub bardziej radykalnym.

Porównajmy:

He got a letter.	*Dostał list.*
He <u>got up</u> early.	*Wstał wcześnie.*
They moved slowly.	*Poruszali się powoli.*
They <u>moved out</u>.	*Wyprowadzili się.*

📖 The awful thing about getting old is that you stay young inside.
(Jean Cocteau)
Straszną rzeczą, jeżeli chodzi o starzenie się, jest to, że zostaje się młodym w środku.

Porównajmy:

She turned right at the traffic lights.	*Skręciła w prawo na światłach (sygnalizacyjnych).*

Wyrazy **turn** i **right** są związane ze sobą dość luźno. W zależności od kontekstu można np. w miejsce **right** wstawić **left** *w lewo*.

She turned up unexpectedly.	*Zjawiła się nieoczekiwanie.*

Wyrazy **turn** i **up** są ze sobą ściśle związane. Znaczenia czasownika dwuwyrazowego **turn up** nie da się wydedukować ze znaczeń jego części składowych. Takie stałe połączenia wyrazów nazywają się idiomami.

Jeżeli w czasowniku frazowym **turn up** *pojawiać się* wymienimy **up** na **down**, to uzyskamy inny czasownik frazowy **turn down** *odrzucać* (np. ofertę).

Czasownik frazowy może być czasownikiem przechodnim, tzn. takim, po którym występuje dopełnienie, albo nieprzechodnim, tzn. takim, po którym nie występuje dopełnienie (czasowniki przechodnie i nieprzechodnie ☞ **44.2**). Ten sam czasownik frazowy może mieć kilka znaczeń. Może też występować jako przechodni lub nieprzechodni. Pod tym względem czasowniki frazowe nie różnią się od czasowników jednowyrazowych.

Porównajmy:

| The plane took off on time. | *Samolot wystartował o czasie.* |

• **to take off** – czasownik frazowy nieprzechodni

| He took off his hat. | *On zdjął swój kapelusz.* |

• **to take off** – czasownik frazowy przechodni

Dopełnienie czasownika frazowego może również wystąpić między formą czasownika głównego a partykułą przysłówkową, np. **He took his hat off**. Pod warunkiem wszakże, że dopełnienie nie jest zbyt długie. Jeżeli jednak dopełnieniem jest zaimek osobowy (lub nazwa własna), to jego miejsce jest zawsze między dwoma częściami czasownika frazowego (☞ **19.3**).

Porównajmy:

| He took off his hat. ‖ He took his hat off. | *Zdjął swój kapelusz.* |
| He took it* off. | *Zdjął go.* |

* jedyna prawidłowa pozycja dla zaimka osobowego it w tym zdaniu

Istnieje drobna różnica znaczeniowa między **He took off his hat** (ważne, że kapelusz, a nie np. marynarkę) a **He took his hat off** (ważne, że zdjął, a nie np. włożył). W zdaniu angielskim element końcowy ma zwykle większą wagę.

Porównajmy dalej:

| She went out for a walk. | *Wyszła na spacer.* |

• **to go** *iść*, czasownik główny, nieprzechodni; **out** *na zewnątrz*, partykuła przysłówkowa

| He carried the luggage upstairs. | *Wniósł bagaż na górę (po schodach).* |

• **to carry** *nosić*, czasownik główny, przechodni

| He carried out her instructions.
He carried her instructions out.
He carried them out. | *Wypełnił jej polecenia.*

Wypełnił je. |

• **to carry out** *wypełniać*, czasownik frazowy przechodni

| He carried out her detailed and complicated instructions. | *Wypełnił jej szczegółowe i skomplikowane polecenia.* |

• długie dopełnienie może wystąpić tylko po partykule przysłówkowej **out**

| We had to put off the meeting. We had to put the meeting off. We had to put it off. | *Musieliśmy odłożyć to zebranie.* *Musieliśmy je odłożyć.* |
| We had to put Mr Brown off. We had to put him off. | *Musieliśmy odłożyć wizytę pana Browna.* *Musieliśmy ją (dosł. go) odłożyć.* |

📖 Never do today what you can put off till tomorrow. (Punch)
Nigdy nie rób dzisiaj tego, co możesz odłożyć do jutra.

| We'll have to call off the meeting. We'll have to call the meeting off. We'll have to call it off. | *Będziemy musieli odwołać to zebranie.* *Będziemy musieli je odwołać.* |
| He turned on/off the TV. He turned the TV on/off. ‖ He turned it on/off. | *On włączył/wyłączył telewizję.‖* *On ją (dosł. to) włączył/wyłączył.* |

49.3.2 Czasowniki przyimkowe

Przypomnijmy: przyimki odnoszą się do rzeczowników (ściślej: do elementów rzeczownikowych, które oprócz rzeczowników właściwych obejmują także zaimki i rzeczowniki odsłowne), podczas gdy partykuły przysłówkowe odnoszą się do czasowników. Nie zmienia to faktu, że niektóre czasowniki tworzą całości znaczeniowe z występującymi po nich przyimkami (po których z kolei występują elementy rzeczownikowe). Czasowniki takie nazywamy czasownikami przyimkowymi (**prepositional verbs**).

Czasowniki przyimkowe są zawsze przechodnie i ich dopełnienie (bez względu na długość) ma tylko jedną pozycję: za przyimkiem (nigdy przed przyimkiem). Tym m.in. różnią się od czasowników frazowych. Są też łatwiejsze do przyswojenia – nie są nigdy rozdzielnie złożone.

Porównajmy:

| They're <u>looking into</u> the causes of unemployment. They're <u>looking into</u> them carefully. | *Oni badają przyczyny bezrobocia.* *Badają je dokładnie/uważnie.* |

| He promised to <u>attend to</u> the matter.
He promised to <u>attend to</u> it. | *Obiecał zająć się tą sprawą.*
Obiecał zająć się nią. |

📖 A blind man in a dark room – looking for a black hat – which isn't there. (Lord Bowen)
Niewidomy w ciemnym pokoju – szukający czarnego kapelusza, którego tam nie ma.

Porównajmy dalej:

| She lost her patience and gave up. | *Straciła cierpliwość i zrezygnowała.* |

• **to give up** – czasownik frazowy nieprzechodni

| She has given up her job.
She has given her job up.
She has given it up. | *Zrezygnowała ze swojej pracy.*
Zrezygnowała z niej. |

• **give up** – czasownik frazowy przechodni

| She has applied for the job.
She has applied for it. | *Złożyła podanie o tę pracę.*
Złożyła o nią podanie. |

• **to apply for** – czasownik przyimkowy

Zwróćmy uwagę na pozycję krótkiego dopełnienia w zdaniach z czasownikiem frazowym i z czasownikiem przyimkowym.

Przypomnijmy: czasownik przyimkowy jest zawsze przechodni, podczas gdy czasownik frazowy może być przechodni lub nieprzechodni.

W czasowniku przyimkowym **apply for** przyimek **for** odnosi się do występującego po nim elementu rzeczownikowego (w naszym przykładzie do **the job/it**), a jednocześnie tworzy całość znaczeniową z czasownikiem **apply**. Sam czasownik **apply** znaczy *stosować* (*się*).

Porównajmy dalej:

| She took after her father.
She took after him. | *Ona wdała się w swego ojca.*
Wdała się w niego. |

• **to take after** – czasownik przyimkowy

49

We are looking after the children. — Opiekujemy się tymi dziećmi.
We are looking after them. — Opiekujemy się nimi.

• to look after – czasownik przyimkowy

We must send for the doctor. — Musimy posłać po lekarza.
We must send for him. — Musimy po niego posłać.

• to send for – czasownik przyimkowy

W stronie biernej (☞ 18, 45.1) przyimek występuje na końcu zdania:

The children are well looked after. — Dziećmi dobrze się opiekują.

The doctor has been sent for. — Posłano po lekarza.

49.3.3 Czasowniki frazowe przyimkowe

Czasownik frazowy, który tworzy całość znaczeniową z występującym po nim przyimkiem, nazywamy czasownikiem frazowym przyimkowym (**phrasal-prepositional verb**).

Czasownik taki składa się z trzech części: formy czasownika głównego, partykuły przysłówkowej i przyimka (po którym występuje element rzeczownikowy).

Przykłady użycia czasowników frazowych przyimkowych:

It's up to you. — To zależy od ciebie.

I was fed up with it. — Miałem tego serdecznie dosyć.

I'm not going to put up with that. — Nie mam zamiaru tego tolerować.

He was unable to live up to his ideals. — Nie potrafił sprostać swoim ideałom.

You may look down on these people, but is it fair? — Możesz patrzeć z góry na tych ludzi, ale czy to jest w porządku?

He'd always looked up to his mother-in-law. — On zawsze z podziwem patrzył na swoją teściową.
• traktował ją jako autorytet

| They ran up against some unexpected opposition. | *Natknęli się na pewien nieoczekiwany sprzeciw.* |
| He promised to do it but now he doesn't want to go through with it. | *Obiecał to zrobić, ale teraz nie chce tego doprowadzić do końca.* |

Stand up, stand up for Jesus! (George Duffield)
Wstań, stań w obronie Jezusa!

Czasowniki tego rodzaju są zawsze przechodnie i z reguły nierozdzielnie złożone (dopełnienie nie zajmuje pozycji środkowej – występuje dopiero po przyimku). Od tej reguły jest kilka wyjątków:

I helped her on with her coat.	*Pomogłem jej włożyć palto.*
We tried to talk them out of the plan.	*Próbowaliśmy wyperswadować im ten plan.*
We put his failure down to his laziness.	*Przypisaliśmy jego niepowodzenie lenistwu.*
He gave himself up to the police.	*Oddał się w ręce policji.*

Podsumujmy:

Czasowniki wielowyrazowe (multiword verbs (I) ☞ **19**) dzielą się na trzy klasy:
– czasowniki frazowe (czasownik + partykuła przysłówkowa),
– czasowniki przyimkowe (czasownik + przyimek),
– czasowniki frazowe przyimkowe (czasownik frazowy + przyimek).

Tylko czasowniki przechodnie frazowe są rozdzielnie złożone (dopełnienie może zajmować pozycję między czasownikiem a partykułą przysłówkową).

Czasowniki frazowe zawierają najczęściej następujące partykuły przysłówkowe: **up, down, in, out, away, off, on** (wyjątek: czasownik przyimkowy **to call on somebody** *składać komuś wizytę*).

Spójniki są wyrazami (lub grupami wyrazów), które łączą ze sobą inne wyrazy, grupy wyrazów lub zdania. Te same wyrazy funkcjonują nierzadko jako spójniki, przysłówki, przyimki, zaimki, a nawet określniki.

Porównajmy:

| I'll see you before the meeting. | *Zobaczymy się (dosł. Zobaczę cię) przed zebraniem.* |

• **before** – przyimek

| I've seen it before. | *Widziałem to przedtem.* |

• **before** – przysłówek

| I spoke to him before you came. | *Rozmawiałem z nim, zanim przyszedłeś.* |

• **before** – spójnik

50.1 Spójniki **and, but, yet, or; both ... and ...; either ... or ...; neither ... nor ...; not only ... but also ...**

Porównajmy:

| She has a computer and I have one. | *Ona ma komputer i ja mam (komputer).* |

• **and** *i*

| I have a dog and she has a cat. | *Ja mam psa, a ona ma kota.* |

• **and** *a*

| They work hard but not efficiently. | *Oni pracują ciężko, ale niewydajnie.* |

• **but** *ale*

She worked hard all year, yet she failed her exam.	*Pracowała ciężko cały rok, jednak nie zdała (swojego) egzaminu.*

• yet *jednak, mimo to*

Did he pay in cash or by cheque?	*Czy zapłacił gotówką czy czekiem?*

• or *czy*

Now or never.	*Teraz lub/albo nigdy.*

• or *lub/albo*

Both he and his wife.	*Zarówno on, jak i jego żona.*

• both ... and ... *zarówno ..., jak i ...* – spójnik dwuczęściowy

Either now or never.	*Albo teraz, albo nigdy.*

• either ... or ... *albo ..., albo ...* – spójnik dwuczęściowy

Neither here nor there.	*Ani tutaj, ani tam.*

• neither ... nor ... *ani ..., ani ...* – spójnik dwuczęściowy

She was not only arrogant but also brutal.	*Była nie tylko arogancka, lecz również brutalna.*

• not only ... but also ... *nie tylko ..., lecz również ...* – spójnik dwuczęściowy

50.2 Spójniki **that; although, though, while; because, as, since, for**

Porównajmy:

Is it true that you intend to buy it?	*Czy to prawda, że zamierzasz to kupić?*
I thought that she knew about it.	*Sądziłem, że ona o tym wie.*

• that *że*

Po **say** *powiedzieć* i **tell someone** *powiedzieć komuś* spójnik **that** bywa często opuszczany.

Although it was cold, she didn't switch the heating on. She didn't switch on the heating (al)though it was cold.	*Chciaż było zimno, nie włączyła ogrzewania.*

• **(al)though** *chociaż*

Although i **though** znaczą tutaj to samo. Spójnik **though** występuje zazwyczaj w języku mówionym; **although** – zarówno w mówionym, jak i pisanym, dlatego w tym znaczeniu jest bardziej uniwersalne.

Though ma jeszcze inne zastosowania:

Even though I didn't understand her, I said "Yes, yes, certainly".	*Mimo że jej nie rozumiałem, powiedziałem: „Tak, tak, oczywiście".*

Even służy do podkreślenia znaczenia **though** – nie może wystąpić z **although**.

It wasn't a very modern play. I liked it though.	*Nie była to zbyt (dosł. bardzo) nowoczesna sztuka (teatralna). Mnie się jednak (= mimo to) podobała.*

• **though** – przysłówek, w tym znaczeniu nie do zastąpienia przez **although**

She is behaving as though we were old friends.	*Ona się tak zachowuje, jakbyśmy byli starymi przyjaciółmi.*

• **as though** *jak gdyby*

Synonimem **(al)though** w znaczeniu *chociaż* jest **while**:

While I understand your point of view, I can't accept it.	*Chociaż rozumiem pani punkt widzenia, nie mogę go zaakceptować.*

Porównajmy także:

I sold the car because I didn't need it.	*Sprzedałem (ten) samochód, ponieważ nie był mi potrzebny.*

• **because** *ponieważ*

| As I didn't need the car, I sold it. | *Skoro (ten) samochód nie był mi potrzebny, sprzedałem go.* |

• **as** *skoro, jako że*

Jeżeli podanie powodu jest głównym przekazem zdania, używamy **because**. Zdanie podrzędne z **because** jako nośnik nowej informacji występuje na końcu wypowiedzi.

Jeżeli podanie powodu nie jest głównym przekazem zdania, używamy **as**. Zdanie podrzędne z **as** jako mniej ważne znaczeniowo występuje na początku wypowiedzi. Może być wypowiedziane w sytuacji, kiedy rozmówca zna powód. W tym znaczeniu **as** można zastąpić spójnikiem **since** *skoro, ponieważ* – również na początku zdania:

| Since/As you don't like the idea, let's forget it. | *Skoro nie podoba ci się ten pomysł, zapomnijmy o tym.* |

Inne zastosowania **as**:

| As I was coming here, I met your sister. | *Gdy tu szedłem, spotkałem twoją siostrę.* |

• **as** *gdy, jak*

| Do it as I do it. | *Zrób to tak, jak ja to robię.* |

• **as** *jak, w ten sam sposób*

| This is as good as that. | *To jest równie dobre jak tamto.* |

• **as ... as ...** *tak ... jak ...*

Spójnik **for** *bowiem, ponieważ* jest synonimem **because**. Ma jednak bardziej ograniczone zastosowania i występuje w stylu mniej potocznym (bardziej oficjalnym):

| He accepted her offer without hesitation – for he was in a desperate situation. | *Przyjął jej propozycję bez wahania – był bowiem w rozpaczliwej sytuacji.* |

Spójnik **for** *bowiem, ponieważ* nie występuje na początku wypowiedzi (wyjątkiem jest sytuacja, kiedy **for** stanowi bezpośrednie nawiązanie do poprzedniego zdania).

50.3 Spójniki **whereas, while, except that**

Spójniki **whereas** i **while** wyrażają kontrast:

He wants to go on holiday, whereas/while his wife would rather stay at home.	*On chce wyjechać na urlop, podczas gdy jego żona wolałaby zostać w domu.*
He's good at mathematics, while/whereas his sister is good at languages.	*On jest dobry w matematyce, podczas gdy jego siostra jest dobra w językach.*

Spójnik **while** ma jeszcze inne zastosowania:

He was reading while she was playing the piano.	*On czytał, podczas gdy ona grała na pianinie.*

• while *w tym czasie, podczas gdy*

Porównajmy dalej:

I'd very much like to come to your party, except that I've promised to take my wife to the opera.	*Bardzo bym chciał przyjść na twoje przyjęcie, ale obiecałem żonie, że zabiorę ją do opery.*

• except that *gdyby nie to że, ale*

50.4 Spójniki **in order that, so that**

Porównajmy:

I lent him the money in order that he could buy a car.	*Pożyczyłem mu te pieniądze po to, żeby mógł kupić samochód.*

• in order that *po to, żeby*

W miejsce **in order that** możemy wstawić **so that** *po to, żeby* – wtedy zdanie będzie utrzymane w tonie mniej oficjalnym (zdania podrzędne celu ☞ **53**).

50.5 Spójniki **when, if, whether**

50.5.1 Spójnik **when**

Porównajmy:

I don't know when he will come.	*Nie wiem, kiedy on przyjdzie.*

• when *kiedy* – spójnik wprowadzający zdanie podrzędne rzeczownikowe (pytania zależne ☞ **41.2**)

When he comes, I'll talk to him.	*Gdy przyjdzie, będę z nim rozmawiał.*

• when *gdy/kiedy* – spójnik wprowadzający zdanie podrzędne czasu (☞ **51**)

Zwróćmy uwagę, że po **when** *gdy/kiedy* w zdaniu podrzędnym czasu (odpowiedź na pytanie: kiedy?) nie występuje **will**, a przyszłość wyraża odpowiednia forma czasu PRESENT SIMPLE (tutaj: **comes**). Po **when** *kiedy* wprowadzającym zdanie podrzędne rzeczownikowe (odpowiedź na pytanie: co? czego?) może wystąpić **will**, jeżeli wymaga tego sens wypowiedzi.

Mając wątpliwości, czy mamy do czynienia ze zdaniem podrzędnym czasu czy też podrzędnym rzeczownikowym, wystarczy sprawdzić, czy **when** da się przetłumaczyć na *gdy*. Jeżeli się nie da, to znaczy, że mamy do czynienia ze zdaniem podrzędnym rzeczownikowym.

📖 Will you still need me, will you still feed me when I'm sixty-four?
(John Lennon and Paul McCartney)
Czy będziesz mnie jeszcze (ciągle) potrzebować, czy będziesz mnie jeszcze (ciągle) karmić, gdy będę miał sześćdziesiąt cztery lata?

50.5.2 Spójniki **if** i **whether**

Podobnie jak w przypadku **when** wygląda sytuacja ze spójnikiem **if** *czy, jeżeli*:

I wonder if he will come.	*Ciekaw jestem, czy on przyjdzie.*

• if *czy* – spójnik wprowadzający zdanie podrzędne rzeczownikowe

W tym znaczeniu spójnik **if** można zastąpić spójnikiem **whether** *czy*.

Użycie **whether** nadaje wypowiedzi charakter bardziej oficjalny (☞ **41.2**).

| If he comes, I'll talk to him. | *Jeżeli przyjdzie, będę z nim rozmawiał.* |

• **if** *jeżeli* – spójnik wprowadzający zdanie podrzędne warunkowe (☞ **52.1**)

W zdaniu podrzędnym warunkowym po **if** nie może wystąpić **will**, a przyszłość wyraża odpowiednia forma czasu PRESENT SIMPLE (tutaj: **comes**). Natomiast po **if** wprowadzającym zdanie podrzędne rzeczownikowe może wystąpić **will**, jeżeli wymaga tego treść wypowiedzi.

📖 Meetings are indispensable when you don't want to do anything.
(J.K. Galbraith)
Zebrania są nieodzowne, gdy nie chce się nic robić.

Zdania podrzędne rzeczownikowe wprowadzane są również przez inne spójniki (poza **if** i **when**; ☞ **41.2**).

Zdania czasowe są (poza **when**) wprowadzane również przez spójniki **before** *przed*, **after** *po*, **as soon as** *skoro tylko* i in. (zdania podrzędne czasu ☞ **51**).

Zdania podrzędne warunkowe są (poza **if**) wprowadzane również przez spójniki **unless** *jeżeli nie, chyba że,* **on condition that** *pod warunkiem, że,* **provided that** *pod warunkiem, że* i in. (zdania warunkowe ☞ **52**).

ZDANIA PODRZĘDNE CZASU
CLAUSES OF TIME

51.1 Zdania podrzędne czasu – uwagi ogólne

Zdania podrzędne czasu są odpowiedzią na pytanie: kiedy? Natomiast zdania podrzędne rzeczownikowe są odpowiedzią na pytanie: co? czego?

Spójnik **when** *gdy/kiedy* wprowadza zdania podrzędne czasu, a spójnik **when** *kiedy* wprowadza zdania podrzędne rzeczownikowe (☞ **50.5.1**).

Po spójnikach wprowadzających zdania podrzędne czasu nie występują formy osobowe **will/would**, a przyszłość wyrażają odpowiednio formy czasu PRESENT SIMPLE i PAST SIMPLE.

Porównajmy:

I'll let you know when/as soon as they come.	*Zawiadomię cię, gdy/skoro tylko przyjdą.*
I'll be here until/till she comes.	*Będę tutaj, dopóki ona nie przyjdzie* (dosł. *aż ona przyjdzie*).

📖 A bank is a place where they lend you an umbrella in fair weather and ask for it back again when it begins to rain. (Robert Frost)
Bank jest miejscem, gdzie pożyczają ci parasol w ładną pogodę i proszą o zwrot, kiedy zacznie padać deszcz.

Najważniejsze spójniki wprowadzające zdania podrzędne czasu: **after** *po, po tym jak*, **as** *jak, kiedy*, **as long as** *tak długo jak, dopóki*, **as soon as** *skoro tylko*, **before** *przed, zanim*, **by the time that** *do czasu gdy*, **directly** *skoro tylko*, **immediately** *jak tylko*, **the moment that** *w chwili gdy*, **now that** *teraz gdy/kiedy*, **once** *jak tylko*, **since** *odkąd*, **till/until** *dopóki, aż*, **when** *gdy*, **whenever** *za każdym razem kiedy*, **while** *podczas gdy*.

📖 A bore: A person who talks when you wish him to listen.
(Ambrose Bierce)
Nudziarz: Osoba, która mówi, gdy ty chcesz, żeby słuchała.

51.2 Czasy PRESENT SIMPLE i PRESENT CONTINUOUS zamiast czasów FUTURE SIMPLE i FUTURE CONTINUOUS w zdaniach podrzędnych czasu

Porównajmy:

Tom will arrive tomorrow.	*Tom przybędzie jutro.*
I'll phone you the moment he arrives.	*Zadzwonię do ciebie, skoro tylko przybędzie.*
Tom and Jim will be playing chess tomorrow evening. We'll go to the cinema while they are playing chess.	*Tom i Jim będą jutro wieczorem grali w szachy. Pójdziemy do kina w czasie, kiedy oni będą grali (w szachy).*

📖 Young people, nowadays, imagine that money is everything, and when they grow older they know it. (Oscar Wilde)
Młodzi ludzie w dzisiejszych czasach wyobrażają sobie, że pieniądze są wszystkim, a kiedy dorosną, to wiedzą, że tak (właśnie) jest.

51.3 Czasy PRESENT PERFECT i PRESENT PERFECT CONTINUOUS zamiast czasów FUTURE PERFECT i FUTURE PERFECT CONTINUOUS w zdaniach podrzędnych czasu

Porównajmy:

I'll have finished writing* my paper by Friday.	*Skończę pisać swój artykuł (= referat) do piątku.*
I won't be able to see you until I've finished writing my paper.	*Nie będę mogła się z tobą zobaczyć, dopóki nie skończę pisać swojego referatu.*

* FUTURE PERFECT ☞ **40.1**

Zarówno FUTURE PERFECT, jak i PRESENT PERFECT (po spójniku **until**) służą podkreśleniu, że coś skończy się do pewnego punktu w czasie (a dopiero potem może wydarzyć się coś innego – najpierw zakończenie pisania, a dopiero potem spotkanie).

📖 Fanaticism consists of redoubling your effort when you have forgotten your aim. (George Santayana)
Fanatyzm polega na podwajaniu wysiłku, kiedy już zapomniało się o celu.

In November Ann will have been working at the bank for five years.	*W listopadzie Ann będzie pracowała w (tym) banku od pięciu lat.*
It will soon be five years since Ann has been working at the bank.	*Wkrótce upłynie pięć lat, odkąd Ann pracuje w (tym) banku.*

📖 A husband is what is left of the lover after the nerve has been extracted. (Helen Rowland)
Mąż jest tym, co zostaje z kochanka po usunięciu nerwu.

51.4 Czas PAST SIMPLE zamiast czasu FUTURE IN THE PAST w zdaniach podrzędnych czasu

Porównajmy:

I know that he will return. I know that he will marry me.	*Wiem, że on wróci. Wiem, że się ze mną ożeni.*
I knew that he would return*. I knew that he would marry me.	*Wiedziałam, że on wróci. Wiedziałam, że się ze mną ożeni.*
I knew that he would marry me as soon as he returned.	*Wiedziałam, że się ze mną ożeni, skoro tylko wróci.*

* FUTURE IN THE PAST ☞ **39.1.1**

Zwróćmy uwagę, że w zdaniu podrzędnym czasu (po spójniku **as soon as**) występuje forma czasu PAST SIMPLE zamiast formy czasu FUTURE IN THE PAST (**would return**).

**ZDANIA WARUNKOWE
CONDITIONAL SENTENCES**

KONSTRUKCJE Z **wish** I **if only**

52.1 Zdania warunkowe

Zdania podrzędne warunkowe wprowadzane są za pomocą szeregu spójników (☞ **50.5.2**), z których najczęściej używany jest spójnik **if** *jeżeli; gdyby*.

Porównajmy:

If you want to learn English, you must study English grammar.	*Jeżeli chcesz nauczyć się angielskiego, musisz uczyć się gramatyki angielskiej.*
If Tom wants to marry Linda, he ought to propose to her.	*Jeżeli Tom chce się ożenić z Lindą, powinien się jej oświadczyć.*

Są to stwierdzenia ogólne, niezwiązane z czasem.

52.1.1 Zdania warunkowe, typ I

Przykłady:

If it rains, I'll stay at home.	*Jeżeli będzie padać, zostanę w domu.*
If it stops raining, I'll go for a walk.	*Jeżeli przestanie padać, pójdę na spacer.*

Po spójniku **if** nie występuje **will**, a przyszłość wyraża odpowiednia forma czasu PRESENT SIMPLE (tutaj: **rains, stops**).

📖 By all means marry: if you get a good wife, you become happy; if you get a bad one, you'll become a philosopher. (Socrates)
Koniecznie ożeń się: jeżeli dostaniesz dobrą żonę, będziesz szczęśliwy; jeżeli dostaniesz złą (żonę), zostaniesz filozofem.

Porównajmy dalej:

| I won't do it unless you pay me well. | Nie zrobię tego, chyba że mi dobrze zapłacisz. |

• unless *jeżeli nie, chyba że*

| I'll go to Ann's party on condition that John is invited too. | Pójdę na przyjęcie do Ann, pod warunkiem że również John będzie zaproszony. |

• on condition that *pod warunkiem, że*

| I'll lend you the money provided/ providing that you pay it back within a month. | Pożyczę ci te pieniądze pod warunkiem, że je zwrócisz w ciągu miesiąca. |

• provided/providing that *pod warunkiem, że*

Zauważmy, że po spójnikach wprowadzających zdania podrzędne warunkowe nie występuje **will**, a przyszłość wyrażana jest za pomocą form czasu PRESENT SIMPLE (tutaj: **pay, is**).

Podsumujmy: w zdaniach warunkowych typu I, w zdaniu głównym występuje forma czasu FUTURE SIMPLE (**will**), w zdaniu podrzędnym warunkowym – forma czasu PRESENT SIMPLE.

Few people can be happy unless they hate some other people, nation, or creed. (Bertrand Russell)
Niewielu ludzi potrafi być szczęśliwymi, jeżeli nie nienawidzą jakichś innych ludzi, jakiegoś innego narodu lub jakiejś innej wiary (= wyznania).

| – Do you mind if I smoke? – I'd rather* you didn't. | – Czy masz coś przeciwko temu, że zapalę? – Wolałabym nie (= Wolałabym, żebyś tego nie robił). |

* would rather ☞ **15.2.4**

Zwróćmy uwagę, że w zdaniach warunkowych typu I spełnienie warunku jest nie tylko realne, lecz nawet bardzo prawdopodobne.

52.1.2 Zdania warunkowe, typ II

Porównajmy:

If I have more time, I'll visit the museum. • typ I	*Jeżeli będę miał więcej czasu, odwiedzę muzeum.*
If I had more time, I would visit the museum. • typ II	*Gdybym miał więcej czasu, odwiedziłbym muzeum.*

W drugim przykładzie jest mało prawdopodobne, że warunek zostanie spełniony (tj. że będę miał więcej czasu) i odwiedzę muzeum.

Zwróćmy uwagę, że po spójniku **if** występuje forma czasu PAST SIMPLE (**had**) – po polsku zresztą też występuje forma czasu przeszłego (*miał*). Natomiast w zdaniu głównym występuje **would** (formalnie. czas PAST SIMPLE od **will**; **will, would** ☞ **15.2.1**).

Dalsze przykłady:

– What would you do if you were offered a job at the UN? – I'd probably accept it.	*– Co byś zrobił, gdyby ci zaproponowano pracę w ONZ-ecie?* *– Prawdopodobnie bym ją przyjął.*

📖 There are many things that we would throw away, if we were not afraid that others might pick them up. (Oscar Wilde)
Jest wiele rzeczy, które byśmy wyrzucili, gdybyśmy się nie bali, że inni mogliby je podnieść.

He would do it if they paid him well.	*On by to zrobił, gdyby mu dobrze zapłacili.* • teraz i w przyszłości
If it rained, we would stay at home.	*Gdyby padało, zostalibyśmy w domu.* • warunek dotyczy przyszłości – prawdopodobieństwo jego spełnienia jest małe

W pierwszej osobie liczby pojedynczej i mnogiej (**I/we**) zamiast **would** może wystąpić **should** (zwłaszcza w angielszczyźnie brytyjskiej).

If he lent us the money, we could* go on holiday.	*Gdyby on pożyczył nam te pieniądze, moglibyśmy wyjechać na urlop.*
If you told her about it, she might** feel offended.	*Gdybyś powiedział jej o tym, mogłaby się poczuć urażona.*
– Would you mind if I used your dictionary? – Not at all. Please do.	*– Czy miałaby pani coś przeciwko temu, żebym skorzystał z pani słownika?* *– Ależ nie. Proszę bardzo (niech pan korzysta).*
– Would you mind opening the window? – No, not at all.	*– Czy miałby pan coś przeciwko temu, żeby otworzyć okno? – Ależ nie.*
– Would you mind if I closed the window? – Well, I'd rather you didn't.	*– Czy miałaby pani coś przeciwko temu, żebym zamknął okno? – Cóż, wolałabym nie.*

* could ☞ **15.3**
** might ☞ **43.1.2**

Porównajmy dalej:

I'd like to see the pyramids.	*Chciałbym zobaczyć piramidy.* • stwierdzenie ogólne
If I was in Egypt, I would certainly want to see the pyramids.	*Gdybym był w Egipcie, na pewno chciałbym zobaczyć piramidy.* • sytuacja mało prawdopodobna

📖 She's such a nice woman. If you knew her, you'd even admire her acting. (Mrs Patricia Campbell)
Wypowiedź jednej aktorki o innej aktorce: *Ona jest tak miłą kobietą. Gdyby pan ją znał, podziwiałby pan nawet jej aktorstwo.*

Porównajmy także:

If I were you, I'd refuse the invitation.	*Na twoim miejscu nie przyjąłbym tego zaproszenia.*

Zwróćmy uwagę na formę **if I were**. Forma osobowa **were** (taka sama dla wszystkich osób) jest jedną z pozostałości trybu łączącego i wyraża nierealność warunku. **If I were you, I'd ...** można traktować jako sposób udzielania rad.

I'd be grateful if you would lend me your printer.	*Byłbym wdzięczny, gdyby pan zechciał pożyczyć mi swoją drukarkę.*

Forma osobowa **would** (podobnie jak **will**) może wystąpić po **if**, kiedy wyraża prośbę (*gdyby pan zechciał ...*).

If you should meet him, tell him that I'm waiting here.	*Gdyby go pan przypadkiem spotkał, niech mu pan powie, że ja tutaj czekam.*

Forma osobowa **should** wyraża tutaj warunek, którego spełnienie jest bardzo mało prawdopodobne.

📖 If I should meet thee*
After long years,
How should I greet thee?
With silence and tears. (Lord Byron)
*Gdyby się tak złożyło, że bym cię spotkał
Po wielu latach,
Jak miałbym cię powitać?
Milczeniem i łzami.*

* **thee** *ciebie* – forma archaiczna

52.1.3 Zdania warunkowe, typ III

Porównajmy:

He'll go to her party if she invites him.	*On pójdzie na jej przyjęcie, jeżeli ona go zaprosi.* • prawdopodobnie zaprosi

He would go to her party if she invited him.	*On by poszedł na jej przyjęcie, gdyby go zaprosiła.* • mało prawdopodobne, że zaprosi
He would have gone to her party if she had invited him.	*On poszedłby (był) na jej przyjęcie, gdyby go (była) zaprosiła.* • ale nie zaprosiła i przyjęcie odbyło się bez niego

Przykład ostatni: warunek dotyczy przeszłości (której zmienić nie można) i dlatego jest nierealny.

Zwróćmy uwagę, że po **would** występuje bezokolicznik czasu przeszłego (☞ **42.1.6**), a po **if** – forma czasu PAST PERFECT (☞ **37.1**).

Dalsze przykłady:

If it had rained, we would have stayed at home.	*Gdyby (było) padało, zostalibyśmy (byli) w domu.* • ale nie padało
If it had stopped raining, we would have gone for a walk.	*Gdyby (było) przestało padać, poszlibyśmy (byli) na spacer.* • ale nie przestało
If you had warned me, I wouldn't have made that terrible mistake.	*Gdybyś mnie (był) uprzedził (= ostrzegł), nie popełniłabym (była) tego strasznego błędu.* • ale nie uprzedziłeś

📖 There are people who would never have fallen in love if they had never heard of love. (La Rochefoucauld)
Są ludzie, którzy by się nigdy nie (byli) zakochali, gdyby nigdy nie słyszeli o miłości.

I watched television last night.	*Oglądałem wczoraj wieczorem telewizję.* • fakt przeszły

If I hadn't watched television last night, I would probably have read a book.	*Gdybym nie (był) oglądał telewizji wczoraj wieczorem, prawdopodobnie poczytałbym książkę.* • ale oglądałem telewizję

📖 [When asked, "Would you still have married your wife if she hadn't had two million pounds?"] I would have married her if she had only had one million pounds! (Harold Lever)
[*Kiedy zapytano go: „Czy poślubiłbyś swoją żonę, gdyby nie miała dwóch milionów funtów?"*] *Poślubiłbym ją nawet, gdyby miała tylko jeden milion funtów!*

52.1.4 Zdania warunkowe – elementy mieszane

Porównajmy:

If he caught that train, he will soon be here.	*Jeżeli zdążył na tamten pociąg, to wkrótce tu będzie.*
If he had returned the book yesterday, I would lend it to you.	*Gdyby on zwrócił tę książkę wczoraj, pożyczyłbym ją tobie.* • ale nie zwrócił

📖 No one would remember the Good Samaritan if he'd only had good intentions. He had money as well. (Margaret Thatcher)
Nikt (dzisiaj) nie pamiętałby Dobrego Samarytanina, gdyby miał tylko dobre zamiary. On miał również pieniądze.

Jak widać z powyższych przykładów, elementy poszczególnych typów zdań warunkowych mogą być ze sobą łączone. Sytuacja obecna i przyszła może być zależna od sytuacji przeszłej.

52.2 Konstrukcje z **wish** i **if only**

Czasownik **wish** *życzyć sobie, pragnąć* występuje w konstrukcjach wyrażających treści zbliżone do tych, które można znaleźć w zdaniach warunkowych.

52.2.1 Życzenia nie do spełnienia, które dotyczą teraźniejszości

Porównajmy:

I wish Ann was/were here.	*Żałuję, że nie ma tu Ann.* • chciałbym, żeby tu była; forma **were** podkreśla nierealność życzenia
I wish I knew the answer to that question.	*Żałuję, że nie znam odpowiedzi na to pytanie.* • chciałbym ją znać, ale nie znam
I wish I had more money.	*Żałuję, że nie mam więcej pieniędzy.* • życzę sobie, żebym miał, ale nie mam
I wish I didn't have to go there.	*Żałuję, że muszę tam jechać.* • życzę sobie, żebym nie musiał, ale muszę

Zwróćmy uwagę, że po **wish** wystąpiły formy czasu PAST SIMPLE (**was/were**, **knew, had, didn't have to**). Zauważmy także, że nierealne życzenia dotyczą teraźniejszości.

We wszystkich podanych przykładach **I wish** można zastąpić przez **if only** *gdyby tylko* bez zasadniczej zmiany znaczenia.

When I wish I was rich, then I know that I am ill. (D.H. Lawrence)
Kiedy żałuję, że nie jestem bogaty, wtedy wiem, że jestem chory.

52.2.2 Życzenia nie do spełnienia, które dotyczą przeszłości

Porównajmy:

I wish (that) I had never met you.	*Żałuję, że cię w ogóle poznałem* (dosł. *Życzę sobie, żebym cię był nigdy nie spotkał*).
I wish I had been here yesterday.	*Żałuję, że mnie tu wczoraj nie było.*
I wish I had known about it last week.	*Żałuję, że nie wiedziałem o tym w zeszłym tygodniu.*

Zwróćmy uwagę, że po **wish** występuje forma czasu PAST PERFECT (☞ **37.1**).

We wszystkich przykładach zamiast **I wish** można wstawić **if only** *gdyby tylko* bez zasadniczej zmiany znaczenia.

52.2.3 Życzenia prawie nie do spełnienia, które dotyczą przyszłości
Porównajmy:

I wish you were less cruel.	*Chciałbym (= Życzyłbym sobie), żebyś była mniej okrutna.* • zmiana zachowania jest mało prawdopodobna
I wish they wouldn't make so much noise.	*Chciałabym, żeby oni nie robili tyle hałasu.* • nic nie można na to poradzić

W każdym z powyższych przykładów można użyć **if only** zamiast **I wish** bez zasadniczej zmiany znaczenia.

ZDANIA PODRZĘDNE CELU
CLAUSES OF PURPOSE

53.1 Zdanie podrzędne celu i jego bezokolicznikowy równoważnik

Zdania podrzędne celu stanowią odpowiedź na pytanie: po co? (w jakim celu?).
Porównajmy:

He is learning Latin so that he can improve his mind.	*On uczy się łaciny po to, żeby (mógł) rozwinąć swój umysł.*

Zdanie główne: **He is learning Latin**.

Zdanie podrzędne celu: (**so that**) **he can improve his mind**.

Zdanie podrzędne celu wprowadzone tu jest spójnikiem dwuwyrazowym **so that** *po to, żeby*. Spójnik **so that** jest bardzo uniwersalny (odpowiedni dla różnych stylów).

Zwróćmy uwagę, że podmiot zdania głównego (**he**) i podmiot zdania podrzędnego celu (**he**) to jedna i ta sama osoba. W takiej sytuacji zdanie podrzędne celu może być zastąpione bezokolicznikowym równoważnikiem (zdania celowego):

He is learning Latin (so as) to improve* his mind.	*On uczy się łaciny, żeby rozwinąć swój umysł.*

* bezokolicznikowy równoważnik zdania celowego ☞ **42.1.3**

Zauważmy, że **so as** może tu być opuszczone. Nie może natomiast być opuszczone przed **not** (bezokolicznik zaprzeczony):

He's learning Latin so as not to be uneducated.	*On uczy się łaciny po to, żeby nie być niewykształconym.*

Porównajmy dalej:

He's learning Latin so that she will admire him.	*On się uczy łaciny po to, żeby ona go podziwiała.*

W tym przykładzie występują dwa podmioty (**he** i **she**). W takiej sytuacji zdanie ce-

lowe nie może być zredukowane do bezokolicznikowego równoważnika (zdania celowego).

📖 If the Romans had been obliged to learn Latin, they would never have
found time to conquer the world. (Heinrich Heine)
*Gdyby Rzymianie byli zmuszeni uczyć się łaciny, nigdy nie znaleźliby czasu,
żeby podbić świat.*

53.2 Zdania podrzędne celu: ... so that ... will/would ...;
... so that ... can/could ...

Porównajmy:

She is practising karate so that he will love and respect her.	*Ona uprawia karate po to, żeby on ją kochał i szanował.*
He read that book so that she would be impressed.	*On przeczytał tę książkę po to, żeby jej zaimponować.*

Struktura pierwszego przykładu: czas PRESENT (CONTINUOUS) w zdaniu głównym (**is
practising**) – czas FUTURE (SIMPLE) w zdaniu podrzędnym celu (**will love and respect
her**).

Struktura drugiego przykładu: czas PAST (SIMPLE) w zdaniu głównym (**read**) – forma
would (+ forma bazowa **be**) w zdaniu podrzędnym celu.

Zwróćmy uwagę, że obydwa zdania podrzędne celu wyrażają pewną wersję sytuacji
przyszłej – bez dodatkowych zabarwień.

Porównajmy dalej:

Recently he has been working an extra two hours a day so that his wife can buy expensive clothes.	*On ostatnio pracuje dodatkowo dwie godziny dziennie po to, żeby jego żona mogła kupować drogie ubrania.*
She worked extra hard last year so that her husband could go skiing in Switzerland.	*Ona w zeszłym roku pracowała wyjątkowo ciężko po to, żeby jej mąż mógł pojechać na narty do Szwajcarii.*

Struktura pierwszego przykładu: czas PRESENT (PERFECT CONTINUOUS) w zdaniu głównym (**has been working**) – forma **can** (+ forma bazowa **buy**) w zdaniu podrzędnym celu.

Struktura drugiego przykładu: czas PAST (SIMPLE) w zdaniu głównym (**worked**) – forma **could** (+ forma bazowa **go**) w zdaniu podrzędnym celu.

Zwróćmy uwagę, że obydwa zdania podrzędne celu wyrażają przyszłość i jednocześnie możliwość (która powstanie w wyniku pewnych działań).

Podsumujmy:

Zdanie główne	Spójnik	Zdanie podrzędne celu
Present Simple Present Continuous Present Perfect Present Perfect Continuous Future Simple Future Continuous	**so that**	**will/can** + forma bazowa czasownika głównego
Past Simple Past Continuous Past Perfect	**so that**	**would/could** + forma bazowa czasownika głównego

Są to najważniejsze konstrukcje zdań podrzędnych celu. Tylko te struktury poleca się do opanowania czynnego. Są stosunkowo proste i bardzo uniwersalne – występują w różnych stylach wypowiedzi.

Zdania podrzędne celu mogą zamiast **will/can** i **would/could** zawierać odpowiednio **shall/may** i **should/might**. Wtedy **so that** zastępowane jest przez **in order that** *po to, żeby*. Mamy wówczas do czynienia ze stylem mniej uniwersalnym – ograniczonym do konwencji bardziej oficjalnej.

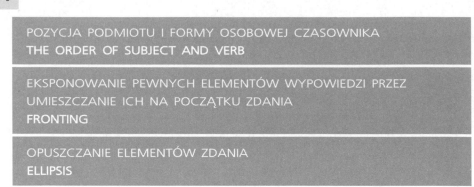

POZYCJA PODMIOTU I FORMY OSOBOWEJ CZASOWNIKA
THE ORDER OF SUBJECT AND VERB

EKSPONOWANIE PEWNYCH ELEMENTÓW WYPOWIEDZI PRZEZ
UMIESZCZANIE ICH NA POCZĄTKU ZDANIA
FRONTING

OPUSZCZANIE ELEMENTÓW ZDANIA
ELLIPSIS

54.1 Pozycja podmiotu i formy osobowej czasownika; inwersja

W zdaniach twierdzących neutralnych (bez specjalnego eksponowania elementów) podmiot występuje przed formą osobową czasownika. Ta ostatnia może być formą czasownika głównego, czasownika posiłkowego lub czasownika modalnego (łącznie z ułomnymi **need**, **dare** i **used to**).

Przykłady:

He understands.	*On rozumie.*
He understood.	*On zrozumiał.*
He will understand.	*On zrozumie.*
He can't understand.	*On nie potrafi zrozumieć.*
He needn't understand.	*On nie musi rozumieć.*

W pytaniach wprost forma czasownika posiłkowego, modalnego i ułomnego (**need**, **dare**, **used to**) występuje przed podmiotem. Wyjątkiem jest sytuacja, gdzie podmiotem jest wyraz pytający **who** lub **what** (**Who can understand it?**) (☞ **46.1**).

Does he understand?	*Czy on rozumie?*
Did he understand?	*Czy on zrozumiał?*
Will he understand?	*Czy on zrozumie?*

Can't he understand?	*Czy on nie potrafi zrozumieć?*
Need he understand?	*Czy on musi rozumieć?*

W pytaniach czasownik główny (np. **understand**) występuje w formie nieosobowej: bazowej.

Taką zmianę szyku (forma osobowa czasownika przed podmiotem) nazywa się **inwersją** (☞ **1.2.3**). Jedną z głównych funkcji inwersji jest sygnalizowanie pytań wprost. Nie jest to jednak jej jedyna funkcja.

Porównajmy:

"Where's John?" Mary asked. "Where's John?" asked Mary.	*„Gdzie jest John?" – zapytała Mary.*

Zwróćmy uwagę, że tutaj inwersja (**asked Mary** – forma osobowa czasownika przed podmiotem) nie pociąga za sobą użycia czasownika posiłkowego (jak to ma miejsce w pytaniach).

Funkcją inwersji jest tutaj lekkie wyeksponowanie wyrazu **Mary** (wyraz występujący na końcu zdania zwykle niesie ze sobą nową informację i jest mocniej akcentowany). Tego rodzaju inwersja jest niemożliwa z zaimkiem (jedyna możliwość: **she asked**).

Porównajmy dalej:

– I like music. – So do I.	*– Lubię muzykę.* *– Ja też.*
Here is the news.	*Oto (są) wiadomości.*
Here comes Mr Brown!*	*Oto i pan Brown!*
In front of the bank stood a police car.	*Przed bankiem stał samochód policyjny.*
We enjoyed the party. Best of all was the food.	*Dobrze bawiliśmy się na tym przyjęciu. Najlepsze z wszystkiego było jedzenie.*

* **Here he comes!** – inwersja z zaimkiem jest tu niemożliwa

Jak widzimy, inwersja służy tu wyeksponowaniu podmiotu (**Mary**, **I**, **the news**, **Mr Brown**, **a police car**, **the food**) poprzez przesunięcie go na koniec zdania. Element na końcu zdania zawiera zwykle nową informację i z tego powodu jest najważniejszy. Podobną tendencję można zaobserwować w języku polskim. Weźmy np. komunikat na dworcu informujący o opóźnieniu pociągu: *Pociąg (ekspresowy) z X do Y przybędzie z opóźnieniem dwudziestu minut.* Element zawierający nową informację (*dwudziestu minut*) znajduje się na końcu zdania. Drugim co do ważności jest element znajdujący się na początku zdania (*pociąg ekspresowy z X do Y*). Określa on, czego dotyczy informacja na końcu komunikatu.

Dalsze przykłady:

On the table stood a big computer.	*Na stole stał duży komputer.*
On the window sill lay a red rose.	*Na parapecie leżała czerwona róża.*

W tego typu zdaniach występują z reguły czasowniki wyrażające stan (znajdowanie się w jakimś miejscu) lub ruch, np. **sit**, **lie**, **stand**, **go**, **come**.

54.2 Eksponowanie pewnych elementów wypowiedzi przez umieszczanie ich na początku zdania (fronting)

Pewne elementy wypowiedzi, które normalnie (tj. w wersjach neutralnych) nie występują na początku zdania, mogą się tam znaleźć, kiedy chcemy podkreślić ich ważność. Dotyczy to szczególnie elementów o zabarwieniu negatywnym i przysłówka **only**.

Przykłady:

Not a word did she say.	*Ani słowa nie powiedziała.*

• **did she say** – inwersja

Under no circumstances must you tell anybody about it.	*W żadnym wypadku nie wolno ci nikomu o tym mówić.*

• **must you tell** – inwersja

Never before have I met with such stupidity.	*Nigdy przedtem nie spotkałem się z taką głupotą.*

• **have I met** – inwersja

| Only in Cracow can you feel so relaxed. | *Tylko w Krakowie możesz się czuć tak odprężony.* |

• **can you feel** – inwersja

Inne wyrazy występujące w tej konstrukcji na pierwszej pozycji: **seldom/rarely** *rzadko*, **hardly/scarcely** *ledwo*, **no sooner ... than ...** *jak tylko, w momencie gdy*, **at no time** *nigdy*, **in no way** *w żaden sposób, w żadnym razie*, **on no account** *w żadnym wypadku, pod żadnym pozorem*.

Konstrukcja ta jest typowa dla języka literackiego i wypowiedzi w stylu bardziej oficjalnym.

📖 Never in the field of human conflict was so much owed by so many to so few. (Winston Churchill)
W czasie Bitwy o Anglię, 20.08.1941: *Nigdy na polu ludzkiego konfliktu tak wielu nie zawdzięczało tak wiele tak niewielu.*

54.3 Opuszczanie pewnych elementów zdania

54.3.1 Wyraz gramatyczny **to** zamiast całej wypowiedzi z bezokolicznikiem

Przykłady:

– Are you going to London? – I hope to.	– *Czy jedziesz do Londynu?* – *Mam nadzieję, że pojadę.*
– Let's go to the cinema. – I don't want to.	– *Chodźmy do kina.* – *Nie chcę (iść do kina).*
– Would you like to go to the theatre? – I'd love to.	– *Czy chciałabyś pójść do teatru?* – *Bardzo bym chciała (pójść do teatru).*

54.3.2 Przykłady opuszczania innych elementów zdania

(I) wonder what he's doing.	*Ciekaw jestem, co on (teraz) robi.*
(I) can't do it.	*Nie mogę tego zrobić.*
(A) nice party, isn't it	*Miłe przyjęcie, co?*

(I) haven't seen them.	*Nie widziałem ich.*
You (are) ready?	*(Jesteś) gotów?*

Dodatkowe przykłady opuszczania pewnych elementów (np. krótkie odpowiedzi i komentarze) podano przy okazji prezentacji innych konstrukcji (przeważnie czasowych).

Rodzaje opuszczeń, które podano w powyższych przykładach, występują tylko w języku mówionym i tylko w stylu bardzo potocznym. Ich stosowanie wymaga dużego wyczucia stylu i rejestru językowego.

Bogactwo i elastyczność języka angielskiego w znacznym stopniu biorą się stąd, że bardzo często ten sam wyraz może być rzeczownikiem lub czasownikiem, przymiotnikiem lub przysłówkiem, przymiotnikiem lub czasownikiem, przyimkiem lub przysłówkiem etc. Świadomość powiązań znaczeniowych różnych części mowy ma duże znaczenie w nauce języka. Rozumienie tych zależności – jak również funkcjonowania systemu końcówek, przyrostków i przedrostków – może być istotną pomocą w lepszym i szybszym opanowaniu słownictwa i wykształceniu tego, co nazywamy wyczuciem językowym. Zadaniem gramatyki praktycznej jest zwrócenie uwagi na pewne regularności form gramatycznych.

55.1 Wyrazy należące do więcej niż jednej klasy

Każdy z niżej podanych wyrazów należy do co najmniej dwóch kategorii zwanych częściami mowy:

work *praca, pracować* – rzeczownik, czasownik;
fast *szybki, szybko* – przymiotnik, przysłówek;
dry *suchy, schnąć* – przymiotnik, czasownik;
up *po* (np. **up the ladder** *po drabinie*); *do góry* (np. *podnosić*) – przyimek, przysłówek.

Należąc do różnych kategorii, każdy z tych wyrazów funkcjonuje inaczej (przyjmując różne zakończenia, łącząc się z różnymi wyrazami gramatycznymi, zajmując różne pozycje w zdaniu), ale jednocześnie zachowuje pewien wspólny element znaczenia, co ułatwia przyswojenie całych, rozbudowanych układów gramatyczno-leksykalnych.

Pozostając przy wyrazie **work**, porównajmy: **to work** *pracować*, **to overwork** *przepracowywać się*, **to work out** *opracować*, **a worker** *pracownik, robotnik*, **a factory worker** *robotnik fabryczny*, **an office worker** *pracownik biurowy*, **a workman** *pracownik fizyczny, rzemieślnik*, **a workaholic** *pracoholik*, **work** *praca*, **a work of art** *dzieło sztuki*, **collected works** *dzieła zebrane*, **workable** *wykonalny*, **unworkable** *niewykonalny*, **working** *pracujący* etc. Innym sposobem tworzenia rozbudowanych pól znaczeniowych jest łączenie wyrazów, np. łączenie w jedną całość dwóch rzeczowników (☞ **25**).

55.2 Przedrostki i przyrostki

Często spotykane przedrostki (prefixes):

anti- (przeciw)	antibody *przeciwciało*
co- (razem)	co-author *współautor*
de- (odwrócenie)	destabilize *zdestabilizować*
dis- (zaprzeczenie)	disorganize *zdezorganizować*
ex- (z, na zewnątrz)	exclude *wyłączyć*, np. z grona
in- (do, do wewnątrz)	include *włączyć do*
in-/im- (zaprzeczenie)	independent *niezależny*, impossible *niemożliwy*
inter- (między)	international *międzynarodowy*
mini- (mały)	minibus *minibus*
mis- (źle, nieprawidłowo)	misunderstand *źle zrozumieć*
mono- (pojedynczy)	monosyllabic *jednosylabowy*
multi- (wielo-)	multinational *wielonarodowy*
non- (nie)	non-stop *bez przerwy*
out- (więcej, lepiej)	outlive *przeżyć, żyć dłużej (niż)*
over- (nad)	oversensitive *nadwrażliwy*
post- (po)	post-war *powojenny*
pre- (przed)	pre-war *przedwojenny*
pro- (za, na korzyść)	pro-government *prorządowy*
re- (ponownie)	reorganize *reorganizować*
semi- (pół)	semiconductor *półprzewodnik*
sub- (pod)	sub-zero *poniżej zera*
super- (nad)	superhuman *nadludzki*
trans- (przez)	transcend *przekraczać*
un- (zaprzeczenie)	unhappy *nieszczęśliwy*
under- (pod)	underestimate *nie doceniać*

Zwróćmy uwagę na analogie między językiem polskim a angielskim, które wynikają ze wspólnych grecko-łacińskich korzeni kultury europejskiej.

Często spotykane przyrostki (suffixes):

Przyrostki służące do tworzenia rzeczowników abstrakcyjnych od czasowników i przymiotników

– czasownik + **ment**:
to develop *rozwijać* > development *rozwój*

– czasownik + **-ion/-tion/-ation/-ition**:
to discuss *dyskutować* > discussion *dyskusja*; to introduce *wprowadzać* > introduction *wstęp*; to inform *informować* > information *informacja*; to repeat *powtarzać* > repetition *powtórzenie*

– czasownik + -ance/-ence:
to accept *akceptować* > **acceptance** *akceptacja*; **to exist** *istnieć* > **existence** *istnienie, życie, byt*

– przymiotnik + -(en)ce/-(an)ce:
intelligent *inteligentny* > **intelligence** *inteligencja*; **distant** *odległy* > **distance** *odległość*

– przymiotnik + -ty/-ity:
certain *pewny* > **certainty** *pewność*; **national** *narodowy* > **nationality** *narodowość*

– przymiotnik + -ness
happy *szczęśliwy* > **happiness** *szczęście*

– czasownik + -ing
to create *tworzyć* > **creating** *tworzenie*

Przyrostki służące do tworzenia nazw osób od czasowników, rzeczowników i przymiotników

– czasownik + -er/-or:
to write *pisać* > **a writer** *pisarz*; **to act** *grać na scenie* > **an actor** *aktor*

– rzeczownik/czasownik/przymiotnik + -ist:
a journal *periodyk* > **a journalist** *dziennikarz*; **to cycle** *jechać na rowerze* > **a cyclist** *rowerzysta*; **fundamental** *fundamentalny* > **a fundamentalist** *fundamentalista*

– czasownik + -ant/-ent:
to assist *pomagać* > **an assistant** *pomocnik*; **to study** *studiować* > **a student** *student*

– rzeczownik + -an/-ian:
a republic *republika* > **a republican** *republikanin*; **music** *muzyka* > **a musician** *muzyk*

– rzeczownik + -ess:
an actor *aktor* > **an actress** *aktorka*

Zwróćmy uwagę na drobne różnice w pisowni między czasownikiem/rzeczownikiem/przymiotnikiem z jednej, a rzeczownikiem abstrakcyjnym lub nazwą osoby z drugiej strony (oczywiście oprócz obecności przyrostka w tych ostatnich).

Przyrostki służące do tworzenia czasowników od przymiotników

– przymiotnik + ize:
modern *nowoczesny* > **to modernize** *unowocześniać*

– przymiotnik + -en:
short *krótki* > **shorten** *skracać*

Przyrostki służące do tworzenia przymiotników od rzeczowników i czasowników

– rzeczownik + -al:
origin *pochodzenie* > **original** *oryginalny*

– rzeczownik + -(t)ic:
energy *energia* > **energetic** *energiczny*

– czasownik/rzeczownik + -ive:
to act *działać* > **active** *aktywny*; **expense** *koszt* > **expensive** *kosztowny*

– rzeczownik + -ful:
hope *nadzieja* > **hopeful** *pełen nadziei*

– rzeczownik + -less:
hope *nadzieja* > **hopeless** *beznadziejny*

– rzeczownik + -ous:
danger *niebezpieczeństwo* > **dangerous** *niebezpieczny*

– rzeczownik + -y:
health *zdrowie* > **healthy** *zdrowy*

– rzeczownik + -ly:
a friend *przyjaciel* > **friendly** *przyjazny*

– czasownik + -ing:
to fascinate *fascynować* > **fascinating** *fascynujący*

– czasownik + -ed:
to fascinate *fascynować* > **fascinated** *zafascynowany*

Tworzenie przysłówków sposobu

– przymiotnik + -ly:
slow *powolny* > **slowly** *powoli*

Przykłady wyrazów pokrewnych, które różnią się samogłoską:

hot [hɒt] *gorący* > **heat** [hi:t] *gorąco, skwar;*
to bleed [bli:d] *krwawić* > **blood** [blʌd] *krew;*
food [fu:d] *jedzenie* > **to feed** [fi:d] *karmić;*
full [fʊl] *pełny* > **to fill** [fɪl] *napełniać;*
to sit [sɪt] *siedzieć* > **seat** [si:t] *siedzenie.*

Przykłady wyrazów pokrewnych, które różnią się spółgłoską:

to believe [bɪ'li:v] *wierzyć* > belief [bɪ'li:f] *wiara*;
to advise [əd'vaɪz] *radzić* > advice [əd'vaɪs] *rada*;
to prove [pru:v] *udowodnić* > proof [pru:f] *dowód*;
to speak [spi:k] *mówić* > speech [spi:tʃ] *mowa*.

Przykłady wyrazów pokrewnych, które różnią się więcej niż jedną głoską:

to choose [tʃu:z] *wybierać* > choice [tʃɔɪs] *wybór*;
to lend [lend] *pożyczać (komuś)* > loan [ləun] *pożyczka*;
to lose [lu:z] *tracić* > loss [lɒs] *strata*;
to succeed [sək'si:d] *odnieść sukces* > success [sək'ses] *sukces*;
to think [θɪŋk] *myśleć* > thought [θɔ:t] *myśl*.

55.3 Wybrane nazwy geograficzne i utworzone od nich wyrazy

Nazwy osób odnoszą się zarówno do mieszkańców, jak i mieszkanek danego regionu/kraju/kontynentu. Formy żeńskie podano po średniku tam, gdzie różnią się one od form męskich.

Kraj/Kontynent	Przymiotnik	Osoba	Mieszkańcy/Naród
Africa *Afryka*	African	an African	Africans
America *Ameryka*	American	an American	(the) Americans
Asia *Azja*	Asian	an Asian	Asians
Australia *Australia*	Australian	an Australian	(the) Australians
Austria *Austria*	Austrian	an Austrian	(the) Austrians
Belgium *Belgia*	Belgian	a Belgian	(the) Belgians
Brazil *Brazylia*	Brazilian	a Brazilian	(the) Brazilians
Britain *Wielka Brytania*	British	a Britisher	the British
China *Chiny*	Chinese	a Chinese	the Chinese
Czech Republic *Czechy*	Czech	a Czech	(the) Czechs
Denmark *Dania*	Danish	a Dane	(the) Danes

England *Anglia*	English	an Englishman; an Englishwoman	the English
Europe *Europa*	European	a European	Europeans
Finland *Finlandia*	Finnish	a Finn	(the) Finns
France *Francja*	French	a Frenchman; a Frenchwoman	the French
Germany *Niemcy*	German	a German	(the) Germans
Greece *Grecja*	Greek	a Greek	(the) Greeks
Holland *Holandia*	Dutch	a Dutchman; a Dutchwoman	the Dutch
Hungary *Węgry*	Hungarian	a Hungarian	(the) Hungarians
India *Indie*	Indian	an Indian	(the) Indians
Ireland *Irlandia*	Irish	an Irishman an Irishwoman	the Irish
Israel *Izrael*	Israeli Jewish *żydowski*	an Israeli a Jew	(the) Israelis (the) Jews
Italy *Włochy*	Italian	an Italian	(the) Italians
Japan *Japonia*	Japanese	a Japanese	the Japanese
Mexico *Meksyk*	Mexican	a Mexican	(the) Mexicans
Norway *Norwegia*	Norwegian	a Norwegian	(the) Norwegians
Pakistan *Pakistan*	Pakistani	a Pakistani	(the) Pakistanis
Poland *Polska*	Polish	a Pole	(the) Poles
Portugal *Portugalia*	Portuguese	a Portuguese	the Portuguese
Russia *Rosja*	Russian	a Russian	(the) Russians
Scotland *Szkocja*	Scottish	a Scot/ a Scotsman; a Scotswoman	(the) Scots

Spain	Spanish	a Spaniard	the Spanish
Hiszpania			
Sweden	Swedish	a Swede	(the) Swedes
Szwecja			
Switzerland	Swiss	a Swiss	the Swiss
Szwajcaria			
Turkey	Turkish	a Turk	(the) Turks
Turcja			
Wales	Welsh	a Welshman;	the Welsh
Walia		a Welshwoman	

Uwaga

Zakończenie **-man** (np. **Englishman**) w liczbie mnogiej ma formę **-men**.
Zakończenie **-woman** (np. **Englishwoman**) w liczbie mnogiej ma formę **-women**.

Zamiast **She is an Englishwoman** mówi się zwykle **She is English**. Analogicznie: **She is British/French/Dutch/Irish/Japanese/Jewish/Mexican/Polish/Russian/Scottish/Spanish/Swedish/Turkish/Welsh**.

Mówiąc **Americans**, mamy na myśli jakąś grupę Amerykanów, mówiąc **the Americans** mamy zazwyczaj na myśli wszystkich Amerykanów (naród amerykański). To samo odnosi się do innych narodowości. W wielu przypadkach przymiotnik oznacza również język danego kraju i narodowość.

Przymiotniki utworzone od nazw geograficznych oraz wyrazy określające narodowość lub język zawsze piszemy dużą literą.

56.1   Liczebniki główne (cardinal numbers)

0	zero	60	sixty
1	one	66	sixty-six
2	two	70	seventy
3	three	77	seventy-seven
4	four	80	eighty
5	five	88	eighty-eight
6	six	90	ninety
7	seven	99	ninety-nine
8	eight	100	a/one hundred
9	nine	101	a/one hundred and one
10	ten	202	two hundred and two
11	eleven	222	two hundred and twenty-two
12	twelve	1 000	a/one thousand
13	thirteen	1 003	a/one thousand and three
14	fourteen	1 100	one thousand one hundred
15	fifteen	1 477	one thousand four hundred and
16	sixteen		seventy-seven
17	seventeen	2 001	two thousand and one
18	eighteen	2 333	two thousand three hundred and
19	nineteen		thirty-three
20	twenty	3 104	three thousand one hundred and four
21	twenty-one	100 000	a/one hundred thousand
22	twenty-two	240 721	two hundred and forty thousand
30	thirty		seven hundred and twenty-one
33	thirty-three	1 000 000	a/one million
40	forty	2 000 000	two million
44	forty-four	1 000 000 000	a/one billion (one thousand million)
50	fifty		
55	fifty-five		

Zwróćmy uwagę na **a/one hundred/thousand/million/billion**. Przedimka **a** używamy częściej w języku mówionym, w stylu bardziej potocznym. Liczebnika **one** używamy częściej w języku pisanym, w stylu bardziej oficjalnym. Istnieje tendencja do używania **one** przy dłuższych liczbach.

Możemy powiedzieć **a thousand** dla określenia okrągłego tysiąca i kiedy używamy **and**, np. **a thousand and ten**. Kiedy jednak po tysiącu występują setki, to powinniśmy powiedzieć **one thousand** (**four hundred and two**). Przedimek a występuje bardzo często z **hundred/thousand/million** na początku zdania (lub wyrażenia). W pozycji środkowej musi wystąpić **one**, np. 7100 (**seven thousand one hundred**).

Wyrazy **hundred, thousand, million** i **billion** występują bez końcówki -s. Wyjątek stanowi sytuacja, kiedy w grę wchodzi stosunkowo duża, ale bliżej nieokreślona liczba, np. **hundreds/thousands/millions of people** *setki/tysiące/miliony ludzi*.

W języku angielskim stosunkowo często występuje wyraz (**a/one**) **dozen** *tuzin*. Tam gdzie po polsku powiedzielibyśmy *dziesiątki ludzi*, po angielsku powiemy **dozens of people**.

W angielszczyźnie mówionej czasami zamiast **two** *dwa* używamy **a couple of** *para*, które znaczy również *kilka*.

Zauważmy również, że między **hundred** i pozostałą częścią liczby występuje **and** *i*: 3566 (**three thousand five hundred and sixty-six**). W angielszczyźnie amerykańskiej to **and** często jest opuszczane.

W zapisie słownym liczb należy pamiętać o łączniku (dywizie), który występuje między liczbą wyrażającą dziesiątki a występującą po niej cyfrą: **twenty-nine, thirty-eight** etc. Nie występuje on w innych kombinacjach, np. 2003 (**two thousand and three**).

Uwaga

Możemy napisać 11000, 11 000, 11,000 (**eleven thousand**), ale nie możemy napisać 11.000. Kropka oddziela bowiem liczby całkowite od ułamków dziesiętnych. Liczby od 1100 do 1900 czyta się niekiedy **eleven hundred** *jedenaście setek* (1100), **twelve hundred** (1200), **thirteen hundred** (1300). W ten sposób często podajemy daty, zwłaszcza jeśli chodzi o pełne stulecia.

Podając liczbę przybliżoną, używamy czasami **about/around** *około* i **approximately** *w przybliżeniu*, np. **about five years** *około pięciu lat*, **around five o'clock** *około godziny piątej*, **approximately ten kilometres** *w przybliżeniu dziesięć kilometrów*.

Numery telefonu, karty kredytowej, paszportu etc. podajemy cyfra po cyfrze, np. 987–65–43–02 (**nine eight seven, six five, four three, oh two**). Jeśli obok siebie występują dwie takie same cyfry, możemy użyć wyrazu **double** *podwójny* (77–56 **double seven, five six**). Zwróćmy uwagę na sposób podawania zera: **oh** [əʊ], co jest nawiązaniem do litery O. Kiedy jednak mówimy o cyfrze zero (np. *opuścił pan zero*), wówczas używamy wyrazu **nought** [nɔːt] *zero*. Czasami mówimy również (szczególnie w USA) **zero** ['zɪərəʊ, 'ziːrəʊ]. W pomiarach temperatury również używamy wyrazu **zero**. Przy podawaniu wyników sportowych możemy często usłyszeć **nil** [nɪl] (Wielka Brytania) lub **zero** (USA). W tenisie, tenisie stołowym i podobnych grach zero wyrażamy przez **love**.

Liczebnik może również funkcjonować jako rzeczownik, np. **a nine** *dziewiątka*.

56.2 Liczebniki porządkowe (ordinal numbers); ułamki (fractions)

56.2.1 Liczebniki porządkowe

Większość liczebników porządkowych tworzy się od formy liczebników głównych przez dodanie -th [θ], np. **fourth** *czwarty*, **sixth** *szósty*, **tenth** *dziesiąty* etc. Istnieje jednak kilka wyjątków od tej reguły, obejmują one również drobne zmiany pisowni:

1st	first
2nd	second
3rd	third
5th	fifth
8th	eighth
9th	ninth
12th	twelfth
20th	twentieth
30th	thirtieth
etc.	

Dalsze przykłady:

21st	twenty-first
32nd	thirty-second
43rd	forty-third
55th	fifty-fifth
66th	sixty-sixth
100th	hundredth
789th	seven hundred and eighty-ninth

Przed liczebnikiem porządkowym z reguły występuje przedimek określony **the**, ponieważ każdy liczebnik porządkowy ma przypisane jedno określone miejsce w systemie – pierwszy jest tylko jeden, tak samo drugi, trzeci etc. Porównajmy jednak: **the First World War** *pierwsza wojna światowa*, **the Second World War** *druga wojna światowa*, ale **a third world war**. Pierwsze dwie wojny światowe wydarzyły się, zajmują wyznaczone im przez historię miejsca na skali czasu. Trzecia wojna światowa jest tylko hipotetyczną, jedną z wielu, nieokreśloną w czasie możliwością – stąd użycie przedimka nieokreślonego **a** (jakaś trzecia wojna światowa).

Porównajmy dalej (tytuły królewskie):

Henry VIII (Henry the Eighth) *Henryk Ósmy*
Elizabeth II (Elizabeth the Second) *Elżbieta Druga*

56.2.2 Ułamki; procenty; obliczenia; wymiary powierzchni

Ułamki zwykłe (vulgar/common fractions)

$\frac{1}{2}$ a/one half, $\frac{1}{3}$ a/one third, $\frac{1}{4}$ a/one quarter, $\frac{1}{5}$ a/one fifth.

Przedimek **a** jest częściej używany niż liczebnik **one**.

Porównajmy dalej:

$\frac{3}{5}$ three fifths, $\frac{9}{10}$ nine tenths, $3\frac{1}{4}$ three and a quarter.

Po liczbie całkowitej i ułamku rzeczownik występuje zwykle w liczbie mnogiej: **three and a quarter miles** *trzy i ćwierć mili*; **one and a half hours** *półtorej godziny*, ale: **an hour and a half** *półtorej godziny*, dosł. *godzina i pół*.

Po **half** można opuszczać **of** – po innych ułamkach nie:

half (of) my books *połowa moich książek*, ale: **a fifth of my books** *jedna piąta moich książek*; **half an hour** *pół godziny*, ale: **a quarter of an hour** *kwadrans*. Wyrazu **of** nie opuszczamy przed zaimkami: **half of them** *połowa z nich*.

Porównajmy także:

$5\frac{3}{5}$ **inches** – five and three fifths inches *pięć i trzy piąte cala*;
$\frac{5}{637}$ – five over six three seven (w języku matematyki);
2^2 – two squared *dwa do kwadratu* (**square** *kwadrat*);
3^3 – three cubed *trzy do sześcianu* (**cube** *sześcian*).

Ułamki dziesiętne (decimals)

0.5 nought/oh point five
4.321 four point three two one

Amerykanie zamiast **nought** mówią **zero**.

Procenty (percentages)

10% ten per cent
13.75% thirteen point seven five per cent

Obliczenia (calculations)

1. dodawanie (**addition**)
   2 + 2 = 4
   Two plus two equals/is four.

2. odejmowanie **(subtraction)**
   4 – 1 = 3
   Four minus one equals/is three.

3. mnożenie **(multiplication)**
   10 x 12 = 120
   Ten multiplied by twelve equals/is one hundred and twenty.

W stylu potocznym zamiast **multiplied by** powiemy **times**.

4. dzielenie **(division)**
   120 : 10 = 12
   One hundred and twenty divided by ten equals/is twelve.

Istnieje wiele różnych sposobów odczytywania działań arytmetycznych. Wybraliśmy najprostsze i najbardziej uniwersalne.

Wymiary powierzchni (area)

Porównajmy:

The room is five metres by six metres.	*Pokój ma wymiary pięć na sześć metrów.*
The garden is thirty metres by forty metres.	*Ogród ma wymiary trzydzieści na czterdzieści metrów.*

Zamiast w metrach możemy oczywiście podawać wymiary w stopach **(feet)**.
1 foot = 0.305 metres.

56.3 Czas (time)

56.3.1 Podawanie czasu (telling the time)

Porównajmy (skala dwunastogodzinna):

	Konwersacja	Komunikat
5:00	five (o'clock)	five (o'clock)
7:05	five past seven	seven oh five
9:10	ten (minutes) past nine	nine ten
4:12	twelve minutes past four	four twelve
10:15	(a) quarter past ten	ten fifteen

11:30	half past eleven	eleven thirty
8:35	twenty-five (minutes) to nine	eight thirty-five
6:45	(a) quarter to seven	six forty-five
3:52	eight minutes to four	three fifty-two

W konwersacji (język mówiony):
- posługujemy się dwunastogodzinną skalą czasu;
- wyraz **o'clock** *godzina* (punkt na tarczy zegara) można opuścić;
- wyraz **minutes** możemy opuścić przy pięciu i wielokrotnościach pięciu;
- przedimek **a** możemy opuścić przed wyrazem **quarter** *kwadrans*;
- czas po (**past**) godzinie liczymy do trzydziestej minuty włącznie (**half past**);
- czas po trzydziestej minucie liczymy do (**to**) następnej godziny.

W komunikatach (np. rozkład jazdy/zajęć etc.) podajemy czas w taki sam sposób, jak w analogicznych sytuacjach po polsku.

Przy posługiwaniu się dwunastogodzinną skalą czasu możemy chcieć skonkretyzować przekaz – powiedzieć dokładnie, że mamy na myśli np. godzinę ósmą rano, a nie ósmą wieczór. Wtedy mamy do wyboru dwa sposoby:
a) użyć określeń **in the morning/afternoon/evening** *rano/po południu/wieczorem* – metoda lepsza w stylu konwersacyjnym;
b) posłużyć się skrótami **am** (**ante meridiem** – po łacinie *przed południem*) lub **pm** (**post meridiem** – po łacinie *po południu*) – styl bardziej oficjalny, stosowany np. w zaproszeniach.

Porównajmy dalej:

at noon	*w południe*
at twelve noon	*o dwunastej w południe*
at midnight	*o północy*
at twelve o'clock at night	*o godzinie dwunastej w nocy*

W rozkładach jazdy/lotów występuje zwykle skala dwudziestoczterogodzinna:

08:00	eight hundred hours	20:00	twenty hundred hours
08:03	eight oh three	20:03	twenty oh three
08:10	eight ten	20:10	twenty ten
08:15	eight fifteen	20:15	twenty fifteen
08:30	eight thirty	20:30	twenty thirty
08:37	eight thirty-seven	20:37	twenty thirty-seven
08:45	eight forty-five	20:45	twenty forty-five

Godzina 09:00 i 21:00 to odpowiednio **nine hundred hours** i **twenty-one hundred hours**; 09:30 i 21:30 to odpowiednio **nine thirty** i **twenty-one thirty**.

56.3.2 Daty, dekady

Daty (dates)

Pisząc daty, używamy albo liczebników głównych, jak np. 8, albo liczebników porządkowych, np. 8th:

8/8 = 8 August = August 8 = 8th August = August 8th

W mowie używa się jednak z reguły liczebników porządkowych: **the eighth of August**; **August the eighth**.

Daty odczytujemy w sposób następujący:

1972   nineteen seventy-two; albo bardziej oficjalnie: nineteen hundred and seventy-two
1905   nineteen oh five
1066   ten sixty-six; albo: one thousand and sixty-six
2000   the year two thousand
2001   (the year) two thousand and one
2010   (the year) two thousand (and) ten; albo: (the year) twenty ten

Dekady (decades)

the 1990s = the 1990's = the 90s = the 90's = the nineteen nineties = the nineties
lata dziewięćdziesiąte ubiegłego wieku

He looked like a man in his early/ mid/late fifties.	*Wyglądał na człowieka, który niedawno skończył pięćdziesiąt lat/około 55 lat/przed sześćdziesiątką.*

56.3.3 Częstotliwość (ile razy w jednostce czasu)

Porównajmy:

once *raz*;
once a day/week/month *raz dziennie, raz w tygodniu/miesiącu*;
twice *dwa razy*;
twice a week/month/year *dwa razy w tygodniu/miesiącu/roku*;
three/four/five/etc. times *trzy/cztery/pięć/etc. razy*;
ten times a year *dziesięć razy w roku*;

once or twice a day *raz lub dwa razy dziennie;*
two or three times a week *dwa lub trzy razy w tygodniu;*
three or four times a month *trzy lub cztery razy w miesiącu;*
five or six times a year *pięć lub sześć razy w roku;*
every three/four/five/etc. days/weeks/etc. *co trzy/cztery/pięć/etc. dni/tygodni(e)/etc.*

B

CZASOWNIKI NIEREGULARNE
IRREGULAR VERBS

Każdy czasownik angielski (z wyjątkiem kilku ułomnych) ma trzy formy podstawowe: 1. forma bazowa (☞ **16.1**), 2. forma osobowa czasu PAST SIMPLE (☞ **2, 4**), 3. forma imiesłowu biernego (☞ **16.3**).

Czasowniki regularne mają w formach 2. i 3. zakończenie **-ed** (w piśmie). Wymowa **-(e)d** ☞ **4.1**.

Skróty: gram. (wyraz gramatyczny nie tłumaczony oddzielnie na polski)
USA (amerykanizm)

1	2	3	
forma bazowa	forma osobowa czasu PAST SIMPLE	forma imiesłowu biernego	
abide [ə'baɪd]	abode [ə'bəʊd], abided [ə'baɪdɪd]	abode [ə'bəʊd], abided [ə'baɪdɪd]	*przebywać, mieszkać*
arise [ə'raɪz]	arose [ə'rəʊz]	arisen [ə'rɪzn]	*powstawać*
awake [ə'weɪk]	awoke [ə'wəʊk]	awoken [ə'wəʊkn]	*budzić*
babysit ['beɪbɪsɪt]	babysat ['beɪbɪsæt]	babysat ['beɪbɪsæt]	*opiekować się dzieckiem (odpłatnie, przez krótki czas)*
be [biː]	was, were [wɒz, wɜː]	been [biːn]	*być*
bear [beə]	bore [bɔː]	borne [bɔːn]	*(z)nosić*
beat [biːt]	beat [biːt]	beaten ['biːtn]	*bić*
become [bɪ'kʌm]	became [bɪ'keɪm]	become [bɪ'kʌm]	*stawać się*
befall [bɪ'fɔːl]	befell [bɪ'fel]	befallen [bɪ'fɔːlən]	*(o nieszczęściu) spotkać (kogoś)*
begin [bɪ'gɪn]	began [bɪ'gæn]	begun [bɪ'gʌn]	*zaczynać (się)*
bend [bend]	bent [bent]	bent [bent]	*zginać (się)*
bet [bet]	bet [bet]	bet [bet]	*zakładać się*
bid[1] [bɪd]	bid [bɪd]	bid [bɪd]	*licytować*
bid[2] [bɪd]	bade [beɪd]	bidden ['bɪdn]	*kazać, prosić*
bind [baɪnd]	bound [baʊnd]	bound [baʊnd]	*wiązać*
bite [baɪt]	bit [bɪt]	bitten ['bɪtn]	*(u)gryźć*
bleed [bliːd]	bled [bled]	bled [bled]	*krwawić*
blow [bləʊ]	blew [bluː]	blown [bləʊn]	*wiać; dmuchać*
break [breɪk]	broke [brəʊk]	broken ['brəʊkn]	*łamać*
breed [briːd]	bred [bred]	bred [bred]	*hodować*
bring [brɪŋ]	brought [brɔːt]	brought [brɔːt]	*przynosić*

broadcast ['brɔ:dkɑ:st]	broadcast ['brɔ:dkɑ:st]	broadcast ['brɔ:dkɑ:st]	*nadawać; transmitować*
build [bɪld]	built [bɪlt]	built [bɪlt]	*budować*
burn [bɜ:n]	burnt [bɜ:nt]/	burnt [bɜ:nt]/	*palić (się)*
	burned [bɜ:nd]	burned [bɜ:nd]	
burst [bɜ:st]	burst [bɜ:st]	burst [bɜ:st]	*pękać; wybuchać*
bust [bʌst]	bust [bʌst]/	bust [bʌst]/	*rozbijać*
	busted ['bʌstɪd]	busted ['bʌstɪd]	
buy [baɪ]	bought [bɔ:t]	bought [bɔ:t]	*kupować*
cast [kɑ:st]	cast [kɑ:st]	cast [kɑ:st]	*rzucać*
catch [kætʃ]	caught [kɔ:t]	caught [kɔ:t]	*łapać*
choose [tʃu:z]	chose [tʃəuz]	chosen ['tʃəuzn]	*wybierać*
cling [klɪŋ]	clung [klʌŋ]	clung [klʌŋ]	*przywierać*
come [kʌm]	came [keɪm]	come [kʌm]	*przychodzić*
cost [kɒst]	cost [kɒst]	cost [kɒst]	*kosztować*
creep [kri:p]	crept [krept]	crept [krept]	*pełzać*
cut [kʌt]	cut [kʌt]	cut [kʌt]	*ciąć*
deal [di:l]	dealt [delt]	dealt [delt]	*zajmować się*
dig [dɪg]	dug [dʌg]	dug [dʌg]	*kopać (ziemię)*
dive [daɪv]	dived [daɪvd],	dived [daɪvd]	*nurkować*
	dove [dəuv] (USA)		
do [du:]	did [dɪd]	done [dʌn]	*robić; gram.*
draw [drɔ:]	drew [dru:]	drawn [drɔ:n]	*ciągnąć; rysować*
dream [dri:m]	dreamt [dremt]/	dreamt [dremt]/	*śnić; marzyć*
	dreamed [dri:md]	dreamed [dri:md]	
drink [drɪŋk]	drank [dræŋk]	drunk [drʌŋk]	*pić*
drive [draɪv]	drove [drəuv]	driven ['drɪvn]	*prowadzić (pojazd)*
dwell [dwel]	dwelt [dwelt]	dwelt [dwelt]	*zamieszkiwać*
eat [i:t]	ate [et/eɪt]	eaten ['i:tn]	*jeść*
fall [fɔ:l]	fell [fel]	fallen ['fɔ:ln]	*padać; upaść*
feed [fi:d]	fed [fed]	fed [fed]	*karmić*
feel [fi:l]	felt [felt]	felt [felt]	*czuć (się)*
fight [faɪt]	fought [fɔ:t]	fought [fɔ:t]	*walczyć*
find [faɪnd]	found [faund]	found [faund]	*znajdować*
flee [fli:]	fled [fled]	fled [fled]	*uciekać*
fling [flɪŋ]	flung [flʌŋ]	flung [flʌŋ]	*ciskać, rzucać*
floodlight ['flʌdlaɪt]	floodlit ['flʌdlɪt]	floodlit ['flʌdlɪt]	*oświetlać (silnym*
			światłem)
fly [flaɪ]	flew [flu:]	flown [fləun]	*latać*
forbid [fə'bɪd]	forbade [fə'beɪd]	forbidden [fə'bɪdn]	*zabraniać*
forecast ['fɔ:kɑ:st]	forecast ['fɔ:kɑ:st]	forecast ['fɔ:kɑ:st]	*prognozować*
foresee [fɔ:'si:]	foresaw [fɔ:'sɔ:]	foreseen [fɔ:'si:n]	*przewidywać*
foretell [fɔ:'tel]	foretold [fɔ:'təuld]	foretold [fɔ:'təuld]	*przepowiadać*

forget [fə'get]	forgot [fə'gɒt]	forgotten [fə'gɒtn]	*zapominać*
forgive [fə'gɪv]	forgave [fə'geɪv]	forgiven [fə'gɪvn]	*wybaczać*
forsake [fə'seɪk]	forsook [fə'sʊk]	forsaken [fə'seɪkn]	*porzucać*
freeze [friːz]	froze [frəʊz]	frozen ['frəʊzn]	*(za)mrozić*
get [get]	got [gɒt]	got [gɒt],	*dostać*
		gotten ['gɒtn] (USA)	
give [gɪv]	gave [geɪv]	given ['gɪvn]	*dawać*
go [gəʊ]	went [went]	gone [gɒn]	*iść*
grind [graɪnd]	ground [graʊnd]	ground [graʊnd]	*mleć*
grow [grəʊ]	grew [gruː]	grown [grəʊn]	*rosnąć*
hang [hæŋ]	hung [hʌŋ]	hung [hʌŋ]	*wisieć*
have [hæv]	had [hæd]	had [hæd]	*mieć; gram.*
hear [hɪə]	heard [hɜːd]	heard [hɜːd]	*słyszeć*
hew [hjuː]	hewed [hjuːd]	hewn [hjuːn]/	*rąbać; ciosać*
		hewed [hjuːd]	
hide [haɪd]	hid [hɪd]	hidden ['hɪdn]	*ukrywać*
hit [hɪt]	hit [hɪt]	hit [hɪt]	*uderzać*
hold [həʊld]	held [held]	held [held]	*trzymać*
hurt [hɜːt]	hurt [hɜːt]	hurt [hɜːt]	*zranić; boleć*
inlay [ɪn'leɪ]	inlaid [ɪn'leɪd]	inlaid [ɪn'leɪd]	*inkrustować*
interweave [ˌɪntə'wiːv]	interwove [ˌɪntə'wəʊv]	interwoven [ˌɪntə'wəʊvn]	*łączyć, splatać*
keep [kiːp]	kept [kept]	kept [kept]	*trzymać*
kneel [niːl]	knelt [nelt]	knelt [nelt]	*klęczeć*
knit [nɪt]	knit [nɪt]/	knit [nɪt]/	*robić na drutach*
	knitted ['nɪtɪd]	knitted ['nɪtɪd]	
know [nəʊ]	knew [njuː]	known [nəʊn]	*wiedzieć; znać*
lay [leɪ]	laid [leɪd]	laid [leɪd]	*kłaść*
lead [liːd]	led [led]	led [led]	*prowadzić*
lean [liːn]	leant [lent]/	leant [lent]/	*opierać się (o)*
	leaned [liːnd]	leaned [liːnd]	
leap [liːp]	leapt [lept]/	leapt [lept]/	*skoczyć*
	leaped [liːpt]	leaped [liːpt]	
learn [lɜːn]	learnt [lɜːnt]/	learnt [lɜːnt]/	*uczyć się*
	learned [lɜːnd]	learned [lɜːnd]	
leave [liːv]	left [left]	left [left]	*opuszczać, wyjeżdżać*
lend [lend]	lent [lent]	lent [lent]	*pożyczać (komuś)*
let [let]	let [let]	let [let]	*pozwalać; gram.*
lie [laɪ]	lay [leɪ]	lain [leɪn]	*leżeć*
light [laɪt]	lit [lɪt]/	lit [lɪt]/	*zapalać*
	lighted ['laɪtɪd]	lighted ['laɪtɪd]	
lose [luːz]	lost [lɒst]	lost [lɒst]	*gubić, tracić*
make [meɪk]	made [meɪd]	made [meɪd]	*robić, wytwarzać*

mean [miːn]	meant [ment]	meant [ment]	*znaczyć*
meet [miːt]	met [met]	met [met]	*spotykać*
mishear [mɪsˈhɪə]	misheard [mɪsˈhɜːd]	misheard [mɪsˈhɜːd]	*źle usłyszeć*
mislay [mɪsˈleɪ]	mislaid [mɪsˈleɪd]	mislaid [mɪsˈleɪd]	*zapodziać*
mislead [mɪsˈliːd]	misled [mɪsˈled]	misled [mɪsˈled]	*wprowadzać w błąd*
mistake [mɪˈsteɪk]	mistook [mɪˈstʊk]	mistaken [mɪˈsteɪkn]	*pomylić*
misunderstand [ˌmɪsʌndəˈstænd]	misunderstood [ˌmɪsʌndəˈstʊd]	misunderstood [ˌmɪsʌndəˈstʊd]	*źle zrozumieć*
mow [məʊ]	mowed [məʊd]	mown [məʊn]/ mowed [məʊd]	*kosić*
outdo [ˌaʊtˈduː]	outdid [ˌaʊtˈdɪd]	outdone [ˌaʊtˈdʌn]	*przebić kogoś (= być lepszym)*
outgrow [ˌaʊtˈgrəʊ]	outgrew [ˌaʊtˈgruː]	outgrown [ˌaʊtˈgrəʊn]	*wyrosnąć; przerosnąć*
outshine [ˌaʊtˈʃaɪn]	outshone [ˌaʊtˈʃɒn]	outshone [ˌaʊtˈʃɒn]	*przyćmiewać*
overcome [ˌəʊvəˈkʌm]	overcame [ˌəʊvəˈkeɪm]	overcome [ˌəʊvəˈkʌm]	*pokonać*
overdo [ˌəʊvəˈduː]	overdid [ˌəʊvəˈdɪd]	overdone [ˌəʊvəˈdʌn]	*przebrać miarę*
overdraw [ˌəʊvəˈdrɔː]	overdrew [ˌəʊvəˈdruː]	overdrawn [ˌəʊvəˈdrɔːn]	*zrobić debet na koncie*
overeat [ˌəʊvərˈiːt]	overate [ˌəʊvərˈet/ ˌəʊvərˈeɪt]	overeaten [ˌəʊvərˈiːtn]	*przejadać się*
overhang [ˌəʊvəˈhæŋ]	overhung [ˌəʊvəˈhʌŋ]	overhung [ˌəʊvəˈhʌŋ]	*wisieć nad/powyżej*
overhear [ˌəʊvəˈhɪə]	overheard [ˌəʊvəˈhɜːd]	overheard [ˌəʊvəˈhɜːd]	*podsłuchać*
oversee [ˌəʊvəˈsiː]	oversaw [ˌəʊvəˈsɔː]	overseen [ˌəʊvəˈsiːn]	*kontrolować, nadzorować*
oversleep [ˌəʊvəˈsliːp]	overslept [ˌəʊvəˈslept]	overslept [ˌəʊvəˈslept]	*zaspać*
overtake [ˌəʊvəˈteɪk]	overtook [ˌəʊvəˈtʊk]	overtaken [ˌəʊvəˈteɪkn]	*wyprzedzać*
overthrow [ˌəʊvəˈθrəʊ]	overthrew [ˌəʊvəˈθruː]	overthrown [ˌəʊvəˈθrəʊn]	*obalać*
partake [pɑːˈteɪk]	partook [pɑːˈtʊk]	partaken [pɑːˈteɪkn]	*brać udział; poczęstować się*
pay [peɪ]	paid [peɪd]	paid [peɪd]	*płacić*
prove [pruːv]	proved [pruːvd]	proved [pruːvd], proven [ˈpruːvn] (USA)	*udowodnić*
put [pʊt]	put [pʊt]	put [pʊt]	*kłaść, stawiać*
quit [kwɪt]	quit [kwɪt]/ quitted [ˈkwɪtɪd]	quit [kwɪt]/ quitted [ˈkwɪtɪd]	*zrezygnować z; odejść z; rzucić*
read [riːd]	read [red]	read [red]	*czytać*
rebuild [ˌriːˈbɪld]	rebuilt [ˌriːˈbɪlt]	rebuilt [ˌriːˈbɪlt]	*odbudować*
remake [ˌriːˈmeɪk]	remade [ˌriːˈmeɪd]	remade [ˌriːˈmeɪd]	*przerobić*
rend [rend]	rent [rent]	rent [rent]	*rozdzierać, rozrywać*
repay [rɪˈpeɪ]	repaid [rɪˈpeɪd]	repaid [rɪˈpeɪd]	*zwrócić dług*
resell [ˌriːˈsel]	resold [ˌriːˈsəʊld]	resold [ˌriːˈsəʊld]	*odsprzedawać*
reset [ˌriːˈset]	reset [ˌriːˈset]	reset [ˌriːˈset]	*regulować, ustawiać (ponownie)*
retell [ˌriːˈtel]	retold [ˌriːˈtəʊld]	retold [ˌriːˈtəʊld]	*opowiadać od nowa*

rethink [ˌriːˈθɪŋk]	rethought [ˌriːˈθɔːt]	rethought [ˌriːˈθɔːt]	*przemyśleć, zastanowić się*
rewind [ˌriːˈwaɪnd]	rewound [ˌriːˈwaʊnd]	rewound [ˌriːˈwaʊnd]	*przewinąć (taśmę)*
rewrite [ˌriːˈraɪt]	rewrote [ˌriːˈrəʊt]	rewritten [ˌriːˈrɪtn]	*przepisać, napisać (ponownie)*
rid [rɪd]	rid [rɪd]/ridded [ˈrɪdɪd]	rid [rɪd]/ridded [ˈrɪdɪd]	*uwolnić (od), oczyścić (z)*
ride [raɪd]	rode [rəʊd]	ridden [ˈrɪdn]	*jechać (konno)*
ring [rɪŋ]	rang [ræŋ]	rung [rʌŋ]	*dzwonić*
rise [raɪz]	rose [rəʊz]	risen [ˈrɪzn]	*wstawać; podnosić się*
run [rʌn]	ran [ræn]	run [rʌn]	*biec; kursować*
saw [sɔː]	sawed [sɔːd]	sawn [sɔːn], sawed [sɔːd] (USA)	*piłować*
say [seɪ]	said [sed]	said [sed]	*powiedzieć*
see [siː]	saw [sɔː]	seen [siːn]	*widzieć*
seek [siːk]	sought [sɔːt]	sought [sɔːt]	*szukać; dążyć do*
sell [sel]	sold [səʊld]	sold [səʊld]	*sprzedawać*
send [send]	sent [sent]	sent [sent]	*wysyłać*
set [set]	set [set]	set [set]	*ustawiać*
sew [səʊ]	sewed [səʊd]	sewn [səʊn]/ sewed [səʊd]	*szyć*
shake [ʃeɪk]	shook [ʃʊk]	shaken [ˈʃeɪkn]	*potrząsać*
shear [ʃɪə]	sheared [ʃɪəd]	shorn [ʃɔːn]/ sheared [ʃɪəd]	*strzyc (owce)*
shed [ʃed]	shed [ʃed]	shed [ʃed]	*zrzucać; ronić (łzy)*
shine [ʃaɪn]	shone [ʃɒn], shined [ʃaɪnd]	shone [ʃɒn], shined [ʃaɪnd]	*świecić; polerować*
shoe [ʃuː]	shod [ʃɒd]	shod [ʃɒd]	*podkuć konia*
shoot [ʃuːt]	shot [ʃɒt]	shot [ʃɒt]	*strzelać*
show [ʃəʊ]	showed [ʃəʊd]	shown [ʃəʊn]/ showed [ʃəʊd]	*pokazywać*
shrink [ʃrɪŋk]	shrank [ʃræŋk]/ shrunk [ʃrʌŋk]	shrunk [ʃrʌŋk]	*kurczyć się*
shut [ʃʌt]	shut [ʃʌt]	shut [ʃʌt]	*zamykać*
sing [sɪŋ]	sang [sæŋ]	sung [sʌŋ]	*śpiewać*
sink [sɪŋk]	sank [sæŋk]	sunk [sʌŋk]	*tonąć; zatapiać*
sit [sɪt]	sat [sæt]	sat [sæt]	*siedzieć*
slay [sleɪ]	slew [sluː]	slain [sleɪn]	*zabić*
sleep [sliːp]	slept [slept]	slept [slept]	*spać*
slide [slaɪd]	slid [slɪd]	slid [slɪd]	*zsunąć się*
sling [slɪŋ]	slung [slʌŋ]	slung [slʌŋ]	*rzucać, miotać*
slink [slɪŋk]	slunk [slʌŋk]	slunk [slʌŋk]	*skradać się*
slit [slɪt]	slit [slɪt]	slit [slɪt]	*rozciąć*

smell [smel]	smelt [smelt]/ smelled [smeld]	smelt [smelt]/ smelled [smeld]	*wąchać; pachnieć*
sow [səu]	sowed [səud]	sown [səun]/ sowed [səud]	*siać*
speak [spi:k]	spoke [spəuk]	spoken ['spəukn]	*mówić*
speed [spi:d]	sped [sped]/ speeded ['spi:dɪd]	sped [sped]/ speeded ['spi:dɪd]	*pędzić*
spell [spel]	spelt [spelt]/ spelled [speld]	spelt [spelt]/ spelled [speld]	*(prze)literować*
spend [spend]	spent [spent]	spent [spent]	*spędzać; wydawać*
spill [spɪl]	spilt [spɪlt]/ spilled [spɪld]	spilt [spɪlt]/ spilled [spɪld]	*rozlać*
spin [spɪn]	spun [spʌn]	spun [spʌn]	*kręcić się*
spit [spɪt]	spat [spæt]	spat [spæt]	*pluć*
split [splɪt]	split [splɪt]	split [splɪt]	*rozdzielać, rozbijać*
spoil [spɔɪl]	spoilt [spɔɪlt]/ spoiled [spɔɪld]	spoilt [spɔɪlt]/ spoiled [spɔɪld]	*psuć*
spread [spred]	spread [spred]	spread [spred]	*rozpościerać (się)*
spring [sprɪŋ]	sprang [spræŋ]	sprung [sprʌŋ]	*skoczyć*
stand [stænd]	stood [stud]	stood [stud]	*stać*
steal [sti:l]	stole [stəul]	stolen ['stəuln]	*kraść*
stick [stɪk]	stuck [stʌk]	stuck [stʌk]	*tkwić*
sting [stɪŋ]	stung [stʌŋ]	stung [stʌŋ]	*użądlić*
stink [stɪŋk]	stank [stæŋk]	stunk [stʌŋk]	*cuchnąć*
strew [stru:]	strewed [stru:d]	strewn [stru:n]/ strewed [stru:d]	*rozrzucać, rozsypywać*
stride [straɪd]	strode [strəud]	stridden ['strɪdn]	*kroczyć*
strike [straɪk]	struck [strʌk]	struck [strʌk]	*uderzać*
string [strɪŋ]	strung [strʌŋ]	strung [strʌŋ]	*nawlekać*
strive [straɪv]	strove [strəuv]	striven ['strɪvn]	*walczyć; dążyć*
sublet [ˌsʌb'let]	sublet [ˌsʌb'let]	sublet [ˌsʌb'let]	*podnajmować*
swear [sweə]	swore [swɔ:]	sworn [swɔ:n]	*przysięgać; kląć*
sweep [swi:p]	swept [swept]	swept [swept]	*zamiatać*
swell [swel]	swelled [sweld]	swelled [sweld]/ swollen ['swəulən]	*puchnąć*
swim [swɪm]	swam [swæm]	swum [swʌm]	*pływać*
swing [swɪŋ]	swung [swʌŋ]	swung [swʌŋ]	*kołysać się*
take [teɪk]	took [tuk]	taken ['teɪkn]	*zabrać*
teach [ti:tʃ]	taught [tɔ:t]	taught [tɔ:t]	*nauczać*
tear [teə]	tore [tɔ:]	torn [tɔ:n]	*rwać (się)*
tell [tel]	told [təuld]	told [təuld]	*(o)powiedzieć*
think [θɪŋk]	thought [θɔ:t]	thought [θɔ:t]	*myśleć*

thrive [θraɪv]	thrived [θraɪvd]/ throve [θrəʊv]	thrived [θraɪvd]/ thriven ['θrɪvn]	*prosperować*
throw [θrəʊ]	threw [θruː]	thrown [θrəʊn]	*rzucać*
thrust [θrʌst]	thrust [θrʌst]	thrust [θrʌst]	*pchnąć; wbić*
tread [tred]	trod [trɒd]	trodden ['trɒdn]	*deptać*
unbend [ˌʌn'bend]	unbent [ˌʌn'bent]	unbent [ˌʌn'bent]	*rozprostować, rozgiąć*
undergo [ˌʌndə'gəʊ]	underwent [ˌʌndə'went]	undergone [ˌʌndə'gɒn]	*przejść (operację)*
underlie [ˌʌndə'laɪ]	underlay [ˌʌndə'leɪ]	underlain [ˌʌndə'leɪn]	*leżeć u podstaw, być przyczyną*
underpay [ˌʌndə'peɪ]	underpaid [ˌʌndə'peɪd]	underpaid [ˌʌndə'peɪd]	*płacić za mało*
understand [ˌʌndə'stænd]	understood [ˌʌndə'stʊd]	understood [ˌʌndə'stʊd]	*rozumieć*
undertake [ˌʌndə'teɪk]	undertook [ˌʌndə'tʊk]	undertaken [ˌʌndə'teɪkn]	*podjąć się*
undo [ˌʌn'duː]	undid [ˌʌn'dɪd]	undone [ˌʌn'dʌn]	*rozpiąć*
unfreeze [ˌʌn'friːz]	unfroze [ˌʌn'frəʊz]	unfrozen [ˌʌn'frəʊzn]	*rozmrozić*
unwind [ˌʌn'waɪnd]	unwound [ˌʌn'waʊnd]	unwound [ˌʌn'waʊnd]	*rozwinąć; odwinąć się*
uphold [ʌp'həʊld]	upheld [ʌp'held]	upheld [ʌp'held]	*popierać*
upset [ʌp'set]	upset [ʌp'set]	upset [ʌp'set]	*przewrócić*
wake [weɪk]	woke [wəʊk]	woken ['wəʊkn]	*obudzić (się)*
wear [weə]	wore [wɔː]	worn [wɔːn]	*nosić (ubranie)*
weave [wiːv]	wove [wəʊv]	woven ['wəʊvn]	*tkać*
wed [wed]	wed [wed]/ wedded ['wedɪd]	wed [wed]/ wedded ['wedɪd]	*poślubić*
weep [wiːp]	wept [wept]	wept [wept]	*płakać*
wet [wet]	wet [wet]/ wetted ['wetɪd]	wet [wet]/ wetted ['wetɪd]	*moczyć*
win [wɪn]	won [wʌn]	won [wʌn]	*wygrywać, zwyciężać*
wind [waɪnd]	wound [waʊnd]	wound [waʊnd]	*nakręcać*
withdraw [wɪð'drɔː]	withdrew [wɪð'druː]	withdrawn [wɪð'drɔːn]	*wycofać*
withhold [wɪð'həʊld]	withheld [wɪð'held]	withheld [wɪð'held]	*wstrzymać*
withstand [wɪð'stænd]	withstood [wɪð'stʊd]	withstood [wɪð'stʊd]	*stawiać opór*
wring [rɪŋ]	wrung [rʌŋ]	wrung [rʌŋ]	*wykręcić; skręcić*
write [raɪt]	wrote [rəʊt]	written ['rɪtn]	*pisać*

ĆWICZENIA

Ćwiczenia polegają na konstruowaniu zdań z podanych elementów. Zdania polskie pełnią funkcję naprowadzającą. Obok zdania polskiego znajduje się klucz podający prawidłowe rozwiązanie. Komentarz gramatyczny do poszczególnych ćwiczeń można znaleźć za pomocą indeksu. Na przykład w ćw. 1. można to zrobić, odnajdując komentarz do **he, she, it, is, isn't**, w ćw. 17. do **was** i **wasn't**, a w ćw. 10. do **a, an, the**, liczba mnoga rzeczowników. Można również posłużyć się spisem treści. Problemy gramatyczne występujące w ćwiczeniach (część **C**) i w części opisowej (część **A**) mają zbliżoną kolejność. Podstawowym celem ćwiczeń jest sprawdzenie rozumienia głównych problemów gramatycznych.

1.

	A	B	C
1	he	is	interested
2	she	isn't	interesting
3	it		bored
4			boring

1. To jest interesujące. (A3-B1-C2)
2. Czy on jest zainteresowany? (B1-A1-C1)
3. Ona nie jest zainteresowana. (A2-B2-C1)
4. Czy to nie jest interesujące? (B2-A3-C2)
5. Czy on nie jest zainteresowany? (B2-A1-C1)
6. To jest nudne. (A3-B1-C4)
7. Czy ona nie jest znudzona? (B2-A2-C3)
8. Czy to nie jest nudne? (B2-A3-C4)

2.

	A	B	C
1	I	am	late
2	you	'm not	naive
3	we	are	sure
4	they	aren't	satisfied

1. Czy jestem spóźniony? (B1-A1-C1)
2. Czy jesteś pewien? (B3-A2-C3)
3. Czy nie jesteś zadowolony? (B4-A2-C4)
4. Czy nie jesteśmy naiwni? (B4-A3-C2)
5. Czy nie jestem spóźniony? (B4-A1-C1)
6. Nie jestem pewien. (A1-B2-C3)
7. Oni są spóźnieni. (A4-B3-C1)
8. Czy one nie są naiwne? (B4-A4-C2)

3.

	A	B	C	D
1	maybe	he	is	at home
2		she	isn't	at work
3		it		possible
4				necessary

1. Być może on jest w pracy. (A1-B1-C1-D2)
2. Czy to jest możliwe? (C1-B3-D3)
3. To nie jest konieczne. (B3-C2-D4)
4. Ona jest w domu. (B2-C1-D1)
5. Jego nie ma (dosł. On nie jest) w domu. (B1-C2-D1)
6. Czy to jest konieczne? (C1-B3-D4)
7. Czy ona nie jest w pracy? (C2-B2-D2)
8. Być może to nie jest konieczne. (A1-B3-C2-D4)

4.

	A	B	C	D
1	I	am	busy	today
2	you	'm not	sure	tomorrow
3	we	are	late	
4	they	aren't	sure (that)	

1. Jestem dzisiaj zajęty. (A1-B1-C1-D1)
2. Nie jestem jutro zajęty. (A1-B2-C1-D2)
3. Czy jesteś dzisiaj zajęta? (B3-A2-C1-D1)
4. Jestem pewien, że oni są dzisiaj zajęci. (A1-B1-C4-A4-B3-C1-D1)
5. Czy nie jestem spóźniona? (B4-A1-C3)
6. Czy jesteś pewien, że oni są jutro zajęci? (B3-A2-C4-A4-B3-C1-D2)
7. Jesteśmy spóźnione. (A3-B3-C3)
8. Nie jesteśmy pewni. (A3-B4-C2)

5.

	A	B	C	D
1	where	because	is	necessary
2	how	she	isn't	there
3	why	it	are	satisfied
4	who	you	aren't	very well

1. Gdzie ona jest? (A1-C1-B2)
2. Dlaczego to jest konieczne? (A3-C1-B3-D1)
3. Kim ona jest? (A4-C1-B2)
4. Jak się masz? (A2-C3-B4)
5. Ona tam jest. (B2-C1-D2)
6. Ona nie czuje się zbyt (dosł. bardzo) dobrze. (B2-C2-D4)
7. Dlaczego nie jesteś zadowolony? (A3-C4-B4-D3)
8. Gdzie to jest? (A1-C1-B3)

6.

	A	B	C	D
1	when	the concert	is	on Thursday
2	where	the exam		on Friday
3		the party		on Saturday
4		it		on Sunday

1. Koncert jest w piątek. (B1-C1-D2)
2. Kiedy jest egzamin? (A1-C1-B2)
3. Party jest w sobotę. (B3-C1-D3)
4. Kiedy jest party? (A1-C1-B3)
5. Kiedy to jest? (A1-C1-B4)
6. Gdzie jest koncert? (A2-C1-B1)
7. Czy to jest w niedzielę? (C1-B4-D4)
8. Kiedy jest koncert? (A1-C1-B1)

7.

	A	B	C	D	E
1	he	is	a	nice	person
2	she	isn't		good	people
3	they	are			specialist
4		aren't			specialists

1. Czy on jest miłym człowiekiem? (B1-A1-C1-D1-E1)
2. Ona nie jest miłą osobą. (A2-B2-C1-D1-E1)
3. To (dosł. Oni) są dobrzy ludzie. (A3-B3-D2-E2)
4. Czy on jest dobrym specjalistą? (B1-A1-C1-D2-E3)
5. Ona nie jest dobrą specjalistką. (A2-B2-C1-D2-E3)
6. Oni są dobrymi specjalistami. (A3-B3-D2-E4)
7. Czy oni nie są miłymi ludźmi? (B4-A3-D1-E2)
8. Czy on nie jest dobrym specjalistą? (B2-A1-C1-D2-E3)

8.

	A	B	C	D	E
1	he	is	a	good	actor
2	she	isn't	an	interesting	actress
3	it			very	film
4					book

1. Czy to jest interesująca książka? (B1-A3-C2-D2-E4)
2. Czy on nie jest dobrym aktorem? (B2-A1-C1-D1-E1)
3. Ona nie jest dobrą aktorką. (A2-B2-C1-D1-E2)
4. Czy to jest dobry film? (B1-A3-C1-D1-E3)
5. On nie jest aktorem. (A1-B2-C2-E1)
6. Ona jest aktorką. (A2-B1-C2-E2)
7. To nie jest interesujący film. (A3-B2-C2-D2-E3)
8. On jest bardzo dobry. (A1-B1-D3-D1)

9.

	A	B	C	D
1	I	am	a	optimist
2	you	'm not	an	pessimist
3	we	are		optimists
4	they	aren't		pessimists

1. Jestem optymistą. (A1-B1-C2-D1)
2. Nie jesteśmy pesymistami. (A3-B4-D4)
3. Nie jestem pesymistą. (A1-B2-C1-D2)
4. Czy oni są optymistami? (B3-A4-D3)
5. Czy nie jesteście pesymistami? (B4-A2-D4)
6. Jesteś optymistą. (A2-B3-C2-D1)
7. Jestem optymistą. (A1-B1-C2-D1)
8. Czy oni nie są pesymistami? (B4-A4-D4)

10.

	A	B	C	D	E	F
1	in my opinion	he	is	a	very good	actor
2		she	isn't	an	disappointed	actors
3		they	are	the		actress
4			aren't			actresses

1. Moim zdaniem ona jest bardzo dobrą aktorką. (A1-B2-C1-D1-E1-F3)
2. Aktorki są bardzo dobre. (D3-F4-C3-E1)
3. Aktorzy nie są bardzo dobrzy. (D3-F2-C4-E1)
4. Oni są bardzo dobrymi aktorami. (B3-C3-E1-F2)
5. Moim zdaniem on nie jest bardzo dobrym aktorem. (A1-B1-C2-D1-E1-F1)
6. Czy aktorzy nie są rozczarowani? (C4-D3-F2-E2)
7. Czy ona nie jest rozczarowana? (C2-B2-E2)
8. Moim zdaniem aktorzy są bardzo dobrzy. (A1-D3-F2-C3-E1)

11.

	A	B	C	D	E
1	it	is	a	good	idea
2		isn't	an	interesting	solution
3			the	original	
4				satisfactory	

1. To nie jest dobre rozwiązanie. (A1-B2-C1-D1-E2)
2. Pomysł jest oryginalny. (C3-E1-B1-D3)
3. Czy to jest dobre rozwiązanie? (B1-A1-C1-D1-E2)
4. To jest dobry pomysł. (A1-B1-C1-D1-E1)
5. Rozwiązanie jest zadowalające. (C3-E2-B1-D4)
6. Czy to nie jest interesujący pomysł? (B2-A1-C2-D2-E1)
7. To nie jest oryginalny pomysł. (A1-B2-C2-D3-E1)
8. Czy to nie jest dobre rozwiązanie? (B2-A1-C1-D1-E2)

12.

	A	B	C	D
1	maybe	you	are	right
2	I'm sure (that)	they	aren't	wrong
3		he	is	here
4		she	isn't	there

1. Być może oni mają rację. (A1-B2-C1-D1)
2. Jestem pewien, że ona tam jest. (A2-B4-C3-D4)
3. Być może oni są w błędzie. (A1-B2-C1-D2)
4. Czy on tam jest? (C3-B3-D4)
5. Oni są tutaj. (B2-C1-D3)
6. One mają rację. (B2-C1-D1)
7. Jestem pewien, że masz rację. (A2-B1-C1-D1)
8. Czy ona ma rację? (C3-B4-D1)

13.

	A	B	C	D
1	there's	a	concert	on Sunday
2	is	the	party	on Monday
3		no	seminar	on Tuesday
4				on Wednesday

1. Jest koncert we wtorek. (A1-B1-C1-D3)
2. Koncert jest we wtorek. (B2-C1-A2-D3)
3. Jest party w niedzielę. (A1-B1-C2-D1)
4. Party jest w niedzielę. (B2-C2-A2-D1)
5. Nie ma seminarium w środę. (A1-B3-C3-D4)
6. Nie ma koncertu w poniedziałek. (A1-B3-C1-D2)
7. Jest seminarium we wtorek. (A1-B1-C3-D3)
8. Nie ma party w poniedziałek. (A1-B3-C2-D2)

14.

	A	B	C	D	E
1	there	is	a	problem	complicated
2		are	the	problems	simple
3		aren't	some		
4			any		

1. Jest (pewien) problem. (A1-B1-C1-D1)
2. Problem jest skomplikowany. (C2-D1-B1-E1)
3. Są problemy. (A1-B2-D2)
4. Czy są jakieś (= jakiekolwiek) problemy? (B2-A1-C4-D2)
5. Są pewne problemy. (A1-B2-C3-D2)
6. Problemy nie są skomplikowane. (C2-D2-B3-E1)
7. Nie ma żadnych (dosł. jakichkolwiek) problemów. (A1-B3-C4-D2)
8. Czy jest (jakiś) problem? (B1-A1-C1-D1)

15.

A	B	C	D	E	F
1 he	is	such	a	nice	man
2 she	isn't	so	the	complicated	woman
3 it		very			child
4					problem

1. Ona jest taką miłą kobietą. (A2-B1-C1-D1-E1-F2)
2. To jest tak skomplikowane. (A3-B1-C2-E2)
3. On nie jest sympatycznym człowiekiem. (A1-B2-D1-E1-F1)
4. On jest takim dzieckiem. (A1-B1-C1-D1-F3)
5. Ona jest tak sympatyczna. (A2-B1-C2-E1)
6. Czy to jest bardzo skomplikowane? (B1-A3-C3-E2)
7. Problem jest bardzo skomplikowany. (D2-F4-B1-C3-E2)
8. Czy ona nie jest miłą kobietą? (B2-A2-D1-E1-F2)

16.

A	B	C	D	E
1 they	are	such	intelligent	people
2 at home		so	nice	men
3 at work		very	the	women
4 at school				children

1. One są takimi inteligentnymi kobietami. (A1-B1-C1-D1-E3)
2. Kobiety są w pracy. (D3-E3-B1-A3)
3. Dzieci są w szkole. (D3-E4-B1-A4)
4. Mężczyźni są w domu. (D3-E2-B1-A2)
5. Czy one są w domu? (B1-A1-A2)
6. To (dosł. One) są inteligentne dzieci. (A1-B1-D1-E4)
7. One są tak sympatyczne. (A1-B1-C2-D2)
8. Oni są takimi miłymi ludźmi. (A1-B1-C1-D2-E1)

17.

A	B	C
1 I	was	interested
2 he	wasn't	interesting
3 she		impressed
4 it		convinced

1. Byłem pod wrażeniem. (A1-B1-C3)
2. Czy ona była przekonana? (B1-A3-C4)
3. Czy to nie było interesujące? (B2-A4-C2)
4. Ona nie była zainteresowana. (A3-B2-C1)
5. Nie byłam przekonana. (A1-B2-C4)
6. To było interesujące. (A4-B1-C2)
7. Ona była pod wrażeniem. (A3-B1-C3)
8. Czy on nie był pod wrażeniem? (B2-A2-C3)

18.

	A	B	C
1	I	was	worried
2	you	wasn't	impressed
3	we	were	sure
4	they	weren't	surprised

1. Nie byliśmy pewni. (A3-B4-C3)
2. Czy nie byliście zaniepokojeni? (B4-A2-C1)
3. Oni byli zmartwieni. (A4-B3-C1)
4. Czy nie byłaś pod wrażeniem? (B4-A2-C2)
5. Czy nie byliście zdziwieni? (B4-A2-C4)
6. Byłem zdziwiony. (A1-B1-C4)
7. Czy oni byli pod wrażeniem? (B3-A4-C2)
8. Nie byłem pewien. (A1-B2-C3)

19.

	A	B	C	D	E
1	how	was	a	concert	yesterday
2	there		the	seminar	last night
3			no	party	before
4				film	after

1. Jak udał się koncert wczoraj wieczorem? (A1-B1-C2-D1-E2)
2. Czy był wczoraj wieczorem koncert? (B1-A2-C1-D1-E2)
3. Koncert był po seminarium. (C2-D1-B1-E4-C2-D2)
4. Seminarium było przed koncertem. (C2-D2-B1-E3-C2-D1)
5. Jak się udało party wczoraj? (A1-B1-C2-D3-E1)
6. Nie było wczoraj seminarium. (A2-B1-C3-D2-E1)
7. Jaki był ten film? (A1-B1-C2-D4)
8. Był koncert po seminarium. (A2-B1-C1-D1-E4-C2-D2)

20.

	A	B	C	D	E
1	it	is	possible	to do it	on Thursday
2		isn't	necessary	to finish it	by Friday
3		was	important	to see it	on Saturday
4		wasn't	cold	to go there	by Sunday

1. Można to skończyć do piątku. (A1-B1-C1-D2-E2)
2. Czy to było konieczne? (B3-A1-C2)
3. Było konieczne zrobienie tego (dosł. zrobić to) w czwartek. (A1-B3-C2-D1-E1)
4. Było zimno. (A1-B3-C4)
5. Nie jest zimno. (A1-B2-C4)
6. Nie było możliwe pójście (dosł. pójść) tam w sobotę. (A1-B4-C1-D4-E3)
7. Jest ważne, żeby zrobić to do niedzieli. (A1-B1-C3-D1-E4)
8. Czy można to zobaczyć? (B1-A1-C1-D3)

21.

	A	B	C	D
1	what	is	time	to go to bed
2	it	was	ten o'clock	to go home
3	we	are	half	past ten
4	on	were	late	past nine

1. Która godzina? (A1-C1-B1-A2)
2. Czas iść spać. (A2-B1-C1-D1)
3. Jest późno. (A2-B1-C4)
4. Było wpół do dziesiątej. (A2-B2-C3-D4)
5. Była godzina dziesiąta. (A2-B2-C2)
6. Czas iść do domu. (A2-B1-C1-D2)
7. Byliśmy na czas. (A3-B4-A4-C1)
8. Spóźniliśmy się. (A3-B4-C4)

22.

	A	B	C	D
1	this	is	Tom	possible
2	that	isn't	Ann	necessary
3	these	are	Linda	important
4	those	aren't	and	

1. To jest Tom. (przedstawiamy) (A1-B1-C1)
2. To (dosł. Tamto) jest Ann. (wskazujemy z odległości) (A2-B1-C2)
3. To są Tom i Ann. (pokazujemy na fotografii) (A3-B3-C1-C4-C2)
4. To (dosł. Tamto) są Linda i Ann. (pokazujemy z odległości) (A4-B3-C3-C4-C2)
5. To jest możliwe. (reakcja na wypowiedź rozmówcy) (A2-B1-D1)
6. I to jest ważne. (nawiązanie do własnej wypowiedzi) (C4-A1-B1-D3)
7. Czy to jest konieczne? (nawiązanie do wypowiedzi rozmówcy) (B1-A2-D2)
8. To (jest) nieważne (dosł. nie jest ważne). (nawiązanie do wypowiedzi rozmówcy) (A2-B2-D3)

23.

	A	B	C	D	E
1	when	I	was	born	in 1989
2	where	you	were	made	in 2001
3	why	he	wasn't	satisfied	in Poland
4		it	weren't	surprised	in England

1. Gdzie to wyprodukowano? (A2-C1-B4-D2)
2. Gdzie się urodziłeś? (A2-C2-B2-D1)
3. Dlaczego on nie był zadowolony? (A3-C3-B3-D3)
4. Urodziłem się w Polsce. (B1-C1-D1-E3)
5. Kiedy on się urodził? (A1-C1-B3-D1)
6. Urodziłem się w roku 1989. (B1-C1-D1-E1)
7. Dlaczego byłeś zdziwiony? (A3-C2-B2-D4)
8. To zostało wyprodukowane w roku 2001. (B4-C1-D2-E2)

24.

	A	B	C	D
1	why	I	was	late
2	who	you	wasn't	surprised
3	what	we	were	wrong
4	where	they	weren't	right

1. Czy nie miałem racji? (C2-B1-D4)
2. Kim oni byli? (A2-C3-B4)
3. Co było nie tak (= nieprawidłowo)? (A3-C1-D3)
4. Gdzie oni byli? (A4-C3-B4)
5. Nie byłem zdziwiony. (B1-C2-D2)
6. Dlaczego oni się spóźnili? (A1-C3-B4-D1)
7. Czy nie byliście zdziwieni? (C4-B2-D2)
8. Byliśmy w błędzie. (B3-C3-D3)

25.

	A	B	C	D	E
1	there	is	a	letter	for you
2		are	some	letters	for me
3		was	any	money	for us
4		were	no	time	for that

1. Czy jest dla mnie list. (B1-A1-C1-D1-E2)
2. Nie było dla nas pieniędzy. (A1-B3-C4-D3-E3)
3. Nie było dla ciebie listów. (A1-B4-C4-D2-E1)
4. Czy były dla mnie jakieś (= jakiekolwiek) listy? (B4-A1-C3-D2-E2)
5. Nie ma dla ciebie pieniędzy. (A1-B1-C4-D3-E1)
6. Nie ma na to czasu. (A1-B1-C4-D4-E4)
7. Czy jest na to czas? (B1-A1-D4-E4)
8. Czy są na to pieniądze? (B1-A1-D3-E4)

26.

	A	B	C	D
1	I	was	worried about	him
2	you	wasn't	grateful to	her
3	we	were	afraid of	them
4	they	weren't	afraid for	it

1. Byliśmy im wdzięczni. (A3-B3-C2-D3)
2. Bałam się go. (A1-B1-C3-D1)
3. Oni bali się o nią. (A4-B3-C4-D2)
4. Czy nie bałeś się ich? (B4-A2-C3-D3)
5. Martwiłem się o nich. (A1-B1-C1-D3)
6. Czy nie niepokoiliście się o nią? (B4-A2-C1-D2)
7. Byłam mu wdzięczna. (A1-B1-C2-D1)
8. One niepokoiły się o nią. (A4-B3-C1-D2)

27.

	A	B	C	D	E
1	this	is	Tom	's	tea
2	that		cup	of	coffee
3	before		Ann	a	computer
4	after		start	the	match

1. To jest kawa Toma. (tu, blisko mnie) (A1-B1-C1-D1-E2)
2. Filiżanka herbaty. (D3-C2-D2-E1)
3. To (dosł. Tamto) jest komputer Ann. (A2-B1-C3-D1-E3)
4. Filiżanka kawy. (D3-C2-D2-E2)
5. Przed meczem. (A3-D4-E4)
6. Po meczu. (A4-D4-E4)
7. Przed rozpoczęciem meczu. (A3-D4-C4-D2-D4-E4)
8. Po rozpoczęciu meczu. (A4-D4-C4-D2-D4-E4)

28.

	A	B	C	D	E	F
1	whose	it	is	idea	my	our
2	what		was	fault	your	its
3			isn't	name	his	their
4			wasn't	function	her	

1. Czyj to był pomysł? (A1-D1-C2-B1)
2. Jak on się nazywa? (A2-C1-E3-D3)
3. Czyja to jest wina? (A1-D2-C1-B1)
4. Jaka była jego (dosł. tego) funkcja? (A2-C2-F2-D4)
5. Jak ona się nazywała? (A2-C2-E4-D3)
6. To była nasza wina. (B1-C2-F1-D2)
7. To nie była wasza wina. (B1-C4-E2-D2)
8. Czy to była ich wina? (C2-B1-F3-D2)

29.

	A	B	C	D	E
1	I'm	interested in	Tom	's	life
2	I'm not	is	Ann	of	lives
3	are you		famous people	the	career
4	what		popular film stars		careers

1. Nie interesuje mnie kariera Toma. (A2-B1-C1-D1-E3)
2. Czy interesują cię biografie (lives) sławnych ludzi? (A3-B1-D3-E2-D2-C3)
3. Czym się interesujesz? (A4-A3-B1)
4. Interesuje mnie życie Ann. (A1-B1-C2-D2-E1)
5. Nie interesują mnie kariery popularnych gwiazd filmowych. (A2-B1-D3-E4-D2-C4)
6. Czy interesuje cię życie Toma? (A3-B1-C1-D1-E1)
7. Czym interesuje się Tom? (A4-B2-C1-B1)
8. Czym interesuje się Ann? (A4-B2-C2-B1)

30.

	A	B	C	D	E
1	this	is	for	Jim	him
2	that	's	from	Ann	her
3	these tickets	are	very kind of	me	us
4	those letters			you	them

1. Czy to jest dla mnie? (B1-A1-C1-D3)
2. Tamto jest dla niej. (A2-B2-C1-E2)
3. To bardzo miłe z twojej strony. (reakcja na propozycję rozmówcy) (A2-B2-C3-D4)
4. Czy to jest od nich? (B1-A1-C2-E4)
5. Te bilety są dla was. (A3-B3-C1-D4)
6. Czy tamte listy są dla nas? (B3-A4-C1-E3)
7. To jest od niego. (A1-B1-C2-E1)
8. Dla Jima od Ann. (C1-D1-C2-D2)

31.

	A	B	C	D	E
1	I	will	be	here	until six o'clock
2	you	won't		at home	on Saturday
3	he			at work	on Monday evening
4	it			possible	tomorrow afternoon

1. Czy będziesz tutaj w sobotę? (B1-A2-C1-D1-E2)
2. On będzie w pracy jutro po południu. (A3-B1-C1-D3-E4)
3. To nie będzie możliwe. (A4-B2-C1-D4)
4. Czy to będzie możliwe? (B1-A4-C1-D4)
5. Nie będzie mnie w domu aż do godziny szóstej. (A1-B2-C1-D2-E1)
6. Czy nie będzie cię tutaj w poniedziałek wieczorem? (B2-A2-C1-D1-E3)
7. Będę w sobotę w pracy. (A1-B1-C1-D3-E2)
8. Czy on będzie tutaj jutro po południu? (B1-A3-C1-D1-E4)

32.

	A	B	C	D	E
1	we	will	be	at the office	until five o'clock
2	she	won't		at the Institute	on Wednesday
3	they			in Oxford	at the weekend
4	it			necessary	

1. Będziemy w Oksfordzie w czasie weekendu. (A1-B1-C1-D3-E3)
2. Czy to będzie konieczne? (B1-A4-C1-D4)
3. To nie będzie konieczne. (A4-B2-C1-D4)
4. Oni będą w biurze do godziny piątej. (A3-B1-C1-D1-E1)
5. Nie będzie nas w instytucie w środę. (A1-B2-C1-D2-E2)
6. Czy oni będą w Oksfordzie w czasie weekendu? (B1-A3-C1-D3-E3)
7. Ona będzie w instytucie do godziny piątej. (A2-B1-C1-D2-E1)
8. Jej nie będzie w Oksfordzie w środę. (A2-B2-C1-D3-E2)

33.

	A	B	C	D	E	F
1	it	was	be	difficult	for me	to accept it
2		wasn't		easy	for us	to refuse
3		will		possible	for them	to do it
4		won't		necessary	for her	to come

1. Nie było im trudno tego zaakceptować (dosł. zaakceptować to). (A1-B2-D1-E3-F1)
2. Było mi trudno odmówić. (A1-B1-D1-E1-F2)
3. Czy oni będą mogli to zrobić? (B3-A1-C1-D3-E3-F3)
4. Będziemy musieli to zrobić. (A1-B3-C1-D4-E2-F3)
5. Czy ona będzie mogła przyjść? (B3-A1-C1-D3-E4-F4)
6. Nie będzie nam łatwo odmówić. (A1-B4-C1-D2-E2-F2)
7. Czy to będzie możliwe? (B3-A1-C1-D3)
8. Czy to nie było konieczne? (B2-A1-D4)

34.

	A	B	C	D	E
1	this	is	a	exception	probable
2	that	are	an	exceptions	improbable
3	these	was		special case	
4	those	were		special cases	

1. To jest specjalny przypadek. (bliskość w czasie) (A1-B1-C1-D3)
2. To był wyjątek. (oddalenie w czasie) (A2-B3-C2-D1)
3. To są wyjątki. (bliskość w czasie) (A3-B2-D2)
4. To były specjalne przypadki. (oddalenie w czasie) (A4-B4-D4)
5. Czy to jest wyjątek? (to, co się właśnie wydarzyło) (B1-A1-C2-D1)
6. Czy to był specjalny przypadek? (to, co się wówczas wydarzyło) (B3-A2-C1-D3)
7. Czy to jest prawdopodobne? (reakcja na wypowiedź rozmówcy) (B1-A2-E1)
8. To jest nieprawdopodobne. (reakcja na wypowiedź rozmówcy) (A2-B1-E2)

35.

	A	B	C	D
1	Jim	is	more	intelligent
2	Tom	isn't	less	brutal
3	Ann		as	attractive
4	Linda		than	arrogant

1. Jim jest równie inteligentny jak Tom. (A1-B1-C3-D1-C3-A2)
2. Ann nie jest tak atrakcyjna jak Linda. (A3-B2-C3-D3-C3-A4)
3. Tom nie jest tak arogancki jak Jim. (A2-B2-C3-D4-C3-A1)
4. Ann nie jest mniej brutalna niż Linda. (A3-B2-C2-D2-C4-A4)
5. Linda jest bardziej atrakcyjna niż Ann. (A4-B1-C1-D3-C4-A3)
6. Tom jest inteligentniejszy od Lindy. (A2-B1-C1-D1-C4-A4)
7. Ann jest bardziej brutalna od Lindy. (A3-B1-C1-D2-C4-A4)
8. Ann nie jest mniej inteligentna niż Linda. (A3-B2-C2-D1-C4-A4)

36.

	A	B	C	D
1	System A	is	more	modern
2	System B	isn't	less	worse
3	it	as	than	reliable
4			because	better

1. Układ A jest lepszy od układu B. (A1-B1-D4-C3-A2)
2. Układ B jest mniej nowoczesny od układu A. (A2-B1-C2-D1-C3-A1)
3. Układ B jest gorszy od układu A, ponieważ jest (on) mniej niezawodny.
   (A2-B1-D2-C3-A1-C4-A3-B1-C2-D3)
4. Układ A jest bardziej nowoczesny niż układ B. (A1-B1-C1-D1-C3-A2)
5. Układ A jest bardziej niezawodny od układu B, ponieważ jest (on) bardziej nowoczesny. (A1-B1-C1-D3-C3-A2-C4-A3-B1-C1-D1)
6. Układ B jest tak samo niezawodny jak układ A. (A2-B1-B3-D3-B3-A1)
7. Układ B nie jest tak nowoczesny jak układ A. (A2-B2-B3-D1-B3-A1)
8. Układ B nie jest mniej niezawodny niż układ A. (A2-B2-C2-D3-C3-A1)

37.

	A	B	C	D
1	Tom	is	much	older
2	Jane	isn't	than	younger
3	Jim			taller
4	Ann			prettier

1. Tom jest starszy od Jane. (A1-B1-D1-C2-A2)
2. Jane nie jest dużo młodsza niż Tom. (A2-B2-C1-D2-C2-A1)
3. Jim jest wyższy od Toma. (A3-B1-D3-C2-A1)
4. Tom nie jest dużo wyższy od Ann. (A1-B2-C1-D3-C2-A4)
5. Jane jest ładniejsza od Ann. (A2-B1-D4-C2-A4)
6. Ann nie jest dużo starsza od Jane. (A4-B2-C1-D1-C2-A2)
7. Jane nie jest dużo ładniejsza niż Ann. (A2-B2-C1-D4-C2-A4)
8. Jim jest młodszy od Ann. (A3-B1-D2-C2-A4)

38.

	A	B	C	D
1	Tom	is	the youngest	member of the Club
2	Jane	isn't	the richest	of them
3	Jim		the tallest	man in his village
4	Ann		the prettiest	woman in the world

1. Jim jest najmłodszym członkiem Klubu. (A3-B1-C1-D1)
2. Ann nie jest najładniejszą kobietą na świecie. (A4-B2-C4-D4)
3. Tom jest najwyższym człowiekiem w swojej wiosce. (A1-B1-C3-D3)
4. Jane nie jest najbogatszą kobietą na świecie. (A2-B2-C2-D4)
5. Jim jest najwyższy z nich. (A3-B1-C3-D2)
6. Tom jest najbogatszym członkiem Klubu. (A1-B1-C2-D1)
7. Jane jest najbogatsza z nich. (A2-B1-C2-D2)
8. Ann nie jest najmłodsza z nich. (A4-B2-C1-D2)

39.

	A	B	C	D	E	F
1	this	is	the most	expensive	way	of doing it
2	that	isn't	the least	complicated	method	of getting there
3		was	the best	efficient	solution	of travelling
4		wasn't	the worst	unconventional		

1. To było najlepsze rozwiązanie. (A2-B3-C3-E3)
2. To nie jest najbardziej wydajna metoda robienia tego. (A1-B2-C1-D3-E2-F1)
3. To jest najdroższy sposób podróżowania. (A1-B1-C1-D1-E1-F3)
4. To był najmniej skomplikowany sposób dotarcia tam. (A2-B3-C2-D2-E1-F2)
5. To jest najbardziej niekonwencjonalna metoda robienia tego. (A1-B1-C1-D4-E2-F1)
6. To nie jest najlepsze rozwiązanie. (A1-B2-C3-E3)
7. To nie było najgorsze rozwiązanie. (A2-B4-C4-E3)
8. Czy to było najlepsze rozwiązanie? (B3-A2-C3-E3)

40.

	A	B	C	D	E	F
1	this	is	the most	dangerous	way	of doing it
2	that	was	the least	difficult	method	of solving the problem
3	it	isn't	the safest	the shortest	solution	of earning money
4		wasn't	the easiest	the simplest	problem	of gaining popularity

1. To była najniebezpieczniejsza metoda. (opis) (A3-B2-C1-D1-E2)
2. Czy to była najbezpieczniejsza metoda robienia tego? (reakcja na wypowiedź rozmówcy) (B2-A2-C3-E2-F1)
3. To jest najprostsze rozwiązanie. (nawiązanie do własnej wypowiedzi) (A1-B1-D4-E3)
4. To był najtrudniejszy problem. (wtedy) (A2-B2-C1-D2-E4)
5. To jest najłatwiejszy sposób zdobycia popularności. (opis) (A3-B1-C4-E1-F4)
6. To była najmniej niebezpieczna metoda. (wówczas) (A2-B2-C2-D1-E2)
7. To jest najkrótsza droga. (pokazuję, będąc blisko) (A1-B1-D3-E1)
8. To było najbardziej niebezpieczne rozwiązanie. (wówczas) (A2-B2-C1-D1-E3)

41.

	A	B	C	D	E
1	I	am	have	married	how long
2	you	are	has	a scientist	since last year
3	he	is		in London	for two months
4	she	been		out of work	for three years

1. Jestem żonaty. (A1-B1-D1)
2. Jestem żonaty od dwóch miesięcy. (A1-C1-B4-D1-E3)
3. Czy jesteś zamężna? (B2-A2-D1)
4. Jak długo jesteś zamężna? (E1-C1-A2-B4-D1)
5. On jest naukowcem od trzech lat. (A3-C2-B4-D2-E4)
6. Ona jest w Londynie od dwóch miesięcy. (A4-C2-B4-D3-E3)
7. Jestem bez pracy od zeszłego roku. (A1-C1-B4-D4-E2)
8. Jak długo jesteś bez pracy? (E1-C1-A2-B4-D4)

42.

	A	B	C	D	E	F
1	how long	he	are	have	a student	for four years
2		they	is	has	students	since last month
3		we	am		divorced	since last Friday
4		I	been		here	for two weeks

1. Czy oni są studentami? (C1-B2-E2)
2. Jak długo oni są studentami? (A1-D1-B2-C4-E2)
3. Jestem studentem. (B4-C3-E1)
4. Jestem studentem od dwóch tygodni. (B4-D1-C4-E1-F4)
5. Jesteśmy tutaj od zeszłego piątku. (B3-D1-C4-E4-F3)
6. Oni są rozwiedzeni od czterech lat. (B2-D1-C4-E3-F1)
7. On jest tutaj od zeszłego miesiąca. (B1-D2-C4-E4-F2)
8. Jesteśmy studentami od czterech lat. (B3-D1-C4-E2-F1)

43.

	A	B	C	D	E
1	money	doesn't	interest	me	us
2	art	is	interests	you	them
3	economics			him	very much
4	science			her	important to

1. Ekonomia ją interesuje. (A3-C2-D4)
2. Nauka bardzo mnie interesuje. (A4-C2-D1-E3)
3. Pieniądze nas nie interesują. (A1-B1-C1-E1)
4. Sztuka bardzo ją interesuje. (A2-C2-D4-E3)
5. Ekonomia go nie interesuje. (A3-B1-C1-D3)
6. Nauka cię nie interesuje. (A4-B1-C1-D2)
7. Pieniądze bardzo ich interesują. (A1-C2-E2-E3)
8. Pieniądze są dla niej ważne. (A1-B2-E4-D4)

44.

	A	B	C	D
1	he	does	intend	to get married
2	she	doesn't	intends	to get divorced
3				to make a film
4				to write a book

1. On zamierza zrobić film. (A1-C2-D3)
2. Ona nie zamierza wychodzić za mąż. (A2-B2-C1-D1)
3. On ma zamiar napisać książkę. (A1-C2-D4)
4. Ona nie ma zamiaru się rozwodzić. (A2-B2-C1-D2)
5. Czy on zamierza zrobić film? (B1-A1-C1-D3)
6. Czy ona nie zamierza wyjść za mąż? (B2-A2-C1-D1)
7. Czy on nie ma zamiaru napisać książki? (B2-A1-C1-D4)
8. Czy ona ma zamiar zrobić film? (B1-A2-C1-D3)

45.

	A	B	C
1	I	do	agree
2	you	don't	agrees
3	he	does	understand
4	she	doesn't	understands

1. Zgadzam się. (A1-C1)
2. Czy się zgadzasz? (B1-A2-C1)
3. Czy się nie zgadzasz? (B2-A2-C1)
4. On rozumie. (A3-C4)
5. Ona nie rozumie. (A4-B4-C3)
6. Czy on nie rozumie? (B4-A3-C3)
7. Czy ona rozumie? (B3-A4-C3)
8. Czy on się zgadza? (B3-A3-C1)

46.

	A	B	C	D
1	we	do	like	them
2	you	don't	likes	us
3	he	does	know	it
4	they	doesn't	knows	modern music

1. Czy on wie? (B3-A3-C3)
2. Czy lubisz ich? (B1-A2-C1-D1)
3. Czy to mu się nie podoba? (B4-A3-C1-D3)
4. Czy oni tego nie wiedzą? (B2-A4-C3-D3)
5. Lubimy muzykę nowoczesną. (A1-C1-D4)
6. On to lubi. (A3-C2-D3)
7. On tego nie lubi. (A3-B4-C1-D3)
8. Czy nie lubisz muzyki nowoczesnej? (B2-A2-C1-D4)

47.

	A	B	C	D	E
1	where	I	do	live	in London
2	and	you	don't	lives	in a research laboratory
3		he	does	work	in Germany
4		she	doesn't	works	in a car factory

1. Mieszkam w Londynie. (B1-D1-E1)
2. Gdzie mieszkasz? (A1-C1-B2-D1)
3. On mieszka i pracuje w Niemczech. (B3-D2-A2-D4-E3)
4. Ona nie pracuje w fabryce samochodów. (B4-C4-D3-E4)
5. Czy ona pracuje w Londynie? (C3-B4-D3-E1)
6. Gdzie on pracuje? (A1-C3-B3-D3)
7. Ona pracuje w laboratorium badawczym. (B4-D4-E2)
8. Gdzie pan pracuje? (A1-C1-B2-D3)

48.

	A	B	C	D
1	I	do	believe	him
2	you	don't	believes	her
3	he	does	admire	them
4	she	doesn't	admires	us

1. Wierzę im. (A1-C1-D3)
2. On ją podziwia. (A3-C4-D2)
3. Ona im nie wierzy. (A4-B4-C1-D3)
4. Czy jej wierzysz? (B1-A2-C1-D2)
5. Czy nam nie wierzycie? (B2-A2-C1-D4)
6. Czy ona go nie podziwia? (B4-A4-C3-D1)
7. Czy ty ich nie podziwiasz? (B2-A2-C3-D3)
8. On nam nie wierzy. (A3-B4-C1-D4)

49.

	A	B	C	D
1	I	do	speak	Russian
2	you	don't	speaks	German
3	he	does	play	tennis
4	she	doesn't	plays	the piano

1. Czy mówi pan po niemiecku? (B1-A2-C1-D2)
2. Czy gra pani w tenisa? (B1-A2-C3-D3)
3. On nie mówi po rosyjsku. (A3-B4-C1-D1)
4. Ona gra na pianinie. (A4-C4-D4)
5. Czy on gra w tenisa? (B3-A3-C3-D3)
6. On nie gra na pianinie. (A3-B4-C3-D4)
7. Czy nie gra pan w tenisa? (B2-A2-C3-D3)
8. Czy nie mówi pani po niemiecku? (B2-A2-C1-D2)

50.

	A	B	C	D	E	F
1	I	don't	envy	him	his	success
2	you	doesn't	envies	her	her	job
3	he			me	my	talent
4	she			you	your	money

1. Zazdroszczę mu jego pracy. (A1-C1-D1-E1-F2)
2. Nie zazdroszczę jej sukcesu (dosł. jej jej sukcesu). (A1-B1-C1-D2-E2-F1)
3. Czy nie zazdrościsz mu jego talentu? (B1-A2-C1-D1-E1-F3)
4. On zazdrości mi moich pieniędzy. (A3-C2-D3-E3-F4)
5. Ona zazdrości mu jego pracy. (A4-C2-D1-E1-F2)
6. On zazdrości jej sukcesu (dosł. jej jej sukcesu). (A3-C2-D2-E2-F1)
7. Ona nie zazdrości mi mojej pracy. (A4-B2-C1-D3-E3-F2)
8. Czy nie zazdrościsz jej pieniędzy (dosł. jej jej pieniędzy)? (B1-A2-C1-D2-E2-F4)

51.

	A	B	C	D	E	F
1	I think	he	understands	me	my	lifestyle
2	I don't think	she	approves of	us	our	hairstyle
3	I hope		likes	them	their	ideas
4				you	your	activities

1. Sądzę, że on nas rozumie. (A1-B1-C1-D2)
2. Nie sądzę, że ona aprobuje twój styl życia. (A2-B2-C2-E4-F1)
3. Uważam, że on rozumie nasze pomysły. (A1-B1-C1-E2-F3)
4. Nie przypuszczam, że ona aprobuje wasze działania. (A2-B2-C2-E4-F4)
5. Mam nadzieję, że jemu podoba się moje uczesanie. (A3-B1-C3-E1-F2)
6. Nie sądzę, że ona mnie rozumie. (A2-B2-C1-D1)
7. Sądzę, że jemu podoba się ich styl życia. (A1-B1-C3-E3-F1)
8. Mam nadzieję, że ona ich rozumie. (A3-B2-C1-D3)

52.

	A	B	C	D	E
1	when	I	do	intend	to emigrate
2	who	you	don't	intends	to visit New York
3	why	he	does	want	to get married
4	is it true that	she	doesn't	wants	to do it

1. Kiedy on ma zamiar się ożenić? (A1-C3-B3-D1-E3)
2. Czy to prawda, że zamierzasz wyemigrować? (A4-B2-D1-E1)
3. Kto chce wyemigrować? (A2-D4-E1)
4. Dlaczego ona chce to zrobić? (A3-C3-B4-D3-E4)
5. Kiedy chcecie odwiedzić Nowy Jork? (A1-C1-B2-D3-E2)
6. Kto ma zamiar to zrobić? (A2-D2-E4)
7. Czy to prawda, że ona chce wyjść za mąż? (A4-B4-D4-E3)
8. Dlaczego chcesz wyemigrować? (A3-C1-B2-D3-E1)

53.

	A	B	C	D	E
1	which	I	do	like	swimming
2	but	you	don't	likes	watching television
3	or	he	does	prefer	skiing
4	to	she	doesn't	prefers	reading

1. Lubię oglądać telewizję (dosł. oglądanie telewizji), ale wolę czytać (dosł. czytanie). (B1-D1-E2-A2-B1-D3-E4)
2. On lubi pływanie. (B3-D2-E1)
3. Ona woli jazdę na nartach od pływania. (B4-D4-E3-A4-E1)
4. Czy nie wolisz oglądać (dosł. oglądania) telewizji? (C2-B2-D3-E2)
5. Co (dosł. Które) wolisz, pływanie czy jazdę na nartach? (A1-C1-B2-D3-E1-A3-E3)
6. Co on woli, oglądanie telewizji czy czytanie? (A1-C3-B3-D3-E2-A3-E4)
7. Ona lubi oglądać telewizję, ale woli czytać. (B4-D2-E2-A2-B4-D4-E4)
8. Wolę czytanie od oglądania telewizji. (B1-D3-E4-A4-E2)

54.

	A	B	C	D	E
1	I	'd	like	to go	to the cinema
2	you	would	likes	a cup of tea	dancing
3	he	do	want	a cup of coffee	shopping
4	she	does	wants	some orange juice	to a concert

1. Chciałbym pójść na (jakiś) koncert. (A1-B1-C1-D1-E4)
2. Chciałbym filiżankę herbaty. (A1-B1-C1-D2)
3. Czy chciałabyś pójść potańczyć? (B2-A2-C1-D1-E2)
4. Ona chce iść na zakupy. (A4-C4-D1-E3)
5. Czy on chce iść do kina? (B4-A3-C3-D1-E1)
6. Czy chciałbyś filiżankę kawy? (B2-A2-C1-D3)
7. Ona chciałaby pójść na (jakiś) koncert. (A4-B1-C1-D1-E4)
8. Czy chciałby pan trochę soku pomarańczowego? (B2-A2-C1-D4)

55.

	A	B	C	D	E
1	I	do	want	me	to come
2	you	does	wants	you	to see it
3	he	don't		him	to explain it
4	she	doesn't		her	to get the job

1. Chcę, żebyś przyszedł. (A1-C1-D2-E1)
2. Czy chcesz, żebym przyszedł? (B1-A2-C1-D1-E1)
3. Ona chce, żeby on to zobaczył. (A4-C2-D3-E2)
4. On nie chce, żeby ona to widziała. (A3-B4-C1-D4-E2)
5. Czy nie chcesz, żebym to wyjaśnił? (B3-A2-C1-D1-E3)
6. Chcę, żeby on dostał tę pracę. (A1-C1-D3-E4)
7. On chce, żebyś to wyjaśniła. (A3-C2-D2-E3)
8. Ona nie chce, żeby on przyszedł. (A4-B4-C1-D3-E1)

56.

	A	B	C	D	E
1	I	want	all of	you	to come
2	we	wants		them	to be present
3	he	expect		us	to read the report
4	she	expects		me	to do it

1. On chce, żebyśmy wszyscy przyszli. (A3-B2-C1-D3-E1)
2. Oczekujemy, że wszyscy będziecie obecni. (A2-B3-C1-D1-E2)
3. On chce, żebym przeczytał to sprawozdanie. (A3-B2-D4-E3)
4. Ona oczekuje, że ty będziesz obecna. (A4-B4-D1-E2)
5. Chcemy, żeby oni wszyscy przyszli. (A2-B1-C1-D2-E1)
6. On oczekuje, że ja to zrobię. (A3-B4-D4-E4)
7. Ona chce, żebyśmy wszyscy przeczytali to sprawozdanie. (A4-B2-C1-D3-E3)
8. On chce, żebyśmy to zrobili. (A3-B2-D3-E4)

57.

	A	B	C	D	E	F
1	why	we	do	want	us	to go there
2	when	you	don't	wants	you	to wait
3	where	they	does		them	to do it
4	how	he	doesn't		me	to read it

1. Dlaczego chcesz, żebyśmy czekali? (A1-C1-B2-D1-E1-F2)
2. Jak chcesz, żebym to zrobił? (A4-C1-B2-D1-E4-F3)
3. Kiedy on chce, żebyśmy tam pojechali? (A2-C3-B4-D1-E1-F1)
4. On nie chce, żebym ja to przeczytał. (B4-C4-D1-E4-F4)
5. On chce, żebyśmy zaczekali. (B4-D2-E1-F2)
6. Gdzie oni chcą, żebyśmy czekali? (A3-C1-B3-D1-E1-F2)
7. Dlaczego on chce, żebym ja to zrobił? (A1-C3-B4-D1-E4-F3)
8. On chce, żeby oni to przeczytali. (B4-D2-E3-F4)

58.

	A	B	C	D	E	F
1	when	I	would	like	him	to apologize
2	what	you	wouldn't	want	me	to do
3	where		do		you	to do it
4	why		don't		her	to come

1. Czy chciałabyś, żeby on przeprosił? (C1-B2-D1-E1-F1)
2. Czy nie chciałabyś, żebym to zrobił? (C2-B2-D1-E2-F3)
3. Kiedy chcesz, żeby on przyszedł? (A1-C3-B2-D2-E1-F4)
4. Co chciałbyś, żebym zrobiła? (A2-C1-B2-D1-E2-F2)
5. Gdzie chcesz, żeby on przyszedł? (A3-C3-B2-D2-E1-F4)
6. Dlaczego nie chcesz, żeby ona przeprosiła? (A4-C4-B2-D2-E4-F1)
7. Kiedy chciałabyś to zrobić? (A1-C1-B2-D1-F3)
8. Co chciałabyś, żeby on zrobił? (A2-C1-B2-D1-E1-F2)

59.

	A	B	C	D
1	let's	do it	tomorrow	morning
2	don't	go there	this	afternoon
3	why not	wait for him	now	evening
4		phone her	today	

1. Pójdźmy tam jutro rano. (A1-B2-C1-D1)
2. Nie chodź tam. (A2-B2)
3. Zróbmy to teraz. (A1-B1-C3)
4. Dlaczegóż by nie zaczekać na niego? (= Zaczekajmy na niego.) (A3-B3)
5. Zadzwoń do niej dzisiaj po południu. (B4-C2-D2)
6. Nie dzwoń do niej dzisiaj. (A2-B4-C4)
7. Pójdź tam dzisiaj rano. (B2-C2-D1)
8. Czekajcie na niego dzisiaj wieczorem. (B3-C2-D3)

60.

	A	B	C	D	E
1	I	am	feel	often	disappointed
2	he	is	feels	never	unhappy
3	she	are	do	sometimes	lonely
4	we		does	occasionally	frustrated

1. Często czuję się samotna. (A1-D1-C1-E3)
2. On nigdy nie jest nieszczęśliwy. (A2-B2-D2-E2)
3. Czasami czuję się sfrustrowany. (A1-D3-C1-E4)
4. Ona niekiedy czuje się rozczarowana. (A3-D4-C2-E1)
5. My nigdy nie jesteśmy sfrustrowani. (A4-B3-D2-E4)
6. Czy on nigdy nie jest rozczarowany? (B2-A2-D2-E1)
7. Czy ona nigdy nie czuje się samotna? (C4-A3-D2-C1-E3)
8. Czy on często czuje się sfrustrowany? (C4-A2-D1-C1-E4)

61.

	A	B	C	D	E
1	I	do	don't	like	modern music
2	you	does	doesn't	likes	the concert
3	he	did	didn't	liked	going to the cinema
4	she				the film

1. Lubię muzykę nowoczesną. (A1-D1-E1)
2. Podobał mi się koncert. (A1-D3-E2)
3. Czy lubisz chodzić do kina? (B1-A2-D1-E3)
4. Czy podobał ci się film? (B3-A2-D1-E4)
5. On lubi muzykę nowoczesną. (A3-D2-E1)
6. Podobał mu się koncert. (A3-D3-E2)
7. Nie podobał jej się film. (A4-C3-D1-E4)
8. Czy nie podobał ci się koncert? (C3-A2-D1-E2)

62.

	A	B	C	D	E
1	I	do	don't	know	him
2	you	does	doesn't	knows	her
3	he	did	didn't	knew	them
4	they				about it

1. Nie znam ich. (A1-C1-D1-E3)
2. Nie znałem ich. (A1-C3-D1-E3)
3. On ich zna. (A3-D2-E3)
4. Oni go znali. (A4-D3-E1)
5. Wiedziałem o tym. (A1-D3-E4)
6. Czy nie wiedziałeś o tym? (C3-A2-D1-E4)
7. On ją znał. (A3-D3-E2)
8. Oni o tym wiedzieli. (A4-D3-E4)

63.

A	B	C	D
1 you	did	promise	to phone
2 he	didn't	promised	to write
3 she			to visit us
4 they			anything

1. Obiecali zadzwonić. (A4-C2-D1)
2. Czy obiecała napisać? (B1-A3-C1-D2)
3. Ona niczego nie obiecywała. (A3-B2-C1-D4)
4. Obiecał nas odwiedzić. (A2-C2-D3)
5. Obiecałaś napisać. (A1-C2-D2)
6. Czy on nie obiecał zadzwonić? (B2-A2-C1-D1)
7. Czy on coś obiecywał? (B1-A2-C1-D4)
8. Obiecała nas odwiedzić. (A3-C2-D3)

64.

A	B	C	D	E
1 why	I	did	come	yesterday
2 when	you	didn't	came	last Tuesday
3 what time	he		phone	last week
4	she		phoned	at six

1. On przyjechał wczoraj. (B3-D2-E1)
2. Czy ona dzwoniła w zeszły wtorek? (C1-B4-D3-E2)
3. Kiedy przyjechałeś? (A2-C1-B2-D1)
4. On wczoraj dzwonił. (B3-D4-E1)
5. Dlaczego wczoraj nie dzwoniłaś? (A1-C2-B2-D3-E1)
6. O której przyszedł? (A3-C1-B3-D1)
7. Przyszedł o szóstej. (B3-D2-E4)
8. Ona dzwoniła o szóstej. (B4-D4-E4)

65.

A	B	C	D	E
1 he	know	how to get	the	results
2 she	knows	how to influence		people
3 they	knew	how to make		films
4 you		how to write		books

1. On zna wyniki. (A1-B2-D1-E1)
2. On wie, jak uzyskiwać wyniki. (A1-B2-C1-E1)
3. Ona znała tych ludzi. (A2-B3-D1-E2)
4. Ona wiedziała, jak wpływać na ludzi. (A2-B3-C2-E2)
5. Oni znali te książki. (A3-B3-D1-E4)
6. Oni wiedzieli, jak pisać książki. (A3-B3-C4-E4)
7. Znasz te filmy. (A4-B1-D1-E3)
8. Wiesz, jak robić filmy. (A4-B1-C3-E3)

66.

	A	B	C	D	E	F
1	where	we	do	don't	live	in London
2		you	does	doesn't	lives	in Scotland
3		he	did	didn't	lived	in Canada
4		she				in China

1. Mieszkamy w Szkocji. (B1-E1-F2)
2. Czy mieszkacie w Kanadzie? (C1-B2-E1-F3)
3. Gdzie mieszkasz? (A1-C1-B2-E1)
4. On mieszkał w Chinach. (B3-E3-F4)
5. Ona nie mieszkała w Londynie. (B4-D3-E1-F1)
6. Gdzie on mieszkał? (A1-C3-B3-E1)
7. Czy on nie mieszkał w Szkocji? (D3-B3-E1-F2)
8. Ona mieszkała w Kanadzie. (B4-E3-F3)

67.

	A	B	C	D	E	F
1	when	I	did	tell	them	about it
2	why	you	didn't	told	him	
3	what	he		say	her	
4		she		said	nothing	

1. Powiedziałem mu o tym. (B1-D2-E2-F1)
2. Czy powiedziałeś jej o tym? (C1-B2-D1-E3-F1)
3. Co im powiedziałeś? (A3-C1-B2-D1-E1)
4. On nic nie powiedział. (B3-D4-E4)
5. Co ona powiedziała? (A3-C1-B4-D3)
6. Dlaczego mu o tym powiedziałeś? (A2-C1-B2-D1-E2-F1)
7. Ona powiedziała im o tym. (B4-D2-E1-F1)
8. Dlaczego nie powiedziałaś mu o tym? (A2-C2-B2-D1-E2-F1)

68.

	A	B	C	D	E	F
1	I	often	do	don't	go	there
2	you	never	does	doesn't	goes	to the cinema
3	he	sometimes	did	didn't	went	to the theatre
4	she	hardly ever				to the opera

1. On nie chodzi często do opery. (A3-D2-B1-E1-F4)
2. Ona nigdy nie chodzi do opery. (A4-B2-E2-F4)
3. Czy chodzisz tam czasami? (C1-A2-B3-E1-F1)
4. Nigdy tam nie chodzę. (A1-B2-E1-F1)
5. Nigdy tam nie chodziłem. (A1-B2-E3-F1)
6. On prawie nigdy nie chodził do teatru. (A3-B4-E3-F3)
7. Ona nie chodziła często do kina. (A4-D3-B1-E1-F2)
8. Chodziłem tam czasami. (A1-B3-E3-F1)

69.

	A	B	C	D
1	I	have	a	money
2	you	has	some	time
3	he		a lot of	problem
4	she		no	problems

1. On ma dużo pieniędzy. (A3-B2-C3-D1)
2. Nie mam czasu. (A1-B1-C4-D2)
3. Ona ma problemy. (A4-B2-D4)
4. Masz dużo czasu. (A2-B1-C3-D2)
5. Mam trochę pieniędzy. (A1-B1-C2-D1)
6. On ma problem. (A3-B2-C1-D3)
7. Ona nie ma czasu. (A4-B2-C4-D2)
8. Mam dużo problemów. (A1-B1-C3-D4)

70.

	A	B	C	D	E
1	I	do	have	a	car
2	you	don't	has	any	flat
3	he	does			complex
4	she	doesn't			complexes

1. Ona ma kompleksy. (A4-C2-E4)
2. Czy masz mieszkanie? (B1-A2-C1-D1-E2)
3. Nie mam samochodu. (A1-B2-C1-D1-E1)
4. Czy on ma jakieś kompleksy? (B3-A3-C1-D2-E4)
5. Nie mam żadnych kompleksów. (A1-B2-C1-D2-E4)
6. Czy ona ma samochód? (B3-A4-C1-D1-E1)
7. Czy on nie ma mieszkania? (B4-A3-C1-D1-E2)
8. Mam mieszkanie. (A1-C1-D1-E2)

71.

	A	B	C	D
1	we	do	have to	work tomorrow
2	you	don't	has to	worry
3	they	does		go there
4	it	doesn't		be done today

1. Musimy jutro pracować. (A1-C1-D1)
2. Nie musimy się przejmować. (A1-B2-C1-D2)
3. To musi być zrobione dzisiaj. (A4-C2-D4)
4. Oni muszą tam pojechać. (A3-C1-D3)
5. One nie muszą tam iść. (A3-B2-C1-D3)
6. To nie musi być dzisiaj zrobione. (A4-B4-C1-D4)
7. Nie musisz się martwić. (A2-B2-C1-D2)
8. Czy to musi być dzisiaj zrobione? (B3-A4-C1-D4)

72.

	A	B	C	D
1	I	did	have	a sheep farm in Australia
2	you	didn't	had	a luxury flat in Paris
3	he		have to	do it
4	she		had to	come here

1. Miałem luksusowe mieszkanie w Paryżu. (A1-C2-D2)
2. Mieliście farmę owiec w Australii. (A2-C2-D1)
3. Musiałem to zrobić. (A1-C4-D3)
4. Nie musiałeś tego robić. (A2-B2-C3-D3)
5. Musiała tu przyjść. (A4-C4-D4)
6. Nie musiał tego robić. (A3-B2-C3-D3)
7. Miał luksusowe mieszkanie w Paryżu. (A3-C2-D2)
8. Nie miała farmy owiec w Australii. (A4-B2-C1-D1)

73.

	A	B	C	D
1	I	have	a lot of work	to do
2	we	has	a lot of shopping	to solve
3	he	had	a lot of problems	to read
4	she		a lot of books	

1. Muszę zrobić dużo pracy. (A1-B1-D1-C1)
2. Mam dużo pracy do zrobienia. (A1-B1-C1-D1)
3. Mamy wiele problemów do rozwiązania. (A2-B1-C3-D2)
4. Musieliśmy rozwiązać wiele problemów. (A2-B3-D2-C3)
5. On ma wiele książek do przeczytania. (A3-B2-C4-D3)
6. Ona musiała przeczytać wiele książek. (A4-B3-D3-C4)
7. On miał dużo zakupów do zrobienia. (A3-B3-C2-D1)
8. Ona musiała zrobić dużo zakupów. (A4-B3-D1-C2)

74.

	A	B	C	D	E	F
1	I	did	want	me	to	introduce
2	you	didn't	wanted	you		be introduced
3	he			him		meet
4	she			her		

1. Chciałem ją poznać. (A1-C2-E1-F3-D4)
2. Nie chciałam, żeby on ją poznał. (A1-B2-C1-D3-E1-F3-D4)
3. Chciałem, żeby on mnie jej przedstawił. (A1-C2-D3-E1-F1-D1-E1-D4)
4. Ona chciała być mu przedstawiona. (A4-C2-E1-F2-E1-D3)
5. On chciał, żebym ja go jej przedstawił. (A3-C2-D1-E1-F1-D3-E1-D4)
6. Nie chciałaś, żebym go tobie przedstawił. (A2-B2-C1-D1-E1-F1-D3-E1-D2)
7. Chciałam być jej przedstawiona. (A1-C2-E1-F2-E1-D4)
8. On chciał mnie poznać. (A3-C2-E1-F3-D1)

75.

	A	B	C	D
1	he	seem	to lack	self-confidence
2	she	seems	to have	a sense of humour
3	they	lack	have	energy
4		lacks	has	a lot of energy

1. Brak mu poczucia humoru. (A1-B4-D2)
2. Wydaje się, że brakuje jej energii. (A2-B2-C1-D3)
3. Im brak pewności siebie. (A3-B3-D1)
4. Oni wydają się mieć dużo energii. (A3-B1-C2-D4)
5. Brak jej pewności siebie. (A2-B4-D1)
6. Wydaje się, że brak mu poczucia humoru. (A1-B2-C1-D2)
7. Ona ma poczucie humoru. (A2-C4-D2)
8. Oni mają dużo energii. (A3-C3-D4)

76.

	A	B	C	D	E
1	the	results	don't	seem	very promising
2	these	statistics	didn't	seemed	very encouraging
3	those			look	very optimistic
4				looked	very pessimistic

1. Wyniki wyglądały bardzo zachęcająco. (A1-B1-D4-E2)
2. Te dane statystyczne nie wydają się bardzo obiecujące. (A2-B2-C1-D1-E1)
3. Tamte wyniki nie wyglądały bardzo obiecująco. (A3-B1-C2-D3-E1)
4. Wyniki wyglądają bardzo zachęcająco. (A1-B1-D3-E2)
5. Dane statystyczne nie wyglądają bardzo obiecująco. (A1-B2-C1-D3-E1)
6. Tamte dane statystyczne wydawały się bardzo zachęcające. (A3-B2-D2-E2)
7. Te wyniki nie wydają się bardzo optymistyczne. (A2-B1-C1-D1-E3)
8. Dane statystyczne wyglądają bardzo pesymistycznie. (A1-B2-D3-E4)

77.

	A	B	C	D
1	the money	was	mine	me
2	the car	wasn't	yours	you
3	the house	belonged to	hers	her
4	the flat	didn't belong to	ours	us

1. Samochód nie był mój. (A2-B2-C1)
2. Dom nie należał do niej. (A3-B4-D3)
3. Pieniądze były twoje. (A1-B1-C2)
4. Mieszkanie należało do mnie. (A4-B3-D1)
5. Pieniądze nie były nasze. (A1-B2-C4)
6. Samochód nie należał do nas. (A2-B4-D4)
7. Dom był wasz. (A3-B1-C2)
8. Mieszkanie było jej. (A4-B1-C3)

78.

A	B	C	D
1 I know	a friend of	theirs	mine
2 we know	a cousin of	his	yours
3 he is	a student of	hers	Tom's
4 she is		ours	Linda's

1. Znam jednego z jego przyjaciół. (A1-B1-C2)
2. Znamy jednego z kuzynów Toma. (A2-B2-D3)
3. On jest jednym z naszych przyjaciół. (A3-B1-C4)
4. Ona jest jedną z kuzynek Lindy. (A4-B2-D4)
5. Znam jednego z jej przyjaciół. (A1-B1-C3)
6. Znamy jednego z ich przyjaciół. (A2-B1-C1)
7. Ona jest jedną z jego studentek. (A4-B3-C2)
8. On jest jednym z moich przyjaciół. (A3-B1-D1)

79.

A	B	C	D	E
1 I	did	give	them	a computer
2 you	didn't	gave	her	a camera
3 he	what		him	a book
4 she	why		me	anything

1. Dałem jej książkę. (A1-C2-D2-E3)
2. Co on im dał? (B3-B1-A3-C1-D1)
3. Nie dałem jej nic. (A1-B2-C1-D2-E4)
4. Dlaczego nic jej nie dałeś? (B4-B2-A2-C1-D2-E4)
5. On mi dał aparat fotograficzny. (A3-C2-D4-E2)
6. Czy ona dała mu komputer? (B1-A4-C1-D3-E1)
7. Czy dałeś mu coś? (B1-A2-C1-D3-E4)
8. Dała mi książkę. (A4-C2-D4-E3)

80.

A	B	C	D	E
1 what	he	always	do	his work well
2	she	never	does	her work well
3	they	sometimes	did	their work well
4	you			your work well

1. Czym się zajmujesz (w życiu)? (A1-D1-B4-D1)
2. Czym on się zajmuje? (A1-D2-B1-D1)
3. Ona wykonuje swoją pracę dobrze. (B2-D2-E2)
4. Czy oni wykonują swoją pracę dobrze? (D1-B3-D1-E3)
5. Czasami wykonujesz swoją pracę dobrze. (B4-C3-D1-E4)
6. Ona zawsze wykonywała swoją pracę dobrze. (B2-C1-D3-E2)
7. On nigdy nie wykonywał swojej pracy dobrze. (B1-C2-D3-E1)
8. Czy ona wykonała swoją pracę dobrze? (D3-B2-D1-E2)

81.

	A	B	C	D	E	F
1	I	did	introduce	himself	to	him
2	you	didn't	introduced	herself		her
3	he			yourself		you
4	she			myself		me

1. Przedstawiłem mu się. (A1-C2-D4-E1-F1)
2. Czy ona się tobie przedstawiła? (B1-A4-C1-D2-E1-F3)
3. Pan się nie przedstawił. (A2-B2-C1-D3)
4. Nie przedstawiłam się. (A1-B2-C1-D4)
5. Czy ty się jej nie przedstawiłeś? (B2-A2-C1-D3-E1-F2)
6. On przedstawił mi ją. (A3-C2-F2-E1-F4)
7. Nie przedstawiłeś mi go. (A2-B2-C1-F1-E1-F4)
8. On się przedstawił. (A3-C2-D1)

82.

	A	B	C	D	E
1	we	did	enjoy	ourselves	at the party
2	you	didn't	enjoyed	yourselves	at the concert
3	they	does	repeat	themselves	I hope
4	history	doesn't	repeats	itself	

1. Czy dobrze bawiliście się na tym party? (B1-A2-C1-D2-E1)
2. Oni dobrze bawili się na koncercie. (A3-C2-D3-E2)
3. Nie bawiliśmy się dobrze na tym party. (A1-B2-C1-D1-E1)
4. Czy oni dobrze się bawili? (B1-A3-C1-D3)
5. Mam nadzieję, że bawiliście się dobrze. (E3-A2-C2-D2)
6. Bawiliśmy się dobrze. (A1-C2-D1)
7. Czy historia się powtarza? (B3-A4-C3-D4)
8. Historia się nie powtarza. (A4-B4-C3-D4)

83.

	A	B	C	D	E
1	what	you	do	work	in show business
2	where	he	does	works	in a design studio
3		she	did	worked	as a taxi driver
4		I			as an interior decorator

1. Czym się pani zajmuje? (A1-C1-B1-C1)
2. Pracuję w studiu projektowym. (B4-D1-E2)
3. Czym ona się zajmuje? (A1-C2-B3-C1)
4. Ona pracuje jako taksówkarz. (B3-D2-E3)
5. Gdzie on pracuje? (A2-C2-B2-D1)
6. On pracuje w branży rozrywkowej. (B2-D2-E1)
7. Czym ona się zajmowała? (A1-C3-B3-C1)
8. Pracowała jako dekorator wnętrz. (B3-D3-E4)

84.

	A	B	C	D	E
1	I	don't	do	it	every day
2	you	doesn't	does	gymnastics	yesterday
3	he	didn't	did	the shopping	all day
4	she			nothing	

1. Gimnastykuję się (dosł. Robię gimnastykę) codziennie. (A1-C1-D2-E1)
2. Ona robi zakupy codziennie. (A4-C2-D3-E1)
3. On zrobił wczoraj zakupy. (A3-C3-D3-E2)
4. Ona przez cały dzień nic nie zrobiła. (A4-C3-D4-E3)
5. Czy zrobiłeś wczoraj zakupy? (C3-A2-C1-D3-E2)
6. Ona nie zrobiła wczoraj zakupów. (A4-B3-C1-D3-E2)
7. Nic nie zrobiłem. (A1-C3-D4)
8. On się codziennie nie gimnastykował (dosł. nie robił codziennie gimnastyki). (A3-B3-C1-D2-E1)

85.

	A	B	C	D
1	I	have	done	a serious mistake
2	you	has	made	a lot of work
3	he			nothing about it
4	she			a film about it

1. Popełniłeś poważny błąd. (A2-B1-C2-D1)
2. On nic w tej sprawie nie zrobił. (A3-B2-C1-D3)
3. Ona zrobiła o tym film. (A4-B2-C2-D4)
4. Wykonałam dużo pracy. (A1-B1-C1-D2)
5. Zrobiłem o tym film. (A1-B1-C2-D4)
6. Ona wykonała dużo pracy. (A4-B2-C1-D2)
7. On popełnił poważny błąd. (A3-B2-C2-D1)
8. Nic z tym nie zrobiłeś. (A2-B1-C1-D3)

86.

	A	B	C	D
1	I	have	seen	the book
2	you	has	read	the film
3	he	haven't	bought	a house
4	she	hasn't		a car

1. Czy przeczytałeś tę książkę? (B1-A2-C2-D1)
2. Widziałem ten film. (A1-B1-C1-D2)
3. On kupił dom. (A3-B2-C3-D3)
4. Ona nie kupiła samochodu. (A4-B4-C3-D4)
5. Czy widzieliście ten film? (B1-A2-C1-D2)
6. On nie przeczytał tej książki. (A3-B4-C2-D1)
7. Nie widziałem tego filmu. (A1-B3-C1-D2)
8. Czy ona nie przeczytała tej książki? (B4-A4-C2-D1)

87.

	A	B	C
1	we	have	decided to do it
2	he	has	problems
3	she		told me about it
4	they		no money

1. Oni mają problemy. (A4-B1-C2)
2. Oni mi o tym powiedzieli. (A4-B1-C3)
3. On nie ma pieniędzy. (A2-B2-C4)
4. Postanowił to zrobić. (A2-B2-C1)
5. Mamy problemy. (A1-B1-C2)
6. Postanowiliśmy to zrobić. (A1-B1-C1)
7. Ona nie ma pieniędzy. (A3-B2-C4)
8. Ona powiedziała mi o tym. (A3-B2-C3)

88.

	A	B	C	D	E
1	he	has	solve	his	problems
2	she	have	solved	her	work
3	they	has to	do	their	
4	we	have to	done	our	

1. Ona musi rozwiązać swoje problemy. (A2-B3-C1-D2-E1)
2. On rozwiązał swoje problemy. (A1-B1-C2-D1-E1)
3. Oni muszą wykonać swoją pracę. (A3-B4-C3-D3-E2)
4. Oni wykonali swoją pracę. (A3-B2-C4-D3-E2)
5. Czy on rozwiązał swoje problemy? (B1-A1-C2-D1-E1)
6. Czy oni wykonali swoją pracę? (B2-A3-C4-D3-E2)
7. Czy ona rozwiązała swoje problemy? (B1-A2-C2-D2-E1)
8. Czy on wykonał swoją pracę? (B1-A1-C4-D1-E2)

89.

	A	B	C	D	E
1	when	I	have	see	it
2		you	has	saw	yesterday
3		he	did	seen	last week
4		she	read [ri:d]	read [red]	

1. Widziałem to. (B1-C1-D3-E1)
2. Widziałem to wczoraj. (B1-D2-E1-E2)
3. Czy to przeczytałeś? (C1-B2-D4-E1)
4. Kiedy to przeczytałeś? (A1-C3-B2-C4-E1)
5. On to widział. (B3-C2-D3-E1)
6. Czy ona to przeczytała? (C2-B4-D4-E1)
7. Kiedy ona to przeczytała? (A1-C3-B4-C4-E1)
8. Kiedy on to widział? (A1-C3-B3-D1-E1)

90.

	A	B	C	D	E
1	when	I	have	come	yesterday
2	I'm glad	you	has	came	last week
3		it	did	happen	last Sunday
4		they		happened	yesterday afternoon

1. Przyszli wczoraj. (B4-D2-E1)
2. Czy oni przyszli? (C1-B4-D1)
3. Kiedy przyszli? (A1-C3-B4-D1)
4. To wydarzyło się wczoraj po południu. (B3-D4-E4)
5. Kiedy to się wydarzyło? (A1-C3-B3-D3)
6. Cieszę się, że przyszedłeś. (A2-B2-C1-D1)
7. Przyjechałem w zeszłym tygodniu. (B1-D2-E2)
8. Cieszę się, że przyjechali. (A2-B4-C1-D1)

91.

	A	B	C	D	E	F
1	he	hasn't	did	go	to the cinema	yesterday
2	she	has	didn't	went	to the theatre	last night
3	they	have		gone	to a concert	last Friday
4		haven't			to the concert	

1. Poszli na (jakiś) koncert. (A3-B3-D3-E3)
2. Poszli wczoraj na koncert. (A3-D2-E3-F1)
3. Poszedł na ten koncert. (A1-B2-D3-E4)
4. Poszedł w ubiegły piątek do kina. (A1-D2-E1-F3)
5. Poszła do teatru. (A2-B2-D3-E2)
6. Poszła do teatru wczoraj wieczorem. (A2-D2-E2-F2)
7. Czy poszli do kina? (B3-A3-D3-E1)
8. Czy poszli wczoraj do kina? (C1-A3-D1-E1-F1)

92.

	A	B	C	D	E
1	I	have	found	a	job
2	you	haven't	rented	the	flat
3	he	has	made		film
4	she	hasn't	written		scenario

1. Czy znalazłeś pracę? (B1-A2-C1-D1-E1)
2. On nie znalazł pracy. (A3-B4-C1-D1-E1)
3. Czy ona nie znalazła pracy? (B4-A4-C1-D1-E1)
4. Czy wynajęłaś to mieszkanie? (B1-A2-C2-D2-E2)
5. Ona zrobiła film. (A4-B3-C3-D1-E3)
6. Czy on napisał ten scenariusz? (B3-A3-C4-D2-E4)
7. Czy zrobiłeś ten film? (B1-A2-C3-D2-E3)
8. Znalazłem mieszkanie. (A1-B1-C1-D1-E2)

93.

	A	B	C	D	E	F
1	perhaps	he's	changed	his	him	address
2		she's	given	her	her	phone number
3		they've	left	their	them	money
4			lost	your	for	London

1. Wyjechali z Londynu. (B3-C3-F4)
2. Wyjechali do Londynu. (B3-C3-E4-F4)
3. On zmienił swój numer telefonu. (B1-C1-D1-F2)
4. Ona dała mu swoje pieniądze. (B2-C2-E1-D2-F3)
5. On dał jej swój adres. (B1-C2-E2-D1-F1)
6. Może oni zmienili swój adres. (A1-B3-C1-D3-F1)
7. Może ona dała mu twój adres. (A1-B2-C2-E1-D4-F1)
8. Może on wyjechał z Londynu. (A1-B1-C3-F4)

94.

	A	B	C	D
1	I	know	them	well
2	he	knows	us	for years
3	she	've known	him	since last week
4	they	's known	her	

1. Znam go dobrze. (A1-B1-C3-D1)
2. Znam go od lat. (A1-B3-C3-D2)
3. On zna ją dobrze. (A2-B2-C4-D1)
4. On zna ją od lat. (A2-B4-C4-D2)
5. Oni go znają od zeszłego tygodnia. (A4-B3-C3-D3)
6. Ona zna ich od lat. (A3-B4-C1-D2)
7. Ona zna ich dobrze. (A3-B2-C1-D1)
8. Oni znają nas od lat. (A4-B4-C2-D2)

95.

	A	B	C	D	E
1	I	have	been	busy	lately
2	you	has	been to	at home	yesterday
3	he	was	am	America	now
4	she	were	is	Scotland	at the moment

1. Jestem w tej chwili zajęty. (A1-C3-D1-E4)
2. Jestem ostatnio zajęty. (A1-B1-C1-D1-E1)
3. Byłem wczoraj zajęty. (A1-B3-D1-E2)
4. Czy byłeś w Ameryce? (B1-A2-C2-D3)
5. Czy byłeś wczoraj w domu? (B4-A2-D2-E2)
6. On jest teraz zajęty. (A3-C4-D1-E3)
7. On był wczoraj zajęty. (A3-B3-D1-E2)
8. On jest ostatnio zajęty. (A3-B2-C1-D1-E1)

96.

	A	B	C	D	E	F
1	I	am	studying	a	physics	student
2	he	is		an	art	students
3	she	are			history	
4	they				biology	

1. On jest studentem fizyki. (A2-B2-D1-E1-F1)
2. On studiuje fizykę. (A2-B2-C1-E1)
3. Oni są studentami historii. (A4-B3-E3-F2)
4. Oni studiują historię. (A4-B3-C1-E3)
5. Ona jest studentką biologii. (A3-B2-D1-E4-F1)
6. Ona studiuje biologię. (A3-B2-C1-E4)
7. Jestem studentem sztuki. (A1-B1-D2-E2-F1)
8. Studiuję sztukę. (A1-B1-C1-E2)

97.

	A	B	C	D
1	he	is	in love	getting married
2	she	isn't	married	getting divorced
3	they	are	divorced	having a party on Saturday
4	we	aren't		waiting for Jim

1. On jest żonaty. (A1-B1-C2)
2. On się żeni. (A1-B1-D1)
3. Oni są rozwiedzeni. (A3-B3-C3)
4. Oni się rozwodzą. (A3-B3-D2)
5. Czekamy na Jima. (A4-B3-D4)
6. Ona urządza party w sobotę. (A2-B1-D3)
7. Czy oni urządzają party w sobotę? (B3-A3-D3)
8. Ona nie wychodzi za mąż. (A2-B2-D1)

98.

	A	B	C	D	E
1	what	I	am	looking for	a job
2		you	are	trying to find	a flat
3		he	is	doing	here
4		she		reading	now

1. Szukam pracy. (B1-C1-D1-E1)
2. On szuka mieszkania. (B3-C3-D2-E2)
3. Czego szukasz? (A1-C2-B2-D1)
4. Co teraz czytasz? (A1-C2-B2-D4-E4)
5. Ona próbuje znaleźć pracę. (B4-C3-D2-E1)
6. Co on próbuje znaleźć? (A1-C3-B3-D2)
7. Co tu robisz? (A1-C2-B2-D3-E3)
8. Czy ona szuka pracy? (C3-B4-D1-E1)

99.

	A	B	C	D	E
1	why	do	you	want	to give it up
2	when	does	he	wants	to carry it out
3	how	did	she	wanted	to look after him
4			they		to make up for it

1. On chce to zrekompensować. (C2-D2-E4)
2. Czy ona chce z tego zrezygnować? (B2-C3-D1-E1)
3. Kiedy on chce to przeprowadzić? (A2-B2-C2-D1-E2)
4. Jak ona chciała to przeprowadzić? (A3-B3-C3-D1-E2)
5. Ona chce się nim opiekować. (C3-D2-E3)
6. Dlaczego chcesz z tego zrezygnować? (A1-B1-C1-D1-E1)
7. Dlaczego on chciał z tego zrezygnować? (A1-B3-C2-D1-E1)
8. Oni chcieli to zrekompensować. (C4-D3-E4)

100.

	A	B	C	D	E
1	I	've decided to	see to	it	off
2	we	's decided to	put up with	them	up
3	he	refused to	put	him	here
4	she		give	her	a present

1. Postanowiłem z tego zrezygnować. (A1-B1-C4-D1-E2)
2. On odmówił tolerowania tego. (A3-B3-C2-D1)
3. Postanowiliśmy to odłożyć. (A2-B1-C3-D1-E1)
4. Ona odmówiła mu lokum. (A4-B3-C3-D3-E2)
5. On to tutaj położył. (A3-C3-D1-E3)
6. Postanowiłem się tym zająć. (A1-B1-C1-D1)
7. Postanowiliśmy przełożyć jego wizytę (dosł. go) na później. (A2-B1-C3-D3-E1)
8. On postanowił dać jej prezent. (A3-B2-C4-D4-E4)

101.

	A	B	C	D
1	I	am	'm not	boring you
2	you	are	aren't	enjoying the party
3	he	is	isn't	looking for anything
4	it			raining

1. Czy pada? (B3-A4-D4)
2. Czy dobrze się pani bawi na tym party? (B2-A2-D2)
3. Czy pan czegoś szuka? (B2-A2-D3)
4. Nie pada. (A4-C3-D4)
5. Czy ja pani nie nudzę? (C2-A1-D1)
6. On bawi się dobrze na tym party. (A3-B3-D2)
7. Czy nie pada? (C3-A4-D4)
8. Nie szukam niczego. (A1-C1-D3)

102.

	A	B	C	D
1	I	am	staying with friends	at the moment
2	you	are	working on a farm	in Greece
3	she	is	spending the summer	
4	it		selling well	

1. Czy to dobrze się sprzedaje? (B3-A4-C4)
2. Ona spędza lato w Grecji. (A3-B3-C3-D2)
3. Ona mieszka u przyjaciół. (A3-B3-C1)
4. Pracuję w tej chwili na farmie. (A1-B1-C2-D1)
5. To dobrze się sprzedaje. (A4-B3-C4)
6. Czy ona pracuje na farmie? (B3-A3-C2)
7. Mieszkam u przyjaciół. (A1-B1-C1)
8. Czy pracujesz na farmie? (B2-A2-C2)

103.

	A	B	C	D	E
1	what	I	am	reading	at the moment
2	anything	you	'm not	working	now
3	nothing	he	are	doing	tomorrow evening
4		she	is	working on	an interesting book

1. Nad czym teraz pracujesz? (A1-C3-B2-D4-E2)
2. Czy robisz coś jutro wieczorem? (C3-B2-D3-A2-E3)
3. Czy on coś w tej chwili czyta? (C4-B3-D1-A2-E1)
4. Ona w tej chwili nic nie czyta. (B4-C4-D1-A3-E1)
5. On w tej chwili nic nie robi. (B3-C4-D3-A3-E1)
6. Co teraz czytasz? (A1-C3-B2-D1-E2)
7. Co robisz jutro wieczorem? (A1-C3-B2-D3-E3)
8. Czytam w tej chwili interesującą książkę. (B1-C1-D1-E4-E1)

104.

	A	B	C	D	E
1	what	you	are	drinking	about
2	who	he	is	thinking	for
3	no one	she	aren't	waiting	coffee
4		they	isn't	talking	Jim

1. O czym myślisz? (A1-C1-B1-D2-E1)
2. O czym on mówi? (A1-C2-B2-D4-E1)
3. Na kogo oni czekają? (A2-C1-B4-D3-E2)
4. Kto czeka na Jima? (A2-C2-D3-E2-E4)
5. Co ona pije? (A1-C2-B3-D1)
6. One rozmawiają o Jimie. (B4-C1-D4-E1-E4)
7. One piją kawę. (B4-C1-D1-E3)
8. Nikt nie czeka na Jima. (A3-C2-D3-E2-E4)

105.

	A	B	C	D	E
1	he	is	a	doctor	this morning
2	she	isn't	an	interior decorator	this afternoon
3			the	insurance agent	this evening
4				coming	tomorrow morning

1. On jest lekarzem. (A1-B1-C1-D1)
2. Lekarz przychodzi dzisiaj po południu. (C3-D1-B1-D4-E2)
3. Ona nie jest dekoratorem wnętrz. (A2-B2-C2-D2)
4. Dekorator wnętrz nie przychodzi dzisiaj rano. (C3-D2-B2-D4-E1)
5. On jest agentem ubezpieczeniowym. (A1-B1-C2-D3)
6. Agent ubezpieczeniowy przychodzi jutro rano. (C3-D3-B1-D4-E4)
7. Czy on jest dekoratorem wnętrz? (B1-A1-C2-D2)
8. Czy on przychodzi dzisiaj wieczorem? (B1-A1-D4-E3)

106.

	A	B	C	D	E
1	I	am	having a party	tomorrow	morning
2	you	are	coming	on Sunday	afternoon
3	he	is	working	on Monday	evening
4	she		getting married	on Thursday	

1. Urządzam party jutro wieczorem. (A1-B1-C1-D1-E3)
2. Czy przychodzisz w czwartek? (B2-A2-C2-D4)
3. Pracuję w niedzielę po południu. (A1-B1-C3-D2-E2)
4. Czy on pracuje w poniedziałek rano? (B3-A3-C3-D3-E1)
5. Ona wychodzi za mąż w niedzielę rano. (A4-B3-C4-D2-E1)
6. Ona w niedzielę wieczorem urządza party. (A4-B3-C1-D2-E3)
7. Czy pracujesz jutro rano? (B2-A2-C3-D1-E1)
8. Czy ona przychodzi w niedzielę? (B3-A4-C2-D2)

107.

	A	B	C	D	E
1	we	are	going to	America	at the weekend
2	you	aren't	flying to	Oxford	for the weekend
3	they	is	leaving for	Canada	on Tuesday
4	she	isn't	arriving		on Wednesday

1. Oni przyjeżdżają we wtorek. (A3-B1-C4-E3)
2. Lecimy do Kanady w czasie weekendu. (A1-B1-C2-D3-E1)
3. Czy lecisz do Ameryki na weekend? (B1-A2-C2-D1-E2)
4. Ona wyjeżdża w środę do Kanady. (A4-B3-C1/C3-D3-E4)
5. Czy jedziesz na weekend do Oksfordu? (B1-A2-C1-D2-E2)
6. Wyjeżdżamy do Ameryki. (A1-B1-C1/C3-D1)
7. Czy nie jedziecie we wtorek do Oksfordu? (B2-A2-C1-D2-E3)
8. Ona przyjeżdża w środę. (A4-B3-C4-E4)

108.

	A	B	C	D	E
1	I	do	am	often go	to the cinema
2	you	don't	are	often goes	to the theatre
3	he	does	is	going	to a concert
4	she	doesn't		this evening	to concerts

1. Często chodzę do kina. (A1-D1-E1)
2. Idę dzisiaj wieczorem do kina. (A1-C1-D3-E1-D4)
3. On nie chodzi często do teatru. (A3-B4-D1-E2)
4. Ona idzie dzisiaj wieczorem do teatru. (A4-C3-D3-E2-D4)
5. On często chodzi na koncerty. (A3-D2-E4)
6. On idzie dzisiaj wieczorem na koncert. (A3-C3-D3-E3-D4)
7. Czy idziesz do kina dzisiaj wieczorem? (C2-A2-D3-E1-D4)
8. Czy często chodzisz do kina? (B1-A2-D1-E1)

109.

	A	B	C	D	E
1	what	do	you	think of	here
2		does	he	thinking about	modern art
3		are	she	doing	modern music
4		is	they		

1. Co sądzisz o muzyce nowoczesnej? (A1-B1-C1-D1-E3)
2. O czym myślisz? (A1-B3-C1-D2)
3. Co on sądzi o sztuce nowoczesnej? (A1-B2-C2-D1-E2)
4. Co ona tu robi? (A1-B4-C3-D3-E1)
5. Co oni sądzą o muzyce nowoczesnej? (A1-B1-C4-D1-E3)
6. Co tu robisz? (A1-B3-C1-D3-E1)
7. Czym się zajmujesz? (A1-B1-C1-B1)
8. Czym on się zajmuje? (A1-B2-C2-B1)

110.

	A	B	C	D
1	it	does	cost	how much
2		doesn't	costs	much
3		did		a lot
4		didn't		very little

1. To kosztuje dużo. (A1-C2-D3)
2. Czy to dużo kosztuje? (B1-A1-C1-D2)
3. To nie kosztuje dużo. (A1-B2-C1-D2)
4. Ile to kosztuje? (D1-B1-A1-C1)
5. To kosztowało dużo. (A1-C1-D3)
6. Czy to dużo kosztowało? (B3-A1-C1-D2)
7. To nie kosztowało dużo. (A1-B4-C1-D2)
8. Ile to kosztowało? (D1-B3-A1-C1)

111.

	A	B	C	D
1	he	is	studying philosophy	happy
2	she	likes	reading	a lot of time
3	him	makes	skiing	
4	her	spends	watching television	

1. Ona studiuje filozofię. (A2-B1-C1)
2. Studiowanie filozofii czyni ją szczęśliwą. (C1-B3-A4-D1)
3. On lubi jazdę na nartach. (A1-B2-C3)
4. Jazda na nartach czyni go szczęśliwym. (C3-B3-A3-D1)
5. Ona lubi oglądać telewizję. (A2-B2-C4)
6. Ona spędza dużo czasu, oglądając telewizję. (A2-B4-D2-C4)
7. On czyta. (A1-B1-C2)
8. On spędza dużo czasu, czytając. (A1-B4-D2-C2)

112.

	A	B	C	D
1	he	made	a lot of money	speculating on the stock market
2	she	lost	a fortune	playing cards
3	we	is	risky	
4	I		wonderful	

1. On zrobił majątek, grając w karty. (A1-B1-C2-D2)
2. Ona straciła dużo pieniędzy, grając na giełdzie. (A2-B2-C1-D1)
3. Granie na giełdzie jest ryzykowne. (D1-B3-C3)
4. Zarobiłem dużo pieniędzy, grając na giełdzie. (A4-B1-C1-D1)
5. Granie na giełdzie jest cudowne. (D1-B3-C4)
6. Straciliśmy majątek, grając w karty. (A3-B2-C2-D2)
7. Granie w karty jest ryzykowne. (D2-B3-C3)
8. Straciłem dużo pieniędzy, grając w karty. (A4-B2-C1-D2)

113.

	A	B	C	D	E
1	he	lost	his	head	dancing with him
2	she	is	her	patience	dancing with her
3	I	was	my		talking to them
4					wonderful

1. Stracił głowę, tańcząc z nią. (A1-B1-C1-D1-E2)
2. Straciła cierpliwość, rozmawiając z nimi. (A2-B1-C2-D2-E3)
3. Ona rozmawiała (= była w trakcie rozmawiania) z nimi. (A2-B3-E3)
4. On tańczy z nią. (A1-B2-E2)
5. Tańczenie z nią jest cudowne. (E2-B2-E4)
6. Rozmawianie z nimi było cudowne. (E3-B3-E4)
7. Straciłam cierpliwość, tańcząc z nim. (A3-B1-C3-D2-E1)
8. Ona tańczyła (= była w trakcie tańczenia) z nim. (A2-B3-E1)

114.

	A	B	C	D	E
1	how much	I	do	prefer	better
2	which one	you	does	like	best
3	the green one	he	is	prefers	the best
4	the blue one	she		likes	

1. Ile kosztuje ten niebieski? (A1-C3-A4)
2. Wolę to zielone. (B1-D1-A3)
3. Którą wolisz? (A2-C1-B2-D1)
4. To niebieskie jest najlepsze. (A4-C3-E3)
5. Najbardziej podoba mi się to zielone. (B1-D2-A3-E2)
6. Ten niebieski jest lepszy. (A4-C3-E1)
7. On woli tę zieloną. (B3-D3-A3)
8. Jej najbardziej podoba się to niebieskie. (B4-D4-A4-E2)

115.

	A	B	C	D	E
1	I	don't	have	very few	books
2	you	doesn't	has	many	money
3	he	didn't	had	much	time
4	she			very little	friends

1. On ma bardzo mało książek. (A3-C2-D1-E1)
2. Ona nie ma wielu przyjaciół. (A4-B2-C1-D2-E4)
3. Mam bardzo mało pieniędzy. (A1-C1-D4-E2)
4. Nie masz dużo czasu. (A2-B1-C1-D3-E3)
5. Miałem bardzo mało książek. (A1-C3-D1-E1)
6. On miał bardzo niewielu przyjaciół. (A3-C3-D1-E4)
7. Nie miałam wielu przyjaciół. (A1-B3-C1-D2-E4)
8. Nie masz wielu przyjaciół. (A2-B1-C1-D2-E4)

116.

	A	B	C	D	E
1	I'll	wait for	me	in front of	the hotel
2	we'll	park	you	near	the theatre
3	he'll	meet	them	at	the bank
4	she'll		us		the station

1. Ona wyjdzie po nas na dworzec (dosł. spotka nas na dworcu). (A4-B3-C4-D3-E4)
2. Będę na ciebie czekał przed teatrem. (A1-B1-C2-D1-E2)
3. Spotkamy się w banku. (A2-B3-D3-E3)
4. Zaparkujemy blisko teatru. (A2-B2-D2-E2)
5. Czekaj na mnie przed hotelem. (B1-C1-D1-E1)
6. On wyjdzie po nich na dworzec (dosł. spotka ich na dworcu). (A3-B3-C3-D3-E4)
7. Ona będzie na nas czekać przed hotelem. (A4-B1-C4-D1-E1)
8. Zaparkujemy blisko banku. (A2-B2-D2-E3)

117.

	A	B	C	D
1	I	'll	phone	you
2	we	won't	be late	him
3	it	don't	write to	her
4	they		wait for	us

1. Zadzwonię do niego. (A1-B1-C1-D2)
2. To będzie na nas czekać. (A3-B1-C4-D4)
3. Nie spóźnimy się. (A2-B2-C2)
4. Napiszę do ciebie. (A1-B1-C3-D1)
5. Będziemy na was czekać. (A2-B1-C4-D1)
6. Nie będziemy na niego czekać. (A2-B2-C4-D2)
7. Oni do niej zadzwonią. (A4-B1-C1-D3)
8. Nie spóźnij się. (B3-C2)

118.

	A	B	C	D	E
1	I	will	probably	come	tomorrow
2	you	won't		be at home	on Friday
3	he			do it	by Saturday
4	she			finish it	by Sunday

1. Prawdopodobnie przyjdę w piątek. (A1-B1-C1-D1-E2)
2. Czy zrobisz to do soboty? (B1-A2-D3-E3)
3. Czy on będzie jutro w domu? (B1-A3-D2-E1)
4. Ona prawdopodobnie jutro nie przyjdzie. (A4-B2-C1-D1-E1)
5. Nie skończę tego do niedzieli. (A1-B2-D4-E4)
6. On prawdopodobnie zrobi to w piątek. (A3-B1-C1-D3-E2)
7. Czy ona zrobi to do niedzieli? (B1-A4-D3-E4)
8. Czy nie będzie cię jutro w domu? (B2-A2-D2-E1)

119.

	A	B	C
1	I hope	it'll be	possible
2	I'm afraid	it won't be	necessary
3	I think		easy
4	I don't think		difficult

1. Mam nadzieję, że to będzie możliwe. (A1-B1-C1)
2. Obawiam się, że to nie będzie możliwe. (A2-B2-C1)
3. Nie sądzę, że to będzie konieczne. (A4-B1-C2)
4. To nie będzie łatwe. (B2-C3)
5. Sądzę, że to będzie możliwe. (A3-B1-C1)
6. Nie sądzę, że to będzie trudne. (A4-B1-C4)
7. Obawiam się, że to nie będzie łatwe. (A2-B2-C3)
8. Mam nadzieję, że to nie będzie konieczne. (A1-B2-C2)

120.

	A	B	C	D	E
1	I think	I'll	be able to	finish it	by Monday
2	I don't think	you'll	have to	do it	next week
3	do you think	he'll	be allowed to	come	by Wednesday
4	I hope	she'll		apologize	next month

1. Sądzę, że będę musiał to zrobić. (A1-B1-C2-D2)
2. Mam nadzieję, że zdołam to skończyć do środy. (A4-B1-C1-D1-E3)
3. Czy sądzisz, że ona przeprosi? (A3-B4-D4)
4. Nie sądzę, że będzie mu wolno przyjść. (A2-B3-C3-D3)
5. On będzie musiał to zrobić w przyszłym tygodniu. (B3-C2-D2-E2)
6. Ona będzie musiała przeprosić. (B4-C2-D4)
7. Mam nadzieję, że skończysz to do poniedziałku. (A4-B2-D1-E1)
8. Czy sądzisz, że będziesz mógł przyjechać w przyszłym miesiącu? (A3-B2-C1-D3-E4)

121.

	A	B
1	will you	come in
2	won't you	sit down
3	do	get you a cup of tea
4	shall I	wait outside

1. Czy zechce pan wejść? (A1-B1)
2. Czy nie zechce pani usiąść? (A2-B2)
3. Czy nie zechce pani wejść? (A2-B1)
4. Ależ niech pan wejdzie. (A3-B1)
5. Ależ niech pani usiądzie. (A3-B2)
6. Czy mam przynieść panu filiżankę herbaty? (A4-B3)
7. Czy mam zaczekać na zewnątrz? (A4-B4)
8. Czy zechce pan usiąść? (A1-B2)

122.

	A	B	C	D
1	I	am	going to	do it
2	you	'm not		wait for them
3	we	are		buy it
4	they	aren't		sell it

1. Mam zamiar na nich czekać. (A1-B1-C1-D2)
2. Nie mam zamiaru tego kupować. (A1-B2-C1-D3)
3. Czy masz zamiar to sprzedać? (B3-A2-C1-D4)
4. Czy nie masz zamiaru na nich czekać? (B4-A2-C1-D2)
5. Oni zamierzają to zrobić. (A4-B3-C1-D1)
6. Mamy zamiar na nich czekać. (A3-B3-C1-D2)
7. Nie mamy zamiaru tego kupować. (A3-B4-C1-D3)
8. Czy oni nie mają zamiaru tego sprzedawać? (B4-A4-C1-D4)

123.

	A	B	C	D	E
1	when	you	are	going to	read it
2	why	he	aren't		decide
3		she	is		be easy
4		it	isn't		rain

1. Kiedy podejmiesz decyzję? (A1-C1-B1-D1-E2)
2. To (na pewno) nie będzie łatwe. (B4-C4-D1-E3)
3. Dlaczego on nie ma zamiaru tego przeczytać? (A2-C4-B2-D1-E1)
4. Będzie (na pewno) padać. (B4-C3-D1-E4)
5. Kiedy on to przeczyta? (A1-C3-B2-D1-E1)
6. Kiedy masz zamiar to przeczytać? (A1-C1-B1-D1-E1)
7. Dlaczego nie masz zamiaru tego przeczytać? (A2-C2-B1-D1-E1)
8. Kiedy on ma zamiar podjąć decyzję? (A1-C3-B2-D1-E2)

124.

	A	B	C
1	I	will	go by train
2	you	won't	be going by train
3	he		drive
4	she		be driving

1. Pojadę pociągiem. (A1-B1-C1)
2. Czy pojedziesz pociągiem? (B1-A2-C1)
3. Będę jechał samochodem. (A1-B1-C4)
4. Pojadę samochodem. (A1-B1-C3)
5. Czy będziesz jechał samochodem? (B1-A2-C4)
6. Czy pojedziesz samochodem? (B1-A2-C3)
7. On pojedzie pociągiem. (A3-B1-C1)
8. Ona będzie jechała pociągiem. (A4-B1-C2)

125.

	A	B	C	D	E	F
1	I	will	be	doing the shopping	do the shopping	tomorrow
2	you	won't		driving to town	drive to town	this evening
3	he			seeing Linda	see Linda	this time
4	she			flying to America	fly to America	on Friday

1. Jutro o tej porze będę leciała do Ameryki. (F3-F1-A1-B1-C1-D4)
2. Będę się jutro widział z Lindą. (A1-B1-C1-D3-F1)
3. Czy będziesz dzisiaj wieczorem jechał do miasta? (B1-A2-C1-D2-F2)
4. Czy nie będziesz jutro robiła zakupów? (B2-A2-C1-D1-F1)
5. Czy nie zrobisz jutro zakupów? (B2-A2-E1-F1)
6. Czy pojedziesz jutro do miasta? (B1-A2-E2-F1)
7. Czy będziesz się dzisiaj wieczorem widział z Lindą? (B1-A2-C1-D3-F2)
8. W piątek o tej porze on będzie leciał do Ameryki. (F3-F4-A3-B1-C1-D4)

126.

	A	B	C	D
1	it	is	raining	yesterday evening
2	I	isn't	snowing	yesterday afternoon
3	he	was	working	
4	she	wasn't		

1. Padało wczoraj wieczorem. (A1-B3-C1-D1)
2. Czy wczoraj po południu padał śnieg? (B3-A1-C2-D2)
3. Pracowałem wczoraj po południu. (A2-B3-C3-D2)
4. Czy on pracował wczoraj wieczorem? (B3-A3-C3-D1)
5. Czy ona nie pracowała wczoraj po południu? (B4-A4-C3-D2)
6. Pada. (A1-B1-C1)
7. Czy pada śnieg? (B1-A1-C2)
8. Nie pada. (A1-B2-C1)

127.

	A	B	C	D	E
1	I	was	have	a bath	when he phoned
2	we	were	having	breakfast	when she came
3	he	did	had	lunch	
4	she	didn't		dinner	

1. Zjadłem śniadanie. (A1-C3-D2)
2. Jadłem śniadanie, kiedy on zadzwonił. (A1-B1-C2-D2-E1)
3. Nie zjedliśmy lunchu. (A2-B4-C1-D3)
4. Jedliśmy lunch, gdy ona przyszła. (A2-B2-C2-D3-E2)
5. On wziął kąpiel. (A3-C3-D1)
6. Ona brała kąpiel, kiedy on zadzwonił. (A4-B1-C2-D1-E1)
7. Zjedliśmy obiad. (A2-C3-D4)
8. Jedliśmy obiad, kiedy ona przyszła. (A2-B2-C2-D4-E2)

128.

	A	B	C	D
1	it	is	raining	yesterday evening
2		was	snowing	since two o'clock
3		's been		for two hours
4		isn't		since yesterday

1. Pada. (A1-B1-C1)
2. Padało wczoraj wieczorem. (A1-B2-C1-D1)
3. Pada od godziny drugiej. (A1-B3-C1-D2)
4. Pada śnieg. (A1-B1-C2)
5. Padał śnieg wczoraj wieczorem. (A1-B2-C2-D1)
6. Pada śnieg od dwóch godzin. (A1-B3-C2-D3)
7. Pada deszcz od wczoraj. (A1-B3-C1-D4)
8. Czy nie pada? (B4-A1-C1)

129.

	A	B	C	D	E
1	I	have	am	very busy	at present
2	you	has	is	working very hard	lately
3	he		are	looking for a job	
4	she		been		

1. Jestem obecnie bardzo zajęty. (A1-C1-D1-E1)
2. Jestem ostatnio bardzo zajęty. (A1-B1-C4-D1-E2)
3. Pracuję obecnie bardzo ciężko. (A1-C1-D2-E1)
4. Pracuję ostatnio bardzo ciężko. (A1-B1-C4-D2-E2)
5. On szuka pracy. (A3-C2-D3)
6. On szuka ostatnio pracy. (A3-B2-C4-D3-E2)
7. Bardzo ciężko pracujesz. (A2-C3-D2)
8. Bardzo ciężko ostatnio pracujesz. (A2-B1-C4-D2-E2)

130.

	A	B	C	D	E	F
1	what	have	you	is	doing	at the moment
2		has	he	are	reading	lately
3			she	been	working on	a good book
4			they		studying	

1. Co w tej chwili robisz? (A1-D2-C1-E1-F1)
2. Co ostatnio robisz? (A1-B1-C1-D3-E1-F2)
3. Nad czym on w tej chwili pracuje? (A1-D1-C2-E3-F1)
4. Co ona ostatnio studiuje? (A1-B2-C3-D3-E4-F2)
5. Co oni ostatnio robią? (A1-B1-C4-D3-E1-F2)
6. Co ostatnio czytasz? (A1-B1-C1-D3-E2-F2)
7. On ma dobrą książkę. (C2-B2-F3)
8. On czyta ostatnio dobrą książkę. (C2-B2-D3-E2-F3-F2)

131.

	A	B	C	D
1	he	says	is	busy
2	she	said	was	no time
3			has	a problem
4			had	disappointed

1. On mówi, że jest rozczarowany. (A1-B1-A1-C1-D4)
2. On mówi, że był rozczarowany. (A1-B1-A1-C2-D4)
3. On powiedział, że jest rozczarowany. (A1-B2-A1-C2-D4)
4. Ona mówi, że nie ma czasu. (A2-B1-A2-C3-D2)
5. Ona mówi, że nie miała czasu. (A2-B1-A2-C4-D2)
6. Ona powiedziała, że nie ma czasu. (A2-B2-A2-C4-D2)
7. On powiedział, że ma problem. (A1-B2-A1-C4-D3)
8. Ona powiedziała, że jest zajęta. (A2-B2-A2-C2-D1)

132.

	A	B	C	D
1	he	says	wants	to emigrate
2	she	said	wanted	to buy a house
3		told me		to go to university
4				to learn Chinese

1. On mówi, że chce wyemigrować. (A1-B1-A1-C1-D1)
2. On mówi, że chciał wyemigrować. (A1-B1-A1-C2-D1)
3. On powiedział, że chce wyemigrować. (A1-B2-A1-C2-D1)
4. Ona powiedziała mi, że chce iść na uniwersytet. (A2-B3-A2-C2-D3)
5. On powiedział mi, że chce nauczyć się chińskiego. (A1-B3-A1-C2-D4)
6. Ona powiedziała, że chce kupić dom. (A2-B2-A2-C2-D2)
7. Ona powiedziała mi, że chce nauczyć się chińskiego. (A2-B3-A2-C2-D4)
8. On powiedział, że chce iść na uniwersytet. (A1-B2-A1-C2-D3)

133.

	A	B	C
1	I think (that)	he	liked it
2	I don't think (that)	she	knew about it
3	I thought	they	understand the situation
4	I was sure		understood the situation

1. Myślę, że jemu się to podobało. (A1-B1-C1)
2. Nie sądzę, że jej się to podobało. (A2-B2-C1)
3. Byłem pewien, że jemu się to podoba. (A4-B1-C1)
4. Myślałem, że on rozumie sytuację. (A3-B1-C4)
5. Nie sądzę, że ona rozumiała sytuację. (A2-B2-C4)
6. Byłam pewna, że on rozumie sytuację. (A4-B1-C4)
7. Myślałem, że ona o tym wie. (A3-B2-C2)
8. Byłem pewien, że im się to podoba. (A4-B3-C1)

134.

	A	B	C
1	I thought (that)	he	wanted to go there
2	I didn't know (that)	she	worked in a bank
3	I knew (that)	they	had no time
4		you	lived in London

1. Myślałem, że ona mieszka w Londynie. (A1-B2-C4)
2. Nie wiedziałem, że oni chcą tam pojechać. (A2-B3-C1)
3. Wiedziałem, że oni nie mają czasu. (A3-B3-C3)
4. Myślałem, że ona pracuje w banku. (A1-B2-C2)
5. Nie wiedziałem, że on nie ma czasu. (A2-B1-C3)
6. Myślałem, że oni chcą tam pojechać. (A1-B3-C1)
7. Nie wiedziałem, że oni mieszkają w Londynie. (A2-B3-C4)
8. Wiedziałem, że nie masz czasu. (A3-B4-C3)

135.

	A	B	C	D
1	I knew	he	was	coming
2	I didn't know	she	were	going to America
3	he said	they		getting married
4	she told me	you		getting divorced

1. Wiedziałem, że oni jadą do Ameryki. (A1-B3-C2-D2)
2. Nie wiedziałem, że ona wychodzi za mąż. (A2-B2-C1-D3)
3. On powiedział, że się żeni. (A3-B1-C1-D3)
4. Ona mi powiedziała, że przyjeżdża. (A4-B2-C1-D1)
5. Wiedziałem, że oni się rozwodzą. (A1-B3-C2-D4)
6. Nie wiedziałem, że jedziesz do Ameryki. (A2-B4-C2-D2)
7. On powiedział, że przyjeżdża. (A3-B1-C1-D1)
8. Powiedziała mi, że ty się żenisz. (A4-B4-C2-D3)

136.

	A	B	C	D
1	I	will	be	grateful
2	it	would	read it	nice
3	we		do it	
4	he		buy it	

1. Będziemy wdzięczni. (A3-B1-C1-D1)
2. Bylibyśmy wdzięczni. (A3-B2-C1-D1)
3. Przeczytam to. (A1-B1-C2)
4. Przeczytałbym to. (A1-B2-C2)
5. To będzie miłe. (A2-B1-C1-D2)
6. To byłoby miłe. (A2-B2-C1-D2)
7. On by to zrobił. (A4-B2-C3)
8. On by to kupił. (A4-B2-C4)

137.

	A	B	C	D	E
1	I'd	like	a	smaller	one
2	I	prefer	the	larger	ones
3	he	prefers		black	
4	he'd			white	

1. Chciałbym (jakiś) mniejszy. (A1-B1-C1-D1-E1)
2. Wolałbym ten większy. (A1-B2-C2-D2-E1)
3. On woli czarne. (A3-B3-D3-E2)
4. On wolałby ten czarny. (A4-B2-C2-D3-E1)
5. On chciałby (jakiś) większy. (A4-B1-C1-D2-E1)
6. Wolę białe. (A2-B2-D4-E2)
7. Wolę ten biały. (A2-B2-C2-D4-E1)
8. Wolałbym jeden z tych czarnych. (A1-B2-C1-D3-E1)

138.

	A	B	C	D	E
1	I	would	like	to travel	by air
2	we	wouldn't	mind	travelling	by sea
3	you	don't			by car
4		do			by train

1. Nie chciałbym podróżować samolotem. (A1-B2-C1-D1-E1)
2. Nie miałbym nic przeciwko podróżowaniu samolotem. (A1-B2-C2-D2-E1)
3. Czy lubisz podróżować drogą morską? (B4-A3-C1-D2-E2)
4. Czy miałabyś coś przeciwko podróżowaniu samochodem? (B1-A3-C2-D2-E3)
5. Czy masz coś przeciwko podróżowaniu samochodem? (B4-A3-C2-D2-E3)
6. Nie miałabym nic przeciwko podróżowaniu pociągiem. (A1-B2-C2-D2-E4)
7. Czy nie lubisz podróżować samochodem? (B3-A3-C1-D2-E3)
8. Czy chciałbyś podróżować drogą morską? (B1-A3-C1-D1-E2)

139.

	A	B	C	D
1	I'd rather	you	not	wait
2		he	didn't	waited
3		she		come tomorrow
4		they		came tomorrow

1. Wolałbym przyjść jutro. (A1-D3)
2. Wolałabym nie czekać. (A1-C1-D1)
3. Wolałbym, żeby on przyszedł jutro. (A1-B2-D4)
4. Wolałabym zaczekać. (A1-D1)
5. Wolałbym, żebyś nie czekała. (A1-B1-C2-D1)
6. Wolałbym, żebyś zaczekał. (A1-B1-D2)
7. Wolałbym, żeby oni jutro nie przychodzili. (A1-B4-C2-D3)
8. Wolałabym, żeby ona zaczekała. (A1-B3-D2)

140.

	A	B	C	D
1	I	can	come	tomorrow
2	you	could	bring it	the day after tomorrow
3	he	can't	do it	on Thursday
4	she	couldn't		on Friday

1. Mogę to jutro przynieść. (A1-B1-C2-D1)
2. Mógłbym przyjść w piątek. (A1-B2-C1-D4)
3. Czy możesz przynieść to pojutrze? (B1-A2-C2-D2)
4. Czy on nie mógłby przyjść w czwartek? (B4-A3-C1-D3)
5. Ona nie może przyjść w piątek. (A4-B3-C1-D4)
6. Czy mogłabyś przynieść to jutro? (B2-A2-C2-D1)
7. Nie mogłem przyjść w czwartek. (A1-B4-C1-D3)
8. Ona nie mogła tego zrobić w piątek. (A4-B4-C3-D4)

141.

	A	B	C	D	E	F
1	I	can	able to	speak	Chinese	twenty years ago
2	you	could		understand	Japanese	yesterday
3	he	was			the lecture	
4	she	were				

1. Potrafiłem zrozumieć chiński dwadzieścia lat temu. (A1-B2-D2-E1-F1) lub (A1-B3-C1-D2-E1-F1)
2. Byłem w stanie wczoraj zrozumieć wykład. (A1-B3-C1-D2-E3-F2)
3. On potrafił mówić po japońsku dwadzieścia lat temu. (A3-B2-D1-E2-F1) lub (A3-B3-C1-D1-E2-F1)
4. Ona potrafi mówić po japońsku. (A4-B1-D1-E2)
5. Czy zdołałeś zrozumieć wczoraj wykład? (B4-A2-C1-D2-E3-F2)
6. Czy ona potrafiła zrozumieć japoński dwadzieścia lat temu? (B2-A4-D2-E2-F1)
7. Czy potrafiłeś mówić po chińsku dwadzieścia lat temu? (B2-A2-D1-E1-F1) lub (B4-A2-C1-D1-E1-F1)
8. On zdołał wczoraj zrozumieć wykład. (A3-B3-C1-D2-E3-F2)

142.

	A	B	C	D
1	I	couldn't	come to the seminar	last Monday
2	you	was unable to	go to the lecture	last Tuesday
3	he	were unable to	understand the Professor	last Wednesday
4	we		finish the work	last Thursday

1. Nie mogłem przyjść na seminarium w zeszły wtorek. (A1-B1/2-C1-D2)
2. On nie mógł pójść na wykład w zeszły poniedziałek. (A3-B1/2-C2-D1)
3. Nie mogliśmy skończyć tej pracy w zeszłą środę. (A4-B1/3-C4-D3)
4. Nie zdołaliście skończyć tej pracy w zeszły wtorek. (A2-B1/3-C4-D2)
5. Nie mogłem pójść na wykład w zeszły czwartek. (A1-B1/2-C2-D4)
6. Nie mogliśmy przyjść na seminarium w zeszłą środę. (A4-B1/3-C1-D3)
7. Nie potrafiłem zrozumieć profesora w zeszły poniedziałek. (A1-B1/2-C3-D1)
8. On nie zdołał skończyć tej pracy w zeszły wtorek. (A3-B1/2-C4-D2)

143.

	A	B	C	D	E
1	I	can	use	my	computer
2	you	could	smoke	your	car
3	he	can't	wait	here	
4	she	couldn't	leave it		

1. Może pani skorzystać z mojego komputera. (A2-B1-C1-D1-E1)
2. Czy mógłbym tutaj zaczekać? (B2-A1-C3-D3)
3. Czy on może skorzystać z pańskiego samochodu? (B1-A3-C1-D2-E2)
4. Ona nie może tutaj palić. (A4-B3-C2-D3)
5. Nie mógłbym tutaj tego zostawić. (A1-B4-C4-D3)
6. Czy on nie może skorzystać z twojego samochodu? (B3-A3-C1-D2-E2)
7. Nie możesz tego tutaj zostawić. (A2-B3-C4-D3)
8. Czy mogę to tutaj zostawić? (B1-A1-C4-D3)

144.

	A	B	C	D
1	maybe	he	is	at home
2	perhaps	she	are	at work
3		they	can't be	on holiday
4				ill

1. Może on jest chory. (A1/2-B1-C1-D4)
2. Może ona jest w pracy. (A1/2-B2-C1-D2)
3. On nie może być na urlopie. (B1-C3-D3)
4. Może oni są chorzy. (A1/2-B3-C2-D4)
5. Oni nie mogą być w domu. (B3-C3-D1)
6. Może ona jest w domu. (A1/2-B2-C1-D1)
·7. On nie może być na urlopie. (B1-C3-D3)
8. Może oni są w pracy. (A1/2-B3-C2-D2)

145.

	A	B	C	D	E	F
1	perhaps	you	should	tell	him	about it
2	maybe	he	ought to	talk to	her	
3		she		give it to	them	
4		they		borrow it from		

1. Może powinieneś jej o tym powiedzieć. (A1/2-B1-C1/2-D1-E2-F1)
2. On powinien porozmawiać z nią o tym. (B2-C1/2-D2-E2-F1)
3. Może oni powinni jej to dać. (A1/2-B4-C1/2-D3-E2)
4. Powinieneś im to dać. (B1-C1/2-D3-E3)
5. Może ona powinna to od niego pożyczyć. (A1/2-B3-C1/2-D4-E1)
6. Oni powinni porozmawiać z nim o tym. (B4-C1/2-D2-E1-F1)
7. On powinien im to dać. (B2-C1/2-D3-E3)
8. Może powinieneś to od niej pożyczyć. (A1/2-B1-C1/2-D4-E2)

146.

	A	B	C
1	I	must	phone him
2	you	mustn't	do it
3	he	needn't	go there
4	she		accept it

1. Muszę do niego zadzwonić. (A1-B1-C1)
2. Nie muszę tego robić. (A1-B3-C2)
3. Jemu nie wolno tam jechać. (A3-B2-C3)
4. Ona nie musi tego przyjmować. (A4-B3-C4)
5. Muszę to zrobić. (A1-B1-C2)
6. Jej nie wolno tego akceptować. (A4-B2-C4)
7. On nie musi tam iść. (A3-B3-C3)
8. Nie musisz do niego dzwonić. (A2-B3-C1)

147.

	A	B	C
1	we	must	discuss it
2	you	had to	do it
3	they	needn't	write to him
4	I	didn't have to	pay for it

1. Musimy do niego napisać. (A1-B1-C3)
2. Nie musimy za to płacić. (A1-B3-C4)
3. Oni musieli to zrobić. (A3-B2-C2)
4. Nie musiałem tego robić. (A4-B4-C2)
5. Muszę do niego napisać. (A4-B1-C3)
6. Musimy to przedyskutować. (A1-B1-C1)
7. One nie muszą za to płacić. (A3-B3-C4)
8. Musieliśmy to przedyskutować. (A1-B2-C1)

148.

	A	B	C	D
1	I	must	be	right
2	you	can't	have been	wrong
3	he			at home
4	she			at work

1. Musisz być w błędzie. (A2-B1-C1-D2)
2. Musiałeś być w błędzie. (A2-B1-C2-D2)
3. Nie mogłem się mylić. (A1-B2-C2-D2)
4. Ona musi być w domu. (A4-B1-C1-D3)
5. Ona musiała być w pracy. (A4-B1-C2-D4)
6. Jej nie mogło być w domu. (A4-B2-C2-D3)
7. On musiał mieć rację. (A3-B1-C2-D1)
8. On nie mógł się mylić. (A3-B2-C2-D2)

149.

	A	B	C	D	E
1	I	may	use	your	computer
2	he	can	come in	my	car
3	she	may not	sleep here		
4	you	can't	park here		

1. Czy mogę skorzystać z pani komputera? (B1-A1-C1-D1-E1)
2. Czy on może skorzystać z pani komputera? (B2-A2-C1-D1-E1)
3. Nie wolno ci tu spać. (A4-B3-C3)
4. Nie możesz tu spać. (A4-B4-C3)
5. Czy mogę wejść? (B1-A1-C2)
6. Nie możesz tu zaparkować. (A4-B4-C4)
7. Czy ona może skorzystać z pana samochodu? (B2-A3-C1-D1-E2)
8. Ona nie może używać mojego samochodu. (A3-B4-C1-D2-E2)

150.

	A	B	C	D
1	I	may	be	right
2	you	might	not be	wrong
3	he	can't	have been	at home
4	they			on holiday

1. Mogę się mylić. (A1-B1-C1-D2)
2. Nie jest wykluczone, że masz rację. (A2-B2-C1-D1)
3. Jego nie mogło być w domu. (A3-B3-C3-D3)
4. Oni mogli być w domu. (A4-B1-C3-D3)
5. Mogłeś się mylić. (A2-B1-C3-D2)
6. On może mieć rację. (A3-B1-C1-D1)
7. Oni nie mogą być na urlopie. (A4-B3-C1-D4)
8. Oni mogli być na urlopie. (A4-B1-C3-D4)

151.

	A	B	C
1	I	didn't need	to do it
2	you	needn't have	done it
3	he		to give it to her
4	she		given it to them

1. Nie musiałem (był) tego robić. (A1-B2-C2)
2. Nie musiałem tego robić. (A1-B1-C1)
3. On nie musiał (był) im tego dawać. (A3-B2-C4)
4. Nie musiałeś tego robić. (A2-B1-C1)
5. Nie musiałeś (był) tego robić. (A2-B2-C2)
6. On nie musiał jej tego dawać. (A3-B1-C3)
7. Ona nie musiała (była) im tego dawać. (A4-B2-C4)
8. On nie musiał (był) tego robić. (A3-B2-C2)

152.

	A	B	C	D
1	you	should	phone her	yesterday morning
2	he	ought to	have phoned her	yesterday afternoon
3	she		tell them about it	yesterday evening
4	we		have told them about it	last Friday morning

1. Powinieneś (był) zadzwonić do niej wczoraj po południu. (A1-B1/2-C2-D2)
2. Powinieneś do niej zadzwonić. (A1-B1/2-C1)
3. Ona powinna im o tym powiedzieć. (A3-B1/2-C3)
4. Ona powinna (była) im o tym powiedzieć. (A3-B1/2-C4)
5. Powinniśmy (byli) powiedzieć im o tym wczoraj wieczorem. (A4-B1/2-C4-D3)
6. On powinien do niej zadzwonić. (A2-B1/2-C1)
7. On powinien (był) do niej zadzwonić wczoraj rano. (A2-B1/2-C2-D1)
8. Powinniśmy im o tym powiedzieć. (A4-B1/2-C3)

153.

	A	B	C		D
1	he	want	to go		to town
2	she	wants	to do some shopping		to Germany
3	they	went	to earn some money		to Austria
4	we		to learn some German		

1. On chce pójść do miasta, żeby zrobić trochę zakupów. (A1-B2-C1-D1-C2)
2. Oni chcą pojechać do Niemiec, żeby zarobić trochę pieniędzy. (A3-B1-C1-D2-C3)
3. Chcemy pojechać do miasta, żeby zrobić trochę zakupów. (A4-B1-C1-D1-C2)
4. Ona pojechała do Niemiec, żeby nauczyć się trochę niemieckiego. (A2-B3-D2-C4)
5. On chce nauczyć się trochę niemieckiego. (A1-B2-C4)
6. Ona chce zrobić trochę zakupów. (A2-B2-C2)
7. Pojechaliśmy do Austrii, żeby zarobić trochę pieniędzy. (A4-B3-D3-C3)
8. On pojechał do Austrii, żeby nauczyć się trochę niemieckiego. (A1-B3-D3-C4)

154.

	A	B	C	D	E
1	I wonder	who	he	is	right
2		if	she	was	wrong
3			they	are	satisfied
4				were	

1. Kim on jest? (B1-D1-C1)
2. Ciekawa jestem, kim on jest. (A1-B1-C1-D1)
3. Czy ona była w błędzie? (D2-C2-E2)
4. Ciekaw jestem, czy ona była w błędzie. (A1-B2-C2-D2-E2)
5. Czy oni byli zadowoleni? (D4-C3-E3)
6. Ciekawa jestem, czy oni byli zadowoleni. (A1-B2-C3-D4-E3)
7. Czy on miał rację? (D2-C1-E1)
8. Ciekaw jestem, czy on miał rację. (A1-B2-C1-D2-E1)

155.

	A	B	C	D	E	F
1	I wonder	if	you	do	like	modern music
2			he	does	likes	going to the cinema
3			she	did	liked	the concert
4						the film

1. Czy lubisz muzykę nowoczesną? (D1-C1-E1-F1)
2. Ciekaw jestem, czy lubisz muzykę nowoczesną. (A1-B1-C1-E1-F1)
3. Czy on lubi chodzić do kina? (D2-C2-E1-F2)
4. Ciekawa jestem, czy on lubi chodzić do kina. (A1-B1-C2-E2-F2)
5. Czy podobał jej się koncert? (D3-C3-E1-F3)
6. Ciekaw jestem, czy podobał jej się koncert. (A1-B1-C3-E3-F3)
7. Czy podobał ci się film? (D3-C1-E1-F4)
8. Ciekaw jestem, czy podobał ci się film. (A1-B1-C1-E3-F4)

156.

A	B	C	D	E
1 I'd like to know	why	he	was	absent
2 do you know	when	she	were	born
3 I wonder	where	they	is	aggressive
4	whether	you	are	interested

1. Dlaczego ona była nieobecna? (B1-D1-C2-E1)
2. Chciałbym wiedzieć, dlaczego ona była nieobecna. (A1-B1-C2-D1-E1)
3. Gdzie oni są? (B3-D4-C3)
4. Czy wiesz, gdzie oni są? (A2-B3-C3-D4)
5. Czy on jest zainteresowany? (D3-C1-E4)
6. Ciekaw jestem, czy on jest zainteresowany. (A3-B4-C1-D3-E4)
7. Chciałbym wiedzieć, dlaczego oni byli agresywni. (A1-B1-C3-D2-E3)
8. Czy wiesz, kiedy ona się urodziła? (A2-B2-C2-D1-E2)

157.

A	B	C	D	E
1 I wonder if	you	do	know	Mr Green
2 I wonder whether	he	does	knows	London well
3	she	did	knew	General Wood
4	they			Chinese

1. Czy znasz pana Greena? (C1-B1-D1-E1)
2. Ciekaw jestem, czy znasz pana Greena. (A1/2-B1-D1-E1)
3. Czy ona dobrze zna Londyn? (C2-B3-D1-E2)
4. Ciekawa jestem, czy ona dobrze zna Londyn. (A1/2-B3-D2-E2)
5. Czy oni znają chiński? (C1-B4-D1-E4)
6. Ciekaw jestem, czy oni znają chiński. (A1/2-B4-D1-E4)
7. Czy ona znała generała Wooda? (C3-B3-D1-E3)
8. Ciekawa jestem, czy ona znała generała Wooda. (A1/2-B3-D3-E3)

158.

A	B	C	D	E
1 I'd like to find out	why	he	do	it
2 could you tell me	how	she	does	
3	when	they	did	
4	what			

1. Dlaczego on to zrobił? (B1-D3-C1-D1-E1)
2. Chciałbym się dowiedzieć, dlaczego on to zrobił. (A1-B1-C1-D3-E1)
3. Jak ona to robi? (B2-D2-C2-D1-E1)
4. Czy mógłbyś mi powiedzieć, jak ona to robi? (A2-B2-C2-D2-E1)
5. Co oni zrobili? (B4-D3-C3-D1)
6. Chciałabym się dowiedzieć, co oni zrobili. (A1-B4-C3-D3)
7. Kiedy on to zrobił? (B3-D3-C1-D1-E1)
8. Czy mogłabyś mi powiedzieć, kiedy on to zrobił? (A2-B3-C1-D3-E1)

159.

A	B	C	D	E
1 I wonder	if	he	has	done it
2 I doubt	whether	she	have	do it
3		they	will	finish it by Friday
4				finished it

1. Czy ona skończy to do piątku? (D3-C2-E3)
2. Ciekaw jestem, czy ona skończy to do piątku. (A1-B1/2-C2-D3-E3)
3. Czy on to skończył? (D1-C1-E4)
4. Wątpię, czy on to skończył. (A2-B1/2-C1-D1-E4)
5. Czy oni to zrobili? (D2-C3-E1)
6. Ciekawa jestem, czy oni to zrobili. (A1-B1/2-C3-D2-E1)
7. Czy ona to zrobiła? (D1-C2-E1)
8. Wątpię, czy ona to zrobiła. (A2-B1/2-C2-D1-E1)

160.

A	B	C	D
1 I	told	her	to come on Monday
2 he	asked	me	to bring the documents
3 she		him	not to come again
4 we		them	not to do it

1. Poprosiłem go, żeby przyszedł w poniedziałek. (A1-B2-C3-D1)
2. Powiedziałem jej, żeby tego nie robiła. (A1-B1-C1-D4)
3. Poprosiłem ich, żeby przynieśli te dokumenty. (A1-B2-C4-D2)
4. Ona powiedziała mu, żeby więcej nie przychodził. (A3-B1-C3-D3)
5. On poprosił ją, żeby przyszła w poniedziałek. (A2-B2-C1-D1)
6. Powiedzieliśmy im, żeby tego nie robili. (A4-B1-C4-D4)
7. Ona poprosiła ich, żeby przyszli w poniedziałek. (A3-B2-C4-D1)
8. On powiedział mi, żebym przyniósł te dokumenty. (A2-B1-C2-D2)

161.

A	B	C	D
1 he	is	suspected of	murder
2 she	are	accused of	being a spy
3 they	was	dismissed	being spies
4 what	were		corruption

1. On został zwolniony. (A1-B3-C3)
2. Ona jest podejrzewana o morderstwo. (A2-B1-C1-D1)
3. Oni byli oskarżeni o szpiegostwo (dosł. bycie szpiegami). (A3-B4-C2-D3)
4. Ona była podejrzewana o szpiegostwo (dosł. bycie szpiegiem). (A2-B3-C1-D2)
5. On jest podejrzewany o korupcję. (A1-B1-C1-D4)
6. One zostały zwolnione. (A3-B4-C3)
7. O co on był oskarżony? (A4-B3-A1-C2)
8. O co ich podejrzewano? (A4-B4-A3-C1)

162.

	A	B	C	D	E	F
1	I wonder	if	he	has	been	informed about it
2		whether	she	have	be	invited to Ann's party
3			they	will		sent to him
4			it			

1. Czy poinformowano ją o tym? (D1-C2-E1-F1)
2. Ciekaw jestem, czy oni będą o tym poinformowani. (A1-B1/2-C3-D3-E2-F1)
3. Czy to będzie do niego wysłane? (D3-C4-E2-F3)
4. Ciekawa jestem, czy to będzie do niego wysłane. (A1-B1/2-C4-D3-E2-F3)
5. Czy on został zaproszony na party do Ann? (D1-C1-E1-F2)
6. Ciekaw jestem, czy on został zaproszony na party do Ann. (A1-B1/2-C1-D1-E1-F2)
7. Czy ona będzie o tym poinformowana? (D3-C2-E2-F1)
8. Ciekawa jestem, czy ona będzie o tym poinformowana. (A1-B1/2-C2-D3-E2-F1)

163.

	A	B	C	D
1	the problem	is often	discussed	tomorrow
2	it	was	presented	yesterday
3	the project	will be		on Wednesday
4		has often been		

1. To jest często dyskutowane. (A2-B1-C1)
2. Problem ten był wczoraj dyskutowany. (A1-B2-C1-D2)
3. Projekt ten był często dyskutowany. (A3-B4-C1)
4. Problem ten będzie jutro dyskutowany. (A1-B3-C1-D1)
5. To było dyskutowane w środę. (A2-B2-C1-D3)
6. Projekt ten zostanie przedstawiony w środę. (A3-B3-C2-D3)
7. Problem ten został przedstawiony wczoraj. (A1-B2-C2-D2)
8. To było często przedstawiane. (A2-B4-C2)

164.

	A	B	C	D	E
1	the problem	is	being	discussed	at the moment
2	the idea	was	been	rejected	often
3	the project	will	be	presented	never
4	it	has			ever

1. Pomysł ten nigdy nie był dyskutowany. (A2-B4-E3-C2-D1)
2. Czy pomysł ten był kiedykolwiek przedstawiany? (B4-A2-E4-C2-D3)
3. Projekt ten jest w tej chwili dyskutowany. (A3-B1-C1-D1-E1)
4. To zostało odrzucone. (A4-B2-D2) lub (A4-B4-C2-D2)
5. To było często odrzucane. (A4-B2-E2-D2) lub (A4-B4-E2-C2-D2)
6. Czy problem został przedyskutowany? (B4-A1-C2-D1)
7. Projekt był (wtedy) dyskutowany. (A3-B2-C1-D1)
8. Pomysł ten jest często dyskutowany. (A2-B1-E2-D1)

165.

	A	B	C	D
1	we	are	often	invited to parties
2	you	is	sometimes	given flowers
3	he	was	never	discussed in public
4	it	were	always	told what to do

1. Byliśmy często zapraszani na przyjęcia. (A1-B4-C1-D1)
2. Czy jesteście czasami zapraszani na przyjęcia? (B1-A2-C2-D1)
3. To nigdy nie było dyskutowane publicznie. (A4-B3-C3-D3)
4. Mówiono mu zawsze, co ma robić. (A3-B3-C4-D4)
5. Nigdy nie mówią nam, co mamy robić. (A1-B1-C3-D4)
6. Czy nigdy nie byliście zapraszani na przyjęcia? (B4-A2-C3-D1)
7. Nigdy nie dawano mu kwiatów. (A3-B3-C3-D2)
8. Często dawano nam kwiaty. (A1-B4-C1-D2)

166.

	A	B	C	D
1	he	will	be	told about it
2	she	has	to be	given a computer
3		is said	been	very intelligent
4				conceited

1. Dano mu komputer. (A1-B2-C3-D2)
2. Mówi się o niej, że jest bardzo inteligentna. (A2-B3-C2-D3)
3. Powiedziano jej o tym. (A2-B2-C3-D1)
4. Mówi się o nim, że jest zarozumiały. (A1-B3-C2-D4)
5. Czy powie się jej o tym? (B1-A2-C1-D1)
6. Czy powiedziano mu o tym? (B2-A1-C3-D1)
7. Ona dostanie komputer. (A2-B1-C1-D2)
8. Mówi się o nim, że jest bardzo inteligentny. (A1-B3-C2-D3)

167.

	A	B	C	D
1	he	admitted (that)	was	lazy
2	she		had been	careless
3	they			wrong
4	I			jealous

1. Przyznałem, że jestem leniwy. (A4-B1-A4-C1-D1)
2. On przyznał, że był niedbały. (A1-B1-A1-C2-D2)
3. Ona przyznała, że jest zazdrosna. (A2-B1-A2-C1-D4)
4. Oni przyznali, że byli w błędzie. (A3-B1-A3-C2-D3)
5. Przyznałam, że byłam niedbała. (A4-B1-A4-C2-D2)
6. On przyznał, że jest leniwy. (A1-B1-A1-C1-D1)
7. Ona przyznała, że była zazdrosna. (A2-B1-A2-C2-D4)
8. One przyznały, że były niedbałe. (A3-B1-A3-C2-D2)

168.

A	B	C	D	E
1 he	said	was	been	busy
2 she	told me	had	seen	invited to Ann's party
3		hadn't	done	it
4			finished	the work

1. Powiedział, że to zrobił. (A1-B1-A1-C2-D3-E3)
2. Powiedziała mi, że to widziała. (A2-B2-A2-C2-D2-E3)
3. Powiedział mi, że skończył tę pracę. (A1-B2-A1-C2-D4-E4)
4. Powiedziała, że nie została zaproszona na party do Ann. (A2-B1-A2-C3-D1-E2)
5. Powiedział mi, że jest zajęty. (A1-B2-A1-C1-E1)
6. Powiedziała mi, że była zajęta. (A2-B2-A2-C2-D1-E1)
7. Powiedział, że tego nie zrobił. (A1-B1-A1-C3-D3-E3)
8. Powiedziała, że zrobiła tę pracę. (A2-B1-A2-C2-D3-E4)

169.

A	B	C	D
1 he	said	would	do it
2 she	told me	wouldn't	phone us
3	promised		put it off
4			forget

1. Obiecał, że to zrobi. (A1-B3-A1-C1-D1)
2. Powiedziała, że nie zapomni. (A2-B1-A2-C2-D4)
3. Powiedział mi, że tego nie zrobi. (A1-B2-A1-C2-D1)
4. Powiedziała mi, że to odłoży. (A2-B2-A2-C1-D3)
5. Obiecała, że do nas zadzwoni. (A2-B3-A2-C1-D2)
6. Powiedział, że nie odłoży tego. (A1-B1-A1-C2-D3)
7. Powiedziała, że to zrobi. (A2-A1-A2-C1-D1)
8. Obiecał, że do nas zadzwoni. (A1-B3-A1-C1-D2)

170.

A	B	C	D
1 the man	who	wanted to talk to	me
2 the woman		waited for	us
3 I		phoned	him
4 he			her

1. Mężczyzna, który na nas czekał. (A1-B1-C2-D2)
2. Mężczyzna, na którego czekałam. (A1-A3-C2)
3. Kobieta, która do nas zadzwoniła. (A2-B1-C3-D2)
4. Kobieta, do której zadzwoniłem. (A2-A3-C3)
5. Mężczyzna, który chciał ze mną rozmawiać. (A1-B1-C1-D1)
6. Mężczyzna, z którym ja chciałem rozmawiać. (A1-A3-C1)
7. Kobieta, która na niego czekała. (A2-B1-C2-D3)
8. Kobieta, na którą on czekał. (A2-A4-C2)

171.

	A	B	C	D	E
1	what really	interests	him	is	philosophy
2	that's	interested	her	was	money
3	that was		them		politics
4			us		English grammar

1. Tym, co interesuje go naprawdę, jest gramatyka angielska. (A1-B1-C1-D1-E4)
2. Pieniądze – to jest to, co ją naprawdę interesuje. (E2-A2-A1-B1-C2)
3. Tym, co interesowało ich naprawdę, była filozofia. (A1-B2-C3-D2-E1)
4. Polityka – to jest to, co nas naprawdę interesuje. (E3-A2-A1-B1-C4)
5. Tym, co interesuje ją naprawdę, są pieniądze. (A1-B1-C2-D1-E2)
6. Filozofia – to było to, co interesowało nas naprawdę. (E1-A3-A1-B2-C4)
7. Tym, co interesowało go naprawdę, była gramatyka angielska. (A1-B2-C1-D2-E4)
8. Pieniądze – to było to, co ich naprawdę interesowało. (E2-A3-A1-B2-C3)

172.

	A	B	C	D	E
1	what	we	need	is	a good holiday
2	all	I	needs	was	more free time
3	that's	he	needed		more money
4	that	she			interesting work

1. To, czego nam potrzeba, to więcej wolnego czasu. (A1-B1-C1-D1-E2)
2. Wszystko, czego mu potrzeba, to interesująca praca. (A2-B3-C2-D1-E4)
3. To, czego potrzebowałem, to było więcej wolnego czasu. (A1-B2-C3-D2-E2)
4. Interesująca praca – to jest to, czego potrzebujemy. (E4-A3-A1-B1-C1)
5. Więcej pieniędzy – to jest to, czego ona potrzebuje. (E3-A3-A1-B4-C2)
6. To, czego mu potrzeba, to dobry urlop. (A1-B3-C2-D1-E1)
7. Wszystko czego potrzebowałam, to była interesująca praca. (A2-B2-C3-D2-E4)
8. Więcej wolnego czasu – to było to, czego potrzebowaliśmy. (E2-A4-D2-A1-B1-C3)

173.

	A	B	C	D	E
1	as soon as	he	will	come	tomorrow
2	before	she		leave	on Friday
3	when	they		comes	on Saturday
4	until			leaves	on Sunday

1. On przyjdzie w piątek. (B1-C1-D1-E2)
2. Skoro tylko on przyjdzie. (A1-B1-D3)
3. Ona wyjedzie w sobotę. (B2-C1-D2-E3)
4. Dopóki ona nie wyjedzie. (dosł. Aż ona wyjedzie.) (A4-B2-D4)
5. Oni przyjadą w niedzielę. (B3-C1-D1-E4)
6. Zanim oni przyjadą. (A2-B3-D1)
7. Ona przyjdzie w sobotę. (B2-C1-D1-E3)
8. Gdy ona przyjdzie. (A3-B2-D3)

174.

	A	B	C	D
1	if	he	will	agree
2	unless	she	would	agrees
3	provided (that)	you		agreed
4		they		

1. On się zgodzi. (B1-C1-D1)
2. Jeżeli on się zgodzi. (A1-B1-D2)
3. Ona by się zgodziła. (B2-C2-D1)
4. Gdyby ona się zgodziła. (A1-B2-D3)
5. Oni się zgodzą. (B4-C1-D1)
6. Chyba, że oni się zgodzą. (A2-B4-D1)
7. Czy się zgodzisz? (C1-B3-D1)
8. Pod warunkiem, że się zgodzisz. (A3-B3-D1)

175.

	A	B	C	D	E
1	he	is doing it	so that	will	be happy
2	she	did it		can	go on holiday
3		is working hard		would	be pleased
4		worked hard		could	buy a sports car

1. On to robi po to, żeby ona mogła pojechać na urlop. (A1-B1-C1-A2-D2-E2)
2. Ona to robi po to, żeby on był szczęśliwy. (A2-B1-C1-A1-D1-E1)
3. On zrobił to po to, żeby ona była zadowolona. (A1-B2-C1-A2-D3-E3)
4. Ona zrobiła to po to, żeby on mógł kupić samochód sportowy.
   (A2-B2-C1-A1-D4-E4)
5. On pracuje ciężko po to, żeby ona była szczęśliwa. (A1-B3-C1-A2-D1-E1)
6. Ona pracowała ciężko po to, żeby on mógł pojechać na urlop.
   (A2-B4-C1-A1-D4-E2)
7. On robi to po to, żeby ona była zadowolona. (A1-B1-C1-A2-D1-E3)
8. Ona pracuje ciężko po to, żeby on mógł kupić samochód sportowy.
   (A2-B3-C1-A1-D2-E4)

INDEKS

WIEDZA
POWSZECHNA

Prowadzimy sprzedaż wysyłkową.

Książki można zamawiać
telefonicznie, faksem,
listownie i w Internecie.

- **księgarnia wysyłkowa**
  Al. Prymasa Tysiąclecia 60/62, 01-424 Warszawa
  tel./fax (0-22) 877 17 42

- **księgarnia internetowa**
  www.wiedza.pl

Prowadzimy również sprzedaż kaset Polskich Nagrań
do naszych podręczników.

Zapraszamy do księgarni WARSZAWIANKA,
w Warszawie, ul. Senatorska 40 (przy Placu Bankowym),
tel. 827 21 65, gdzie jest największy wybór naszych publikacji.